Les instruments de l'action publique et les dispositifs territoriaux

Administration et Aménagement du territoire
Collection dirigée par Jean-Claude Némery

Administrer, aménager le territoire constitue une des missions fondamentales des Etats modernes. Gérer les espaces de quotidienneté et de proximité dans le cadre de la décentralisation et de la démocratie locale, assurer le contrôle administratif et financier de l'action publique, anticiper l'avenir pour assurer un meilleur développement grâce à la prospective sont les objectifs essentiels des pouvoirs publics.

Cette collection *Administration et Aménagement du territoire* doit répondre aux besoins de réflexions scientifiques et de débats sur cet ensemble de sujets.

Déjà parus

Loeiz LAURENT, *Destins bretons*, 2016.
Jacques BEAUCHARD, *Métropole et ville-pays, La construction des Grandes Régions, L'exemple de Reims*, 2016.
Trotsky MEL, *La décentralisation à l'épreuve de la crise économique en Côte d'Ivoire*, 2015.
Liam FAUCHARD, Gérard GUIGOURES, Jean PIANEL, *Mutations des relations sociales. Quels futurs possibles ?*, 2014.
Valérie ANGEON, Sylvie LARDON et Patrice LEBLANC (dir.), *Formation et apprentissage collectif territorial. Compétences et nouvelles formes de gouvernance territoriale. Tome 1, 2014.*
François VANHILLE, *Cultures de l'imaginaire, festivals et collectivités territoriales,* 2014.
Gilbert MEYER, *Développement durable et finances locales*, 2013.
Pierre TEISSERENC, *L'action publique dans ses nouveaux territoires en France et au Brésil*, 2013.
André TORRE et Frederic WALLET (sous la dir.), *Les enjeux du développement régional et territorial en zones rurales*, 2013.
Badr-Eddine BELAYACHI et Ramiro RIERA, *Le représentant territorial de l'Etat face au développement urbain*, 2013.
Bernard GUESNIER et Christian LEMAIGNAN (dir.*), Futurs des territoires. Hommage à Guy Loinger*, 2013.
Christian LEMAIGNAN, *La Pugnacité des élus, créateurs de territoires*, 2012.

Sous la direction de
Jean-Claude NÉMERY et Fabrice THURIOT

LES INSTRUMENTS DE L'ACTION PUBLIQUE ET LES DISPOSITIFS TERRITORIAUX

L'Harmattan

5-7, rue de l'École-Polytechnique ; 75005 Paris
http://www.harmattan.fr
diffusion.harmattan@wanadoo.fr
ISBN : 978-2-343-10393-8
EAN : 9782343103938

SOMMAIRE

INTRODUCTION

Présentation du projet éditorial et de l'ouvrage

Comme le développent longuement nos collègues Serge Belley et Diane Saint-Pierre à l'origine de ce projet conjoint d'ouvrage collectif, suite à un appel à contributions international lancé en 2015 en partenariat avec le Centre de recherche sur le développement territorial (CRDT) du Québec,[1] les instruments de l'action publique (IAP) recouvrent des réalités multiples déjà balisées par des travaux universitaires reconnus, dont ceux de Hood, Howlett, Halpern, Lascoumes et Le Galès.... Destinés au pilotage et au développement de l'action publique, dans les territoires locaux ou nationaux[2], voire internationalement, ils sont constitués de politiques, de mesures, de structures, de dispositifs, rarement neutres, recouvrant des dimensions juridiques, financières, d'organisation et de communication, cumulativement ou alternativement. Cet ouvrage collectif a pour but d'en montrer la diversité, de conception, de gestion et d'effet, à travers des travaux théoriques, méthodologiques et empiriques, en France, en Grèce, au Mali, au Québec et en Turquie, couvrant ainsi un large spectre de pratiques, d'Europe en Amérique du Nord en passant par l'Afrique.

Dans un premier temps, des contributions présenteront des approches théoriques complémentaires assorties d'exemples. On pourra ainsi passer de la gouvernance municipale appliquée à des dispositifs territoriaux à Montréal, « l'une des métropoles les plus fragmentées sur le plan politique au sein de l'OCDE » pour le pilotage de l'action publique, avec **Pascal Lavoie et Catherine Trudelle**, à « une typologie pour l'analyse des représentations du développement durable des instruments de mise en œuvre à l'échelle territoriale » proposée par **Olivier Riffon**, en particulier au travers de quatre dispositifs utilisés au Québec. Ces réflexions théoriques appliquées se prolongeront par une interrogation sur l'influence de l'expertise dans la modélisation intégrée, menée par un collectif d'auteurs (**Hadrien Commenges, Lorenza Tomasoni, Christian Seigneur, Olivier Bonin, Fabien Leurent, Céline Bonhomme, José-Frédéric Deroubaix**) illustrant leur propos avec deux études de cas de planification en Ile-de-France, et par une analyse de la participation des légitimités traditionnelles à la gouvernance de l'espace public local dans le cadre de la décentralisation

[1] Merci aussi à Guy Chiasson, directeur du CRDT québécois, et à Hela Zahar, doctorante à l'Institut national de la recherche scientifique (INRS UCS - Urbanisation Culture Société) du Québec pour les relectures critiques.
[2] Cf. l'ouvrage dirigé par Serge Belley et Diane Saint-Pierre, L'administration des territoires et les instruments de l'action publique, Les Presses de l'Université du Québec (PUQ), Collection « Administration publique et gouvernance », 2017.

et de la gouvernance territoriale au Mali. **Mamadou Koumaré** montre ainsi que le passage d'une politique publique à l'action publique doit souvent prendre en compte d'autres facteurs que ceux prévus au départ.

La deuxième partie abordera plus spécifiquement la question de territoires faisant l'objet d'instruments d'action publique institutionnels, programmatiques, de gestion et économiques. Le rôle du représentant de l'Etat dans les territoires sera traité par **Zulfiye Yilmaz** à travers la figure du préfet en Turquie, acteur du « renforcement du pouvoir central au plan local » malgré les rapports de suivi du Congrès des pouvoirs locaux et régionaux en Europe pour l'application de la charte européenne de l'autonomie locale. **Catherine Laidin** présentera ensuite une réflexion sur le programme européen LEADER à partir de deux études de cas en Bretagne, « entre laboratoire de l'action publique et grand récit », interrogeant la portée d'un dispositif au sein de territoires touchés par de multiples politiques publiques territoriales. Du rural à la mer et de l'Europe à l'Amérique du Nord, il n'y a qu'un pas, allègrement franchi par **Anne Fauré** qui propose « une lecture de la conflictualité » des instruments de gestion intégrée des zones côtières « par l'étude du cas des Îles-de-la-Madeleine (Québec) ». L'objectif de ces instruments de permettre, « par la participation du public, la concertation et la prise en compte de l'échelon local » pour une politique de développement durable se confrontent toujours aux intérêts économiques et politiques, comme on peut le voir aussi dans la contribution suivante. **Coralie Achin et Emmanuelle George-Marcelpoil** nous emmènent ainsi en montagne avec des « regards croisés sur la mise en œuvre de politiques de diversification » pour les « acteurs publics et stations de moyenne montagne » avec trois exemples dans les Alpes, le Massif Central et les Vosges en France.

Ces approches territoriales spécifiques sont complétées dans un troisième temps par des études sectorielles appliquées à des territoires. Ainsi, **Jean-Guillaume Simard, Isabelle Morin, Michel Perron, Michaël Gaudreault et Suzanne Veillette** nous font partager leur analyse et leur expérience « au service de l'action locale et régionale en matière de persévérance et de réussite scolaires au Québec », avec une étude de cas montrant l'importance de la prise en compte réelle du territoire et de sa composition socio-économique et culturelle, avant de laisser libre cours à **Pierre-André Julien et Louis-Jacques Filion**. Ces auteurs montrent comment on peut « aider les gazelles à se multiplier et se développer »... dans le domaine économique des petites et moyennes entreprises (PME) à forte croissance, avec quelques exemples de programmes en Europe, au Québec et ailleurs dans le monde. **Corinne Baujard** s'intéresse quant à elle à la « renaissance culturelle d'un territoire industriel » avec le musée du Louvre-Lens, cas expérimental de délocalisation muséale nationale et locale. Enfin, **Hélène Karka** nous plonge dans l'évolution du cadre législatif régissant le développement spatial du tourisme grec et ses effets sur l'organisation de l'espace national », montrant la prévalence des intérêts mercantiles et politiques sur l'aménagement du territoire.

Pour notre part, nous souhaitons insister sur le rôle du territoire en tant que tel, comme instrument de l'action publique en lui-même et non seulement comme son support spécifique.

Les territoires comme instruments d'action publique. Quelle organisation pour les grandes régions en France et en Europe ?

Jean-Claude Némery et Fabrice Thuriot

A peine la loi MAPTAM du 27 janvier 2014 de modernisation de l'action publique territoriale et d'affirmation des métropoles était-elle votée que le chef de l'Etat puis le gouvernement annonçaient début juin 2014 une nouvelle réforme des collectivités territoriales de plus grande ampleur (fusion des régions, suppression des départements, modification des échéances électorales pour ces collectivités intermédiaires, nouveaux transferts de compétences, en particulier aux régions...) et revenant à nouveau sur la clause générale de compétence. Deux projets de loi sont ainsi déposés après examen en conseil des ministres le 28 juin 2014 : l'un relatif à la délimitation des régions, aux élections régionales et départementales et modifiant le calendrier électoral, et l'autre portant nouvelle organisation territoriale de la République (Notre). Le premier a été examiné fin 2014 et publié le 16 janvier 2015 après décision du Conseil constitutionnel le 15 janvier, le second l'est début 2015.

L'objet de ce travail sera de s'intéresser aux raisons qui ont poussé l'exécutif à vouloir à nouveau bouleverser l'organisation des collectivités territoriales après deux lois quasiment consécutives, à commencer par celle du 16 décembre 2010 de réforme des collectivités territoriales qui créait notamment le conseiller territorial et supprimait la clause générale de compétence pour les départements et les régions, deux changements abrogés avant la loi MAPTAM, mais qui sont, soit regretté par certains pour le premier, soit remis en avant dans le second projet de loi pour le deuxième. Ces incohérences apparentes répondent-elles à des considérations profondes ? Au-delà de ces règles générales, si certaines régions sont agrandies par fusion avec leur(s) voisine(s), d'autres ne sont pas modifiées, ce qui entraîne des différenciations territoriales fortes sans pour autant que les fondements de ces changements ou statut quo soient bien identifiés et leurs conséquences bien mesurées.

Les régions sont promues sur le devant de la scène des politiques publiques depuis les lois de décentralisation de 1982-83 avec la création des régions en tant que collectivités territoriales (élues au suffrage universel direct en 1986) et des contrats de plan Etat-régions dès 1984, puis 1992 (année du Traité de Maastricht de l'Union européenne – sans parler de l'action du Conseil de l'Europe en faveur des régions depuis les années 1980 – et de la loi relative à l'administration territoriale de la République, du 6 février) et enfin 2003-2004 avec la réforme constitutionnelle faisant entrer les régions dans la Constitution et essayant en vain de privilégier des transferts de compétences vers celles-ci au détriment des départements dans la loi du 13 août 2004 relative aux libertés et responsabilités locales, entamant une recentralisation qui sera aussi financière. Dans le même temps, l'Etat territorial se réorganisait de plus en plus au niveau régional avant de subir la révision générale des politiques publiques (RGPP) de 2007 à 2012 puis la modernisation de l'action publique (MAP) depuis 2012. De nouvelles mesures devraient accompagner le changement d'échelle de l'Etat corrélativement à celui des collectivités territoriales.

Pour autant, la France reste un Etat unitaire même s'il est devenu constitutionnellement décentralisé le 28 mars 2003. Les problèmes économiques mondiaux que la France connaît de manière accentuée par rapport aux pays du Nord de l'Europe ne sont pas indifférents aux nouvelles réformes en cours. Alors que les régions françaises sont dans la moyenne européenne en termes de superficie et de population, la taille de celles-ci est mise en avant comme facteur de compétitivité et d'économies. Les rapports sur la question sont ambivalents (cabinets de consultants, organismes officiels tels que la Cour des Comptes, étude d'impact…). N'est-ce pas plutôt des questions de compétences et de pouvoirs des régions qui sont en cause et sont prévus en partie seulement dans le second projet de loi ? Les exemples européens et internationaux plaident-ils pour des Etats régionalisés, voire fédéraux ? L'Union européenne qui est redevenue pour l'instant inter-gouvernementale après avoir envisagé de devenir fédérale pousse-t-elle en ce sens ? Quels seraient les gains réalisés par une fusion des régions et une réorganisation subséquente des autres collectivités et des administrations de l'Etat ?

Il s'agira aussi d'apprécier la place des injonctions internationales et européennes dans l'organisation d'un pays en régions et en collectivités locales au sein d'un Etat unitaire. Cela est bien connu pour les pays en voie de développement qui doivent prendre en compte les demandes de bonne gouvernance nationale et territoriale des organismes financiers internationaux, sans pour autant que les textes de décentralisation soient toujours complètement appliqués. Cela permettra de déterminer au plus près la marge de manœuvre des Etats et leurs capacités à se situer de manière plus ou moins autonome dans leur histoire organisationnelle. Ainsi, si la nécessité de réformes existe bien, jusqu'où est-elle maîtrisée par la France et comment ?

La loi du 16 janvier 2015 relative à la délimitation des régions, aux élections régionales et départementales, et modifiant le calendrier électoral, a fait passer les régions françaises métropolitaines de 22 à 13 par fusion de certaines d'entre elles à deux ou trois au 1er janvier 2016. En complément, la loi du 7 août 2015 portant nouvelle organisation territoriale de la République (NOTRe) accorde quelques nouvelles compétences aux régions mais aussi et peut-être surtout aux intercommunalités et aux métropoles, tout en limitant celles des départements. Parallèlement à cela s'opère une réorganisation des services déconcentrés de l'Etat sur des bases identiques à celles des nouvelles régions. Cela entraîne des mutations territoriales à des échelles qui doivent se reconnecter à la proximité. Nous verrons que la force des régions n'est pas tant liée à leur taille (superficie et population) qu'à leurs pouvoirs (compétences et budgets) réels.

Tous les pays ne sont pas organisés régionalement en Europe selon leur taille, histoire, culture et politique, mais on observe partout une tendance à la recentralisation par la baisse des financements d'Etat et un contrôle accru également, sous couvert de l'Union européenne.

I- La taille des régions ne fait rien à l'affaire…

L'utilisation du territoire comme instrument d'action publique relève d'un artifice institutionnel souvent employé en France, que ce soit sur le plan politique ou administratif. La réorganisation des provinces sous l'Ancien Régime au gré des conquêtes royales a été poursuivie à la Révolution par la désintégration de celles-ci, le regroupement des paroisses en communes et la création des départements comme collectivités locales et circonscriptions de l'Etat. Les arrondissements et cantons ont été remaniés à de nombreuses reprises pour les élections des députés et des conseillers généraux (enfin appelés départementaux) et des cadres d'action publique de l'Etat.

1) En termes démographiques et géographiques

La France était dans la moyenne européenne à la fois sur les plans démographiques et géographiques (Gérard-François Dumont, 2014 ; Jean-Luc Pissaloux, 2015). Les fusions ne se justifiaient donc pas de ce point de vue mais pour d'autres raisons.

a) Avant les fusions

La population moyenne des anciennes régions françaises était de 2,9 millions d'habitants, inférieure à la moyenne des Länder allemands mais supérieure à la moyenne des régions italiennes, des communautés autonomes espagnoles ou des régions polonaises… et d'Europe (environ 2 millions d'habitants). Le Limousin, avec ses 742 000 habitants, était plus peuplé que le Luxembourg, le Land de Brême, 3 régions italiennes, 3 régions espagnoles, 5 régions italiennes, 5 Länder autrichiens. A l'extrême, on trouvait l'Ile-de-France avec 11 853 000 habitants en 2011 (maximum). Les écarts de population entre les régions étaient de 16 en France avant la fusion contre 26 en Espagne, 27 en Allemagne, 76 en Italie.

Carte des anciennes et nouvelles régions regroupées de France

b) Après les fusions

La population moyenne des nouvelles régions métropolitaines françaises est désormais de 4,8 millions d'habitants (5 229 028 d'habitants hors Corse), supérieur à la moyenne en Europe mais inférieure en densité. Ainsi, si l'on met de côté la Corse qui est peu dense mais a un statut spécial, la région la moins peuplée est le Centre-Val-de-Loire avec 2 256 835 hab. (minimum) et la plus peuplée est l'Ile-de-France avec 11 853 000 habitants (maximum, chiffres 2011). L'écart maximum entre nouvelles régions est désormais de 5,25 hors Corse pour les habitants.

Pour la superficie, on est désormais entre 12 011 km² (Ile-de-France) et 84 061 km² (Nouvelle Aquitaine), soit 7 points d'écart au lieu de 3,78 avant les fusions, la plus grande région étant alors Midi-Pyrénées avec 45 348 km² pour une moyenne de 25 091 km². L'Ile-de-France est donc la région la plus petite (hors Corse et outre-mer) même si c'est la plus puissante. Elle concentrerait 30 % du PIB national contre 4 % pour la capitale allemande, mais en redistribuerait 15 % en PIB national par habitant selon une étude de l'Institut allemand de recherche économique de Cologne (Institut der deutschen Wirtschaft Köln). La taille ne fait donc rien à l'affaire...

Il en va de même en Allemagne où une fusion de trois régions après la 2e guerre mondiale pour former le Bade-Wurtemberg en 1952 n'a pas empêché la constitution et le maintien de petits Länder comme la cité-Etat de Brême ou la Sarre qui ont moins d'un million d'habitants, ni l'échec de la fusion, refusée par la population du Land de Brandebourg, avec la ville-Etat de Berlin en 1996, pour ne pas perdre son identité régionale pourtant récente depuis l'Allemagne d'après-guerre. La superficie moyenne des Länder allemands est toujours de 22 313 km², ce qui ne les empêche pas d'être puissants.

La solution de la réorganisation régionale visait la facilité politique pour éviter de toucher aux susceptibilités départementales et déclencher ainsi des guerres intestines aux régions, non solubles dans le débat national. Si certaines velléités de nouveaux rattachements s'étaient manifestées, force est de constater que le résultat les éteint en grande partie d'elles-mêmes tellement le nouveau découpage est plus lisse, sauf à envisager de nouvelles fusions pour les régions en ayant été indûment exemptées. Une autre solution aurait été de limiter l'Ile-de-France au Grand Paris en cours de constitution, composé de Paris et des trois départements de la petite couronne, et de répartir les départements de la grande couronne parisienne dans les régions limitrophes recomposées afin de diffuser la croissance francilienne qui restera trop concentrée.

2) Un développement limité des régions

Si les régions sont un peu renforcées en compétences, elles doivent souvent les exercer en lien avec les autres collectivités publiques et n'ont pas les pouvoirs réglementaires et encore moins législatifs correspondants, sauf en partie les régions à statut spécial et périphériques (Corse et Outre-mer), ni les financements.

a) Des compétences larges peu opérationnelles et peu dotées et autonomes financièrement

Les compétences des régions s'exercent dans les domaines suivants :
- aménagement du territoire, ports, aéroports,
- développement économique (chef de file), emploi,
- lycées, apprentissage et formation professionnelle,
- gestion de fonds structurels européens,
- transports publics de voyageurs (subdélégation possible des transports scolaires aux départements),
- culture, sport, tourisme (compétences partagées avec les autres collectivités publiques),
- inventaire du patrimoine, environnement, énergie...

b) Les budgets et PIB régionaux

Les budgets agrégés des régions se montaient à 27 427 M€, dont 10 303,7 M€ en investissement, et 18 433,2 M€ de dette en 2013, ce qui faisait 442,8 € de budget/hab., 166,3 €/hab. en investissement et 297,6 € de dette/hab. Le PIB moyen par habitant est désormais autour de 26 000 € par habitant hors Ile-de-France après la fusion, allant de 25 127 €/hab. dans les Hauts de France à 31 022 €/hab. en Rhône-Alpes-Auvergne.

Les fusions de régions devraient aussi générer des économies, mais seulement peut-être dans quelques années. Dans un premier temps, elles fonctionnent à budgets constants mais ils devraient évoluer ainsi que les politiques à partir de 2017 et surtout 2018. Une nouvelle taxe (foncière) spéciale d'équipement régional (TSER) a été proposée pour contribuer au financement des investissements mais elle a suscité la controverse avec l'Etat et au sein des élus régionaux.

La manœuvre de réorganisation territoriale n'est donc pas nouvelle mais elle s'inscrit désormais ou à nouveau (par rapport à l'Ancien Régime) dans un contexte européen, où l'Union européenne réclame des réformes structurelles pour soi-disant assainir les finances publiques, plus vraisemblablement pour élargir les marchés et les coopérations...

II- ...mais elle y contribue, malgré des pouvoirs régionaux limités

Depuis la loi relative à l'administration territoriale de la République du 6 février 1992 (concomitante au Traité de Maastricht du 4 février étendant le principe de subsidiarité allemand) concernant la coopération intercommunale et les services déconcentrés de l'Etat, l'essor des régions est limité par l'égalité entre collectivités et la présence de l'Etat à ses côtés sur le même territoire. L'autonomie financière et fiscale des régions a été amoindrie ces dernières années par l'Etat, comme pour les autres collectivités locales. Elle pourrait renaître en 2018

1) Baisse des dotations de l'Etat aux collectivités locales

Les dotations de l'État aux collectivités locales sont passées de 56,84 milliards d'euros en 2014 à 53,17 en 2015, soit une baisse des dotations de 3,7 milliards d'euros en 2015. Selon les élus locaux, les 11 milliards d'économies annoncés en avril 2014 par le Premier ministre Manuel Valls sur les aides aux collectivités locales pour la période 2014-2017 représentent un manque à gagner de 28 milliards d'euros. L'Association des maires de France (AMF) a déjà dénoncé "une contraction aussi violente" des ressources des collectivités, qui équivaut à "une amputation de 30% des dotations" (Source AFP).

S'ajoutent à cela la Réforme générale des politiques publiques (RGPP, 2007) puis la Modernisation de l'action publique (MAP, 2012) qui sont des réformes d'organisation de l'Etat territorial, et le remplacement de la taxe professionnelle par la cotisation économique territoriale constituée de la cotisation foncière des entreprises (CFE) et de la cotisation sur la valeur ajoutée des entreprises (CVAE) qui a diminué les rentrées fiscales locales.

Les graphiques suivants montrent la répartition des recettes des collectivités locales selon leur provenance. Globalement, elles proviennent à 50 % des impôts et taxes, mais on peut remarquer que les régions étaient seulement à 45 % d'impôts et taxes en 2011. La structure des recettes des collectivités locales est plus ou moins dépendante des dotations de l'Etat selon qu'il s'agit des régions (35 % en 2011) ou des communes, intercommunalités et départements (21 à 23 % en 2011).

RECETTES DES COLLECTIVITÉS

EN MILLIARDS D'EUROS, EN 2011

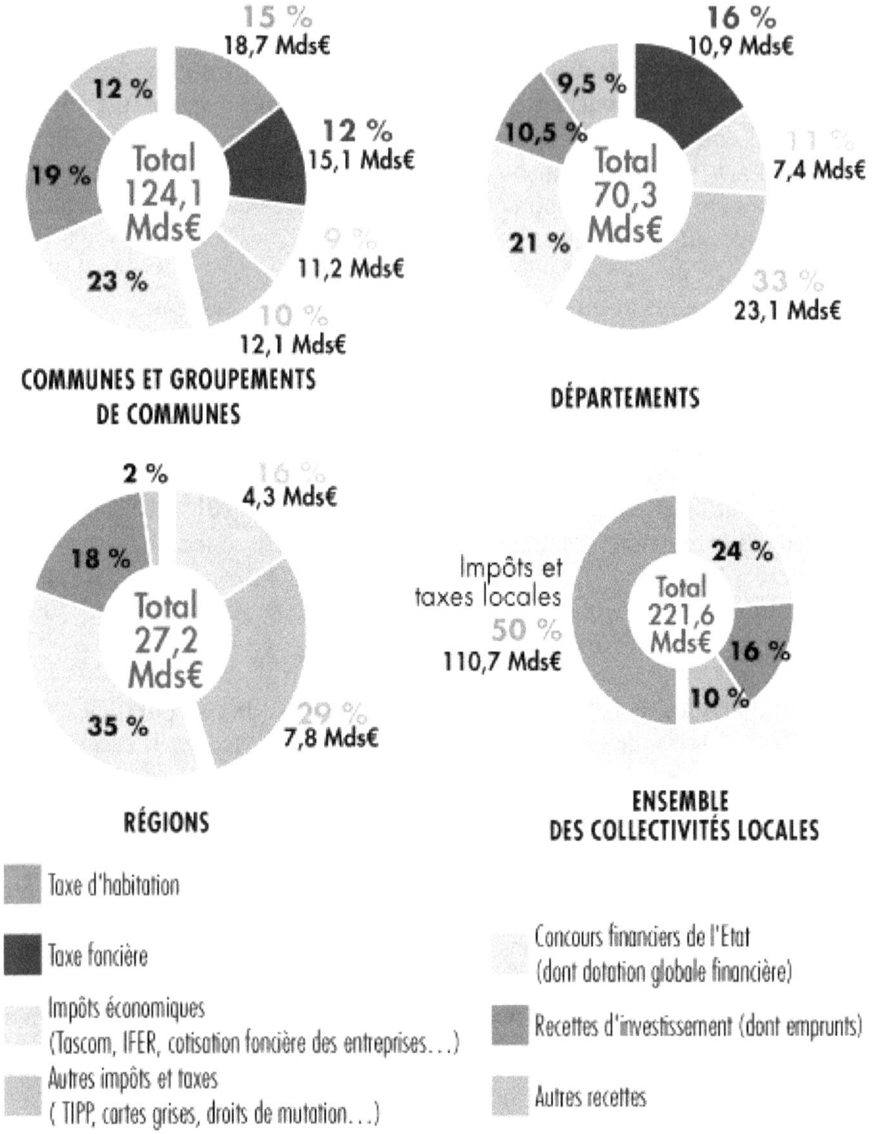

Source : lafinancepourtous.com d'après collectivites-locales.gouv.fr

http://www.lafinancepourtous.com/Decryptages/Dossiers/Impots-et-taxes-locales/La-fiscalite-locale-une-variable-cle-dans-le-budget-des-collectivites

Une nouvelle taxe « foncière » de 600 M€ assise sur les ménages et les entreprises avait été annoncée pour 2017 pour financer une part de la compétence économique et d'emploi mais les régions étaient partagées sur ce nouvel impôt local et l'ont finalement refusé pour revendiquer une part de TVA. Le principe en a été accepté par le Premier ministre lors du Congrès des Régions de France à Reims le 29 septembre 2016.... mais seulement à partir de 2018 après des mesures transitoires en 2017, donc à confirmer par le gouvernement issu des élections présidentielles de 2017. L'exemple de l'Allemagne montre cependant que c'est davantage la garantie de financements par la Constitution qui compte que leur provenance.

2) Une organisation centrale et multipolaire

Pour tenir compte des anciennes régions et de leurs territoires, une répartition des organes et des services est organisée dans les nouvelles régions.

Ainsi, certaines compétences – tout comme certains services de l'Etat – sont gérées depuis une autre ville que le chef-lieu de la région, tout en gardant la coordination et le contrôle de ceux-ci. De même, une organisation par pôles ou antennes peut être mise en place pour répartir l'exercice de responsabilités au sein d'un même secteur (tout comme pour l'Etat).

Le choix du nom des nouvelles régions a fait l'objet de consultations autour de noms anciens et nouveaux, plus ou moins liés au territoire, et a été entériné par l'Etat par décret le 29 septembre 2016. Il vise à regrouper les identités des anciennes régions et/ou à créer une nouvelle identité selon les cas.

Conclusion : des régions en perte de vitesse par rapport aux métropoles et aux Etats

Les grandes gagnantes depuis ces dernières années, voire dizaines d'années depuis les années 1960 en France et en Europe, sont les villes, agglomérations, communautés urbaines et métropoles. Si la région s'est développée en France depuis les années 1980, elle porte peu de compétences opérationnelles et dépend beaucoup de l'Etat financièrement.

Des régions administratives (NUTS 2) ont pu être créées pour la gestion des fonds européens mais n'ont guère de pouvoirs dans certains pays non régionalisés. Inversement, les Etats fédérés en ont perdu au profit d'une recentralisation de l'Etat fédéral, sauf en Belgique (Conseil de l'Europe).

Les crises économiques et politiques mondiales et l'Union européenne ont paradoxalement replacé les Etats au centre des débats et des évolutions. La sortie du Royaume-Uni de l'Union européenne pourrait remettre en cause d'autres équilibres internes aux Etats et en Europe.

Les volontés d'autonomie, voire d'indépendance de certaines « régions » qui revendiquent parfois la qualité de nations, comme la Catalogne, l'Ecosse, la Flandre, le Québec, nous diront si la régionalisation ou provincialisation tend vers cette solution étatique lorsque des conditions économiques sociales, culturelles, linguistiques, et politiques sont réunies.

Bibliographie

Bénassy-Quéré Agnès, Quelle Europe des régions ?, 7/06/2004, http://geoconfluences.ens-lyon.fr/doc/etpays/Europe/EurScient5.htm

Congrès des pouvoirs locaux et régionaux, Evolution de la régionalisation dans les Etats membres du Conseil de l'Europe, Conseil de l'Europe, CPR/2015(29) 2FINAL, 22/10/2015, 12 p.

Congrès des pouvoirs locaux et régionaux, La démocratie locale et régionale en France, CG30(2016)06-prov, Conseil de l'Europe, 22-24 mars 2016, 43 p.

Dumont Gérard-François, « Les régions d'Europe : une extrême diversité institutionnelle », diploweb.com, 11/01/2014, 11 p.
http://www.diploweb.com/Les-regions-d-Europe-une-extreme.html

Faure Alain, Leresche Jean-Philippe, Muller Pierre et Nahrath Stéphane, dir., Action publique et changements d'échelles : les nouvelles focales du politique, Editions L'Harmattan, coll. Logiques politiques, 2007, 380 p.

Institut der deutschen Wirtschaft Köln, The capital city effect, https://www.iwkoeln.de/en/iw-news/beitrag/gross-domestic-product-the-capital-city-effect-296876
http://www.entreprise.news/franciliens-spolies-de-15-de-pib/

Loeiz Laurent, Petits départements et grandes régions, Editions L'Harmattan, cette coll., 2011, 186 p.

Némery Jean-Claude, dir., Quelle nouvelle réforme pour les collectivités territoriales françaises ?, Ed. L'Harmattan, coll. GRALE, 2010, 367 p.

Némery Jean-Claude, dir., RGPP et réforme des collectivités territoriales, Ed. L'Harmattan, coll. GRALE, 2012, 269 p.

Némery Jean-Claude (dir.), Quelle organisation pour les grandes régions en France et en Europe ?, Ed. L'Harmattan, coll. GRALE, 2015, 420 p.

Pissaloux Jean-Luc, « Brèves observations sur la délimitation des grandes régions », in Némery Jean-Claude (dir.), Quelle organisation pour les grandes régions en France et en Europe ?, L'Harmattan, coll. GRALE, 2015, p. 111-129.

Schmitt Nicolas, L'émergence du régionalisme coopératif en Europe. Identité régionale et construction européenne, Editions universitaires de Fribourg, Suisse, 2002, 504 p.

Wollmann Hellmut, Régions, Länder et système fédéral en Allemagne, in Némery Jean-Claude (dir.), Quelle organisation pour les grandes régions en France et en Europe ?, L'Harmattan, coll. GRALE, 2015, p. 379-390.

Première Partie

Approches théoriques et appliquées

Gouvernance municipale et dispositifs territoriaux : regard analytique sur le pilotage de l'action publique

Pascal Lavoie et Catherine Trudelle

Ce chapitre est la résultante d'une réflexion théorique ancrée dans la réorganisation municipale orchestrée à Montréal durant les années 2000. La refonte du paysage institutionnel montréalais a engendré un remaniement de l'action publique sans précédent, multipliant les territoires d'interventions. À l'intérieur d'un système aussi fragmenté, la cohérence des actions et des décisions territoriales devient un enjeu primordial pour assurer un développement urbain efficient. Le texte vise à mettre en lumière la dynamique de l'action publique territoriale sous l'angle des compétences municipales [3]. Nous démontrons comment les cadres habilitants et contraignants influencent les structures politiques et administratives, qui à leur tour agissent sur les différentes configurations décisionnelles présentes sur le territoire. Suivant cette logique, nous proposons un modèle théorique qui a comme objectif principal d'analyser en profondeur les dynamiques territoriales dans un contexte où plusieurs entités compétentes se partagent un même territoire. En d'autres termes, nous jetons un regard analytique sur le pilotage de l'action publique et sur la cohérence des dispositifs territoriaux afin d'expliquer le fonctionnement d'un système de gouvernance municipale dans un contexte de forte décentralisation territoriale.

Le chapitre se divise en six sections. La première met à l'avant-scène le concept de gouvernance afin de faire la lumière sur sa signification et son utilité pour comprendre et analyser l'action publique territoriale. La deuxième expose les conséquences du rééchelonnement de l'État sur le pilotage des territoires en prenant comme exemple la région métropolitaine de Montréal. La troisième fait état de la difficulté à mettre en place une gouvernance cohérente des dispositifs territoriaux lorsqu'un territoire est fragmenté sur les plans politique et administratif. La quatrième expose la réflexion derrière l'élaboration du modèle théorique. La cinquième explique en détail le fonctionnement dudit modèle. La sixième met le modèle à l'épreuve du réel.

3. Par compétence, nous entendons un secteur d'activité. Plusieurs compétences municipales sont requises pour gouverner une ville en fonction des besoins des citoyens. Le transport, la gestion des matières résiduelles, l'aménagement et l'urbanisme, la gestion de l'eau potable, la sécurité publique et la culture en sont des exemples.

I- Gouvernance : théorie, instrument d'action publique ou cadre analytique ?

Le terme *gouvernance*, bien qu'ancré dans notre quotidien, demeure vague, controversé, et souvent incompris. De nature polysémique, la gouvernance est caractérisée par sa riche valeur interdisciplinaire. Le terme a progressivement investi presque toutes les sphères des sciences sociales (Hamel et Jouve, 2006) ainsi que le vocabulaire utilisé, autant populaire que scientifique, et ce, depuis le milieu des années 1970. Le flou autour de la gouvernance est dû au caractère hétérogène des réalités définies par le terme (Simoulin, 2003). Les comparaisons interdisciplinaires des diverses facettes de la gouvernance étant institutionnalisées dans des contextes empiriques différents, l'analyse que l'on fait de la gouvernance ne serait pas la même d'un auteur à l'autre, puisque le degré d'institutionnalisation n'est pas le même. Ce phénomène contribuerait à entretenir la confusion qui enveloppe la gouvernance (Pierre, 2000).

Malgré cet engouement au cours des trente dernières années, aucune théorie de la gouvernance n'a été développée (Pierre 2005). Une théorie tente généralement d'expliquer la provenance des évènements, de décrire les schémas et de comprendre leur signification (Hoover et Donovan 2010). Les théories s'appliquent à des domaines différents (sciences politiques, économie, géographie, sociologie, etc.), mais elles partagent toutes la fonction commune de lier et d'expliquer des phénomènes généralisables au-delà d'évènements circonstanciels. Stoker (1998) a tenté de définir les contours de ce que pourrait contenir une théorie de la gouvernance, sans toutefois être en mesure de fournir une structure interprétative du phénomène[4]. L'ubiquité de la gouvernance rend le concept difficile à théoriser (Bevir 2011).

La gouvernance serait-elle alors un instrument d'action publique ? Au fil du temps, de nombreux dispositifs et instruments ont vu le jour pour faire face à la gouverne complexe des sociétés contemporaines. Selon Lascoumes et Le Galès (2004: 13), un instrument « *[...] constitue un dispositif à la fois technique et social qui organise des rapports sociaux spécifiques entre la puissance publique et ses destinataires en fonction des représentations et des*

4. Pour l'auteur, une telle théorie devrait s'appuyer sur cinq postulats : 1. La gouvernance fait intervenir un ensemble complexe d'institutions et d'acteurs qui n'appartiennent pas tous à la sphère du gouvernement; 2. En situation de gouvernance, les frontières et les responsabilités sont moins nettes dans le domaine de l'action sociale et économique; 3. La gouvernance traduit une interdépendance entre les pouvoirs des institutions associées à l'action collective; 4. La gouvernance fait intervenir des réseaux d'acteurs autonomes; 5. La gouvernance part du principe qu'il est possible d'agir sans s'en remettre au pouvoir et à l'autorité de l'État (traduit par Carrier et Jean (2000: 49-50)).

significations dont il est porteur ». De manière générale, selon les auteurs classiques ayant abordé le sujet (Hood 1983; Hood et Margetts 2007; Howlett 2009; Lascoumes et Le Galès 2004; Salamon 2002), il est possible de catégoriser les instruments d'action publique en fonction de quatre types : législatif et réglementaire; économique et fiscal; conventionnel et incitatif; informatif et communicationnel. Ces instruments viennent concrétiser les rapports État/société par l'entremise de la régulation et représentent ainsi un outil essentiel pour matérialiser les intentions (Lascoumes et Simard 2011). La gouvernance ne peut donc être considérée comme un instrument d'action publique. Les deux termes sont cependant indissociables, car la gouvernance encadre la mise en œuvre des instruments.

Devant cette situation, force est de constater que la gouvernance est difficilement catégorisable. La pluralité du concept, qui constitue autant un avantage qu'un inconvénient, lui confère une identité multiple, vacant entre le normatif, l'analytique et l'empirique. Conformément aux écrits de Peters et Pierre (2012), la gouvernance normative est mise en cause lorsqu'un gouvernement municipal est perçu dans la communauté comme un hub politique et organisationnel, définissant les objectifs et les priorités, délivrant les services, et promouvant le développement économique de concert avec les acteurs sociétaux. La gouvernance analytique, quant à elle, est apparue en parallèle de cette redéfinition normative du rôle joué par les gouvernements municipaux. Elle est perçue comme une nouvelle façon d'analyser la politique municipale (*urban politics*). L'approche analytique de la gouvernance focalise sur le fait que les gouvernements ne sont plus seuls dans le processus de pilotage de l'action publique. Enfin, la gouvernance empirique aide à conceptualiser les pratiques de la politique municipale et de leadership. Il est ainsi possible d'observer la création de coalitions et les liens qui se tissent entre les organisations municipales.

Suivant ce constat, avant d'être une théorie ou un instrument d'action publique, la gouvernance représente un cadre analytique qui vise à mettre en lumière l'instrumentation de l'action publique. Ce concept est défini par Lascoumes et Le Galès (2004: 12) comme étant « *l'ensemble des problèmes posés par le choix et l'usage des outils (des techniques, des moyens d'opérer, des dispositifs) qui permettent de matérialiser et d'opérationnaliser l'action gouvernementale. Il s'agit non seulement de comprendre les raisons qui poussent à retenir tel instrument plutôt que tel autre, mais d'envisager également les effets produits par ces choix* ». Le rôle de la gouvernance est donc d'inspirer et de bonifier la construction de théories et de modèles en marge de la gouvernance afin que ces derniers puissent mieux s'adapter à la réalité complexe (Bevir 2010; 2013). En ce sens, le modèle synthèse mis de l'avant dans ce chapitre n'est pas un instrument d'action publique en soi; il représente plutôt un cadre théorique dont l'utilité réside dans l'analyse de l'instrumentation de l'action publique.

II- Rééchelonnement et décentralisation des compétences municipales à Montréal

Au tournant des années 2000, plusieurs scientifiques (Brenner, 1998 ; Brenner, 1999 ; Brenner, 2003 ; Brenner, 2004; Jessop, 1990 ; Jessop, 2002; Lipietz, 1994 ; Swyngedouw, 1997 ; Swyngedouw, Moulart et Rodriguez, 2002 ; Scott, 2001 ; Keating, 2001 ; Stoker, 2004) se sont penchés sur les processus contemporains de rééchelonnement de l'État (*state rescaling*). Brièvement, le phénomène consiste à revoir le système de régulation et d'autorité politique en réorganisant la hiérarchie des territoires d'intervention et de contrôle des organisations institutionnelles œuvrant dans le champ d'action de l'État. L'organisation des échelles territoriales associée au pouvoir de l'État n'est donc plus considérée comme une structure rigide et prédéfinie, mais plutôt comme une structure politico-économique dont les frontières sont malléables (Brenner, 2004).

Cette stratégie politique a été préconisée à plusieurs reprises au Québec (Canada), où la division des pouvoirs et des compétences entre le gouvernement central et les gouvernements décentralisés a été repensée afin de revoir le pilotage (ou la gouvernance) des territoires. Les affaires municipales étant une responsabilité provinciale, le fonctionnement des compétences municipales est forgé par les reconfigurations institutionnelles établies à cette même échelle. Entre les années 2000 et 2006, le gouvernement provincial a opéré une réorganisation municipale qui a métamorphosé l'action publique territoriale. À Montréal, les processus décisionnels territoriaux se sont particulièrement complexifiés [5] avec l'instauration de cinq niveaux de gouvernance. La gouvernance municipale montréalaise se caractérise donc par une répartition des compétences (Prémont, 2009) entre différentes échelles territoriales : infra-locale, locale, régionale, métropolitaine et provinciale. Montréal est même décrite par l'Organisation de coopération et de développement économiques (OCDE) (2004) comme étant l'une des métropoles les plus fragmentées sur le plan politique au sein des pays membres de cette organisation.

---

5. Voir Collin et Robertson (2005), Gravel (2004), Gravel et Huard (2006) et Kübler et Tomàs (2010) pour plus de détails sur la consolidation municipale (création de la Communauté métropolitaine de Montréal en 2002), les fusions municipales (création des arrondissements) et les défusions municipales (création de l'agglomération de Montréal) qui ont eu lieu sur le territoire montréalais.

Échelles territoriales	Organisations compétentes
Infralocale	Arrondissements
Locale	Municipalités (villes/villages)
Régionale	Agglomérations/MRC[6]
Métropolitaine	Communautés métropolitaines
Provinciale	Gouvernement/Ministères

La décentralisation du pouvoir et l'augmentation du nombre d'organisations impliquées au sein de l'action publique territoriale représentent quelques-uns des nombreux effets collatéraux du rééchelonnement de l'État. L'expansion du nombre de territoires entraîne un chevauchement et un enchevêtrement d'entités politiques ayant parfois des compétences similaires, ce qui vient brouiller les cartes de la gouvernance municipale. La fragmentation politique des territoires peut représenter un obstacle au développement urbain dans la mesure où la cohérence du système n'est pas assurée.

III- Cohérence des dispositifs territoriaux

Cette tendance au renforcement des territoires régionaux n'est pas sans conséquence sur la cohérence des systèmes de gouvernance municipale (Gravel et Huard, 2006), notamment parce qu'elle multiplie les organisations territoriales ayant parfois des visées différentes. Le concept de cohérence réfère généralement à une continuité et une logique d'action qui interviennent entre différentes facettes de l'action publique (Van Neste, Gariépy et Gauthier, 2012). Savard (2010) a tenté de définir les grandes lignes du concept à partir des écrits scientifiques. Selon lui, la majorité des auteurs (Burnstein, 1991; Grant et Halpin, 2006 ; Jones, 2002 ; May et al., 2005 ; May, Sapotchine et Workman, 2006) s'entend pour dire que la cohérence implique une harmonisation et une absence de contradiction entre les objectifs d'une politique et les activités de mises en œuvre pour atteindre ces objectifs. Christiansen (2001) apporte quelques subtilités utiles pour analyser la gouvernance territoriale. Selon l'auteur, la cohérence peut être de trois ordres : inter-niveaux, soit entre les organisations issues d'échelles territoriales différentes, inter-organisationnelles, soit entre les organisations d'une même échelle territoriale, et intra-organisationnelles, soit à l'intérieur même d'une organisation. Enfin, la cohérence peut également se décliner de

6. Les agglomérations et les MRC représentent des instances politiques qui rassemblent plusieurs municipalités afin de gérer et de délivrer des services publics communs à l'ensemble des municipalités regroupées, comme la gestion des matières résiduelles ou le transport collectif, par exemple.

deux façons. Elle peut être horizontale : entre plusieurs compétences; et verticale : par rapport à une seule compétence.

Lorsque plusieurs entités politiques et administratives se côtoient sur un même territoire, il peut s'avérer difficile de concerter l'action publique en harmonisant l'ensemble des dispositifs territoriaux. Parmi les écrits scientifiques issus de la politique municipale, ceci s'explique, notamment, par le fait que plusieurs modes de gouvernance (cf. DiGaetano et Klemanski, 1999 ; DiGaetano et Lawless, 1999 ; DiGaetano et Storm, 2003; Jouve, 2003 ; Pierre, 1999 ; Pierre, 2011) sont présents sur le territoire. En effet, les territoires urbains ne sont pas composés d'un tissu institutionnel uniforme, mais plutôt d'un mélange de modes de gouvernance forgés par diverses configurations institutionnelles (Pierre, 1999). Les modes de gouvernance reflètent les orientations politiques et les objectifs poursuivis par chaque autorité compétente.

L'incompatibilité entre les diverses manières de gouverner[7] résulte d'une déficience dans la création de systèmes cohérents de gouvernance (Peirce, 1993). Les modes de gouvernance contribuent à expliquer les problèmes qui peuvent émerger quant à la gouvernabilité des villes en mettant en lumière les incohérences et les contradictions entre les divers modes de gouvernance existant au sein d'une ville. Les intérêts, les valeurs, les pratiques et les façons de faire étant différents d'une entité à l'autre, la vision qu'elles ont du développement du territoire, et par le fait même des dispositifs territoriaux qui sont mis en œuvre pour modeler le territoire selon leur vision, risque de différer à plusieurs égards.

La fragmentation politique et administrative des territoires peut nuire au développement urbain si un système cohérent de gouvernance n'est pas mis en place: les efforts des uns étant souvent annulés par les résistances des autres. Le pilotage de l'action publique n'est certes pas le seul facteur explicatif d'un développement territorial efficient, mais il n'en demeure pas moins un élément essentiel pour assurer la bonne marche de l'ensemble.

IV- Pilotage de l'action publique territoriale : quels modèles d'analyse ?

Le pilotage de l'action publique réfère directement à la manière dont sont gouvernées les entités politiques territorialisées. Les écrits sur la gouvernance et la politique municipale nous ont ainsi orientés pour élaborer un modèle théorique qui analyse le pilotage de l'action publique territoriale. Certes, plusieurs modèles ont été élaborés pour analyser et mieux

7. Ce phénomène est appelé par Peirce (1993) des « écarts de gouvernance » (*governance gaps*).

comprendre la gouvernance des sociétés contemporaines : Bell et Hindmoor (2009), Côté (2003), Côté (2011), Kooiman (2003), Pierre et Peters (2000), Pierre et Peters (2005) pour ne nommer que ces auteurs. Les modèles de gouvernance élaborés par ces auteurs se déclinent généralement en variantes qu'il est possible de positionner sur un continuum : d'un Etat non-interventionniste (qui agit au même titre qu'un acteur normal) à une extrémité, vers un Etat interventionniste à l'autre extrémité. Ces modèles s'attardent cependant à décrire et comprendre des réalités qui dépassent l'intervention des échelles municipales. Pour cette raison, ils ont été écartés lors de la conception de notre modèle d'analyse.

Trois modèles élaborés pour décrire des réalités sociales aux échelons municipaux ont attiré notre attention : 1. Modèle intégré de DiGaetano et Storm (2003) ; 2. Modèle normatif de Pierre (1999, 2011) ; 3. Modèle général de Belley et Divay (2007, 2011). Ces modèles sont particulièrement intéressants, car ils font référence à des niveaux d'analyse différents. Le premier adopte un niveau d'analyse macro (global) et explique les liens qui existent entre quatre sphères d'influence: structurelle, culturelle, institutionnelle et actionnelle. L'accent est mis sur l'impact des échelles supérieures sur le fonctionnement des structures municipales. Le deuxième adopte un niveau d'analyse méso (local) et s'attarde à décrire l'ensemble des modes de gouvernance perceptible dans la sphère institutionnelle de DiGaetano et Storm (2003). Le troisième adopte un niveau d'analyse micro (inter-organisationnelle) et focalise sur l'interaction des acteurs aux échelons municipaux. C'est en quelque sorte la sphère actionnelle de DiGaetano et Storm (2003) qui est mise en lumière. Mis ensemble, ces modèles permettent de bien appréhender et d'analyser, de manière holistique, l'action publique (par l'entremise de la cohérence des dispositifs territoriaux employés par les diverses autorités compétentes) dans un environnement où les structures politiques et administratives sont fragmentées.

Les modèles s'appuient également sur des bases théoriques institutionnalistes pour faire valoir leur compréhension de la gouvernance municipale. DiGaetano et Storm (2003) ont utilisé les institutions comme point d'ancrage afin d'unifier trois approches théoriques (structurelle, culturelle et rationnelle) pour concevoir leur modèle intégré. La sphère institutionnelle (*institutional milieu*) agit comme point de référence pour intégrer les quatre sphères d'influence mises de l'avant dans leur modèle. Pour Pierre (1999, 2011), il est impossible de comprendre convenablement la gouvernance municipale sans analyser le fonctionnement des institutions et les valeurs qui les imprègnent. Le modèle développé par l'auteur met en lumière les valeurs véhiculées par les différents modes de gouvernance. Enfin, le modèle de Belley et Divay (2011, p. 76) « *[...] prend en considération les institutions et, plus généralement, les caractéristiques (politiques, sociodémographiques, économiques et culturelles) propres au contexte (milieu) local considéré* ». Ce modèle fait ressortir l'importance des cadres, notamment institutionnels, qui habilitent ou contraignent les acteurs à prendre des décisions et à poser des actions. De la même façon, notre modèle se concentre fortement sur les caractéristiques institutionnelles de l'environnement municipal.

V- Modèle synthèse d'analyse de la gouvernance municipale

Les trois modèles théoriques expliqués précédemment ont servi de fondement pour élaborer un modèle analytique qui cherche à illustrer le fonctionnement de la gouvernance municipale et la cohérence de l'action publique territoriale. Les écarts de gouvernance et les conséquences de ces derniers sur l'action publique et l'utilisation des dispositifs territoriaux ont constitué la pierre d'assise du modèle. Le modèle synthèse est composé de cinq sphères dynamiques qui interagissent ensemble et orientent le cours de l'action publique territoriale en fonction d'une compétence particulière. Les voici en détail :

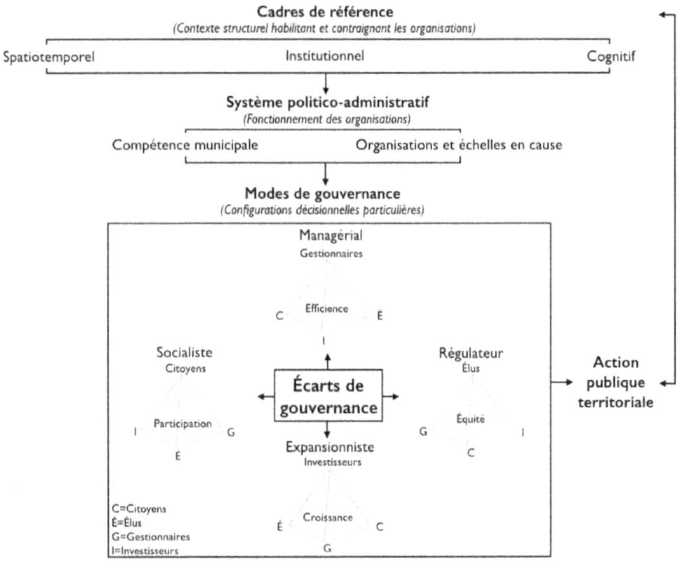

1. Cadres de référence : représentent le contexte structurel dans lequel évoluent les organisations politiques (gouvernements municipaux) et administratives (organisations autonomes et paramunicipales, agences gouvernementales, etc.) qui interagissent aux échelons municipaux. Le champ d'action des organisations comprises dans ce système est structuré en fonction de trois cadres de référence qui les habilitent et les contraignent à poser certaines actions: 1. Spatiotemporel qui correspond à l'emplacement du cas analysé à l'intérieur d'une période temporelle déterminée ; 2. Institutionnel qui correspond à l'ensemble des réformes, politiques publiques, lois et règlements mis en place par un gouvernement supérieur ; 3. Cognitif qui correspond aux connaissances et aux référentiels acquis par les organisations pour interpréter ou se représenter certaines situations. Ces trois cadres (évolutifs) forgent le contexte structurel habilitant et contraignant le comportement des organisations.

2. Système politico-administratif : représente le fonctionnement des organisations politiques et administratives par rapport à une compétence municipale spécifique. Chaque compétence municipale est investie de particularités qui lui sont propres, notamment en ce qui concerne la répartition de certaines fonctions à des organisations qui se retrouvent sur des échelles territoriales différentes, lui conférant un fonctionnement distinct. Le système politico-administratif documente cette situation. Par exemple, la compétence de l'aménagement et de l'urbanisme associée au territoire de la Ville de Montréal implique cinq organisations réparties sur autant d'échelles territoriales et ayant leurs propres instruments législatifs et réglementaires d'action publique : le Gouvernement du Québec (échelle provinciale) émet les grandes orientations ; la Communauté métropolitaine de Montréal (échelle métropolitaine) élabore un plan métropolitain d'aménagement et de développement (PMAD) ; l'agglomération de Montréal (échelle régionale) adopte un schéma d'aménagement et de développement (SAD) ; la Ville de Montréal (échelle locale) adopte un plan d'urbanisme (PU) ; et les arrondissements de la Ville de Montréal (échelle infralocale) élaborent des programmes particuliers d'urbanisme (PPU) ainsi qu'une règlementation municipale. La compétence du transport collectif, pour sa part, implique uniquement trois organisations réparties sur autant d'échelles territoriales : le Gouvernement du Québec (échelle provinciale) avec les grandes orientations, la Communauté métropolitaine de Montréal (échelle métropolitaine) avec le PMAD et l'agglomération de Montréal (échelle régionale) avec le SAD, auxquelles s'ajoutent des organisations unifonctionnelles de planification qui élaborer des plans de transport et qui, comparativement aux organismes municipaux, n'ont qu'une seule fonction : gérer le transport collectif.

Les instruments utilisés par les diverses organisations sont édictés dans les lois québécoises en fonction d'une règle de conformité : les instruments élaborés à une échelle inférieure ne peuvent aller à l'encontre de ceux élaborés à une échelle supérieure. Cette cohérence sur papier n'est cependant pas garante d'une cohérence de l'action publique territoriale sur le terrain. Le terme « conformité » n'est d'ailleurs aucunement défini dans la législation municipale québécoise et s'adresse uniquement aux grandes lignes des documents élaborés. Les moyens mis en œuvre pour se conformer relèvent des diverses organisations municipales. Une incohérence quant à l'utilisation des dispositifs territoriaux par chaque organisation peut donc survenir.

3. Modes de gouvernance : représentent la manière dont les diverses organisations municipales prennent des décisions (gouvernent). Pierre (1999, 2011) en identifie quatre dont chacun est associé à des objectifs de développement territorial différent : managérial lié à l'efficience territoriale, socialiste lié à la participation citoyenne, expansionniste lié à la croissance économique et régulateur lié à l'équité territoriale. Les modes de gouvernance font intervenir ce que Belley et Divay (2007, 2011) décrivent comme étant les trois fonctions urbaines clés, dont chacune est dominée par des acteurs particuliers. Ces fonctions urbaines sont : la direction/régulation (D/R) dominée par les élus, la prestation/optimisation de services (P/O) dominée par les gestionnaires et la mobilisation/concertation (M/C) dominée par les citoyens. À cela nous ajoutons une quatrième fonction urbaine clé : l'investissement/rentabilité (I/R) dominée par la communauté d'affaires[8]. Mis ensemble, les quatre fonctions clés s'amalgament aux quatre modes de gouvernance municipale de Pierre (1999, 2011): managérial/efficience (P/O), socialiste/participation (M/C), expansionniste/croissance (I/R), régulateur/équité (D/R). Chaque catégorie d'acteurs se retrouve, à divers degrés, au sein des quatre fonctions urbaines clés. Chaque type d'acteurs aura donc un rôle différent à jouer, qu'il œuvre dans la D/R, la P/O, la M/C ou l'I/R. Chaque mode est également associé à des objectifs spécifiques et, donc, à des acteurs différents qui gravitent autour du noyau décisionnel. Les coalitions qui seront formées dépendront des objectifs à atteindre. Par exemple, si la croissance économique est l'objectif principal à atteindre, les autorités municipales auront tendance à agir de connivence avec la classe des affaires afin de voir comment il serait possible de promouvoir le développement économique sur le territoire (Pierre 2011). Comme le démontre Stone (1989), ceci aura comme conséquence de placer les autres objectifs plus loin à l'agenda politique et de placer les autres acteurs dans une situation moins favorable pour influencer les décisions. Les modes de gouvernance fournissent donc des indices quant à une vision spécifique (en

8. Nous procédons ainsi, car Belley et Divay (2007, 2011) ont amalgamé sous une même fonction (mobilisation/concertation) les agents économiques et les citoyens. Ces derniers ont cependant des façons très différentes d'appréhender le développement territorial. En reprenant les écrits de Weber (1982), le fonctionnement d'une ville est associé à quatre types d'espaces interdépendants : économique (marché), politique (régulation), administratif (territoire institué) et socioculturel (sociodémographie et culture) sur lesquels agissent quatre types d'acteurs : agents économiques (producteurs et consommateurs), responsables politiques (partis), agents administratifs (cadres et fonctionnaires) et citoyens (électeurs, usagers et contribuables). Ceci porte donc les principales fonctions urbaines à quatre.

fonction d'une compétence particulière) que l'on veut donner au territoire. Les dispositifs territoriaux mis en place par les autorités compétentes reflèteront ces orientations politiques.

4. **Écarts de gouvernance** : représentent les différences (ou incohérences) de visions, de valeurs et d'intérêts qui existent entre deux ou plusieurs organisations qui composent un territoire. Les écarts de gouvernance incarnent ces divergences de point de vue quant à un développement territorial espéré. Ils peuvent être inter-niveaux, inter-organisationnels ou intra-organisationnels, tout autant qu'horizontaux ou verticaux.

5. **Action publique territoriale** : représentent les interventions (extrants/outcomes) qui verront le jour (ou non) sur un territoire particulier, dont l'influence provient de plusieurs modes de gouvernance municipale. Cette dernière sphère incarne la résultante du fonctionnement holistique du modèle synthèse en mettant en lumière le pilotage (ou la gouvernance) d'un territoire donné par rapport à une compétence municipale (cohérence verticale) ou plusieurs compétences municipales (cohérence horizontale). Un système peu ou pas cohérent est caractérisé par un processus décisionnel congestionné et entravé par les résistances de certaines organisations qui ont des valeurs, des intérêts et des objectifs divergents. Les dispositifs territoriaux qu'elles mettront en place ne sont donc pas les mêmes, ce qui freine une action publique concertée. Un tel système penchera la plupart du temps vers un statu quo (aucune intervention territoriale), car il sera paralysé. À l'opposé, un système cohérent est caractérisé par un processus décisionnel concerté duquel émergeront des interventions territoriales concrètes (projets) qui vont au-delà des frontières institutionnelles d'un seul territoire. Advenant l'insatisfaction d'un gouvernement supérieur en ce qui concerne l'action publique territoriale d'un territoire, ce dernier peut toujours apporter des changements aux cadres de référence, ce qui aura des répercussions sur l'ensemble du système de gouvernance municipale. Le modèle synthèse est en ce sens dynamique et représente une boucle en constante évolution, ponctuée de mutations institutionnelles qui viennent transformer le cours de l'action publique territoriale.

La force du modèle réside dans l'intervention des trois types de gouvernance: normative, analytique et empirique. 1. Normative car le modèle met à l'avant-plan les gouvernements municipaux qui sont investis de compétences municipales et qui définissent les objectifs et les priorités quant à la délivrance des services publics ; 2. Analytique car le modèle vise à analyser les relations politiques municipales de l'ensemble des autorités compétentes ; 3. Empirique car le modèle sert à conceptualiser les systèmes de gouvernance municipale en faisant ressortir les pratiques de la politique municipale. En somme, le modèle synthèse agit comme un cadre analytique qui met en lumière l'instrumentation de l'action publique territoriale. Le modèle permet de mieux comprendre le pilotage de l'action publique territoriale, dans la mesure où il met en lumière les éléments qui composent la gouvernance municipale ainsi que les dispositifs territoriaux mis en œuvre par les diverses organisations municipales. Le modèle contribue à nourrir le débat sur l'action publique, car il permet *« de lier la réflexion sur l'élaboration et le choix des instruments à leur mise en œuvre, pour en identifier les usages et en appréhender les effets »* (Halpern, Lascoumes et Le Galès 2014 : 39).

VI- Modèle à l'épreuve : l'exemple de la station de métro Rosemont à Montréal

D'emblée, nous tenons à préciser que l'exemple sera abordé de manière simpliste, en faisant référence à un nombre limité d'acteurs publics. Notre intention n'est pas de décrire la situation dans toute sa complexité, mais plutôt d'illustrer, très brièvement, le fonctionnement du modèle. Pour ce faire, nous avons préconisé une situation où l'incohérence est verticale, c'est-à-dire par rapport à une seule compétence.

1. Cadres de référence : la compétence de l'aménagement et de l'urbanisme, sur un territoire inscrit comme étant une zone d'intervention prioritaire dans le schéma d'aménagement et de développement de l'agglomération de Montréal ainsi que dans le plan d'urbanisme de Montréal, sera prise comme exemple. Le cadre spatiotemporel correspond au secteur entourant la station de métro Rosemont à Montréal (secteur 4.2 sur la carte) pour la période 2010-2011.

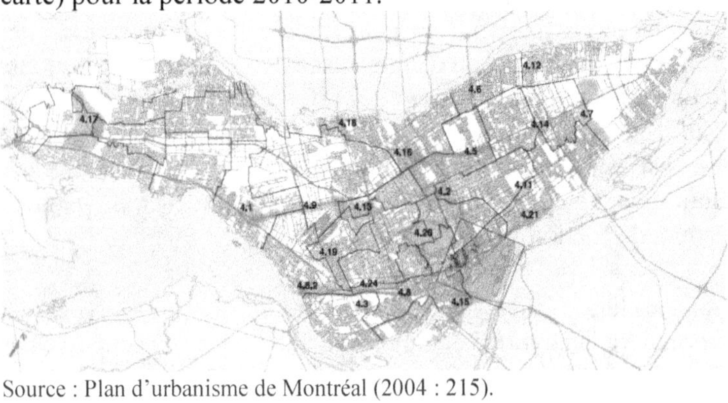

Source : Plan d'urbanisme de Montréal (2004 : 215).

Le cadre institutionnel, quant à lui, réfère aux nombreuses réformes territoriales qui ont eu lieu dans la région métropolitaine de Montréal entre les années 2000 et 2006 et qui régit les organisations municipales sur ce territoire. Enfin, le cadre cognitif représente tout le bagage acquis par ces organisations en matière d'aménagement et d'urbanisme au fil du temps afin de répondre aux exigences des réformes mises en place.

2. Système politico-administratif : le secteur, à la jonction de deux arrondissements : Rosemont – La Petite-Patrie (RPP) et Plateau-Mont-Royal (PMR), est le fruit des nombreuses réformes institutionnelles et doit maintenant se soumettre au poids de la légalité des échelles supérieures. Tel qu'indiqué précédemment, la région métropolitaine de Montréal est composée de cinq échelles territoriales. Cette configuration institutionnelle tisse le fonctionnement du système politique et administratif montréalais. En ce sens, selon la règle de conformité, les instruments qui régissent l'aménagement et l'urbanisme sur l'île de Montréal s'emboîtent l'un dans l'autre (grandes orientations, PMAD, SAD, PU, PPU). Dans un souci de concision, nous allons cependant concentrer l'analyse sur la ville-centre (échelle locale) et ses arrondissements (échelle infra-locale).

3. Modes de gouvernance : le secteur de la station Rosemont est associé à trois modes de gouvernance municipale. À l'échelle infra-locale, l'arrondissement RPP a adopté un programme particulier d'urbanisme pour le secteur suite à une consultation publique d'envergure. Le PPU permet d'apporter davantage de précision sur la planification d'un secteur qui demande une approche particulière. L'arrondissement envisage un développement multifonctionnel, dense et offrant une variété de services pour les ménages familiaux. La participation du public étant à la base du projet, l'arrondissement de RPP adhère ainsi à un mode socialiste de gouvernance municipale. L'arrondissement PMR, quant à lui, a consacré peu d'attention au secteur et aucune stratégie de revitalisation spécifique n'est identifiée. Les autorités municipales cherchent à changer, via sa réglementation, la vocation « mixte » du secteur pour une vocation à développement économique qui favoriserait la création d'un pôle culturel. Une attention particulière est donnée aux artistes, tandis que la vocation résidentielle est volontairement mise de côté. Cette décision a été est prise dans l'optique d'une meilleure équité territoriale : les artistes ayant de la difficulté à trouver des locaux à Montréal. L'arrondissement PMR opte ainsi pour un mode régulateur de gouvernance municipale. À l'échelle locale, la Ville de Montréal a adopté en 2005 un plan de développement économique. Ce dernier met en valeur les secteurs du territoire montréalais qui méritent une attention particulière en matière d'aménagement et de développement. Le secteur du métro Rosemont n'apparaît pas dans les projets prioritaires de la Ville et se retrouve ainsi en manque de financement. Le style de gestion de l'administration locale préconise davantage un développement urbain à la pièce, suivant les règles du marché. L'aménagement est donc fortement orienté vers la construction de projets domiciliaires de type condos. La croissance économique est importante et les investisseurs immobiliers sont influents. La Ville de Montréal adhère ainsi à un mode expansionniste de gouvernance municipale.

4. Écarts de gouvernance : de toute évidence, un aménagement territorial cohérent doit faire fi des frontières institutionnelles. La réalité n'est cependant pas aussi simple. Comme démontré ci-haut, le secteur d'intervention Rosemont se retrouve en présence de trois modes de gouvernance différents. Non seulement les écarts de gouvernance sont inter-organisationnels (entre les arrondissements), mais ils sont également inter-niveaux (entre les arrondissements et la ville-centre). Alors que le secteur devrait bénéficier d'une vision d'ensemble, chaque partie prenante se retrouve à intervenir de manière différente : RPP avec un PPU axé sur l'attraction des familles, PMR avec un pôle culturel et la ville-centre qui préfère investir à d'autres fins.

5. Action publique territoriale : au final, le secteur est victime d'un statu quo puisque les diverses administrations n'arrivent pas à s'entendre sur un projet commun. Il s'agit d'un blocage institutionnel fréquent dans un contexte fortement fragmenté, comme à Montréal. Évidemment, notre conclusion peut paraître simpliste, car plusieurs variables doivent être confrontées à la réalité pour analyser en profondeur les écarts existants quant aux divers modes de gouvernance en présence sur un territoire donné. Pierre (1999, 2011) fait référence à ces variables dans son modèle. En prenant en considération l'ensemble de ces variables, nos conclusions seraient plus nuancées et refléteraient davantage la réalité derrière l'action publique en faisant ressortir les incohérences des dispositifs territoriaux. La concision du texte ne nous permet pas d'entrer en profondeur dans une telle analyse.

Conclusion

Le réaménagement des territoires par les gouvernements centraux est une stratégie politique en pleine expansion. Les autorités compétentes des pays industrialisés remanient les frontières politico-administratives de leur territoire dans l'optique de développer des communautés capables d'évoluer au même rythme que leur environnement. Ce phénomène n'est pas sans répercussions sur le cours de l'action publique municipale, qui se réfère directement à la manière dont sont gouvernées les entités politiques territorialisées. À Montréal, le rééchelonnement de l'État a occasionné une augmentation du nombre d'organisations impliquées au sein de l'action publique territoriale, venant brouiller les cartes de la gouvernance municipale. La gouvernance montréalaise a été conçue, au fil des années, sous le modèle d'une courtepointe: laissant place à diverses façons de gouverner, selon les priorités, les intérêts et les dispositifs territoriaux propres à chacun. Il en résulte un système complexe et peu cohérent caractérisé par un processus décisionnel congestionné et entravé: les efforts des uns étant souvent annulés par les résistances des autres. Le développement territorial se retrouve en quelque sorte pris en otage; vacant entre le statu quo et les projets à l'arraché en manque d'ambition.

Face à un tel enchevêtrement et chevauchement d'organisations territorialisées, il peut devenir ardu de s'y retrouver et de faire la lumière sur les zones contradictoires. Devant ce constat, nous nous sommes inspirés des écrits scientifiques issus de la politique municipale afin d'élaborer un modèle qui permet d'analyser l'action publique et les dispositifs territoriaux mis en place par les organisations municipales. Sa particularité réside dans la compréhension holistique de la cohérence d'un système de gouvernance municipale afin d'identifier des zones d'incompatibilité où des blocages institutionnels pourraient émerger au sein de l'action publique. Il permet de déceler, à la source, les problèmes qui peuvent conduire à un pilotage ou une gouvernance déficiente des territoires.

Le modèle théorique développé n'est certainement pas une panacée aux maux des grandes métropoles fragmentées. Le modèle n'ayant pas fait l'objet d'une étude empirique poussée, notre démarche a une visée exploratoire. C'est donc sans prétention que nous soumettons le modèle à la discussion afin que ce dernier soit bonifié. Nous croyons cependant contribuer à la réflexion qui entoure le débat sur l'action publique, car le modèle permet de mettre en lumière les éléments qui composent la gouvernance municipale et les dispositifs territoriaux mis en œuvre par les diverses organisations municipales. À terme, le modèle pourrait devenir un outil d'analyse efficient au service des chercheurs, des praticiens et des décideurs publics en quête de compréhension de l'action publique territoriale.

Bibliographie

Belley, S. et G. Divay. 2007. « Le management de la complexité urbaine: la coordination entre coopération et compétition. » *Télescope* 13 (3): 21-36.
Belley, S. et G. Divay. 2011. « Le management de la complexité urbaine: la coordination entre coopération et compétition. » In *La gouvernance: frontières, dispositifs et agents*, sous la dir. de L. Côté, 71-100. Québec: Presses de l'Université du Québec.
Bell, S. et A. Hindmoor. 2009. *Rethinking Governance: The Centrality of the State in Modern Society*. New York: Cambridge University Press.
Bevir, M. 2011. « Governance as Theory, Practice, and Dilemma. » In *The SAGE handbook of governance*, sous la dir. de M. Bevir. London: Sage Publications, http://www.sagepub.com/upm-data/36847_Bevir_Chap_01.pdf

Bevir, M. 2013. *A theory of governance*. Berkeley: University of California Press.
Brenner, N. 1998. « Between fixity and motion: accumulation, territorial organization and the historical geography of spatial scales. » *Environment and Planning D: Society and Space* (16): p. 459–481.
Brenner, N. 1999. « Globalization as Reterritorialisation: The Re-scaling of Urban Governance in the European Union. » *Urban Studies* 36 (3): p. 431-451.
Brenner, N. 2003. « Metropolitan Institutional Reform and the Rescaling of State Space in Contemporary Western Europe. » *European Urban and Regional Studies* 10: p. 297-325.
Brenner, N. 2004. *New State Spaces: Urban Governance and the Rescaling of Statehood*. Oxford: Oxford University Press.
Burnstein, P. 1991. « Policy Domains: Organization, Culture, and Policy Outcomes. » *Annual Review of Sociology* 17: p. 327-350.
Carrier, M. et B. Jean. 2000. « La reconstruction de la légitimité des collectivités rurales. » In *Gouvernance et territoires ruraux: Éléments d'un débat sur la responsabilité du développement*, sous la dir. de M. Carrier et S. Côté, 343. Québec: Presses de l'Université du Québec.
Christiansen, T. 2001. « Intra-institutional politics and inter-institutional relations in the EU: towards coherent governance? » *Journal of European Public Policy* 8 (5): p. 747-769.
Collin, J-P. et M. Robertson. 2005. « The Borough System of Consolidated Montréal: Revisiting Urban Governance in a Composite Metropolis. » *Journal of Urban Affairs* 27 (3): p. 307-330.
Côté, L. 2003. « L'étude des modèles nationaux de gouvernance: Le cas québécois. » *Économie et solidarités* 34 (2): p. 95-117.
Côté, L. 2011. « Les modèles de gouvernance. » In *Secrets d'États? : les principes qui guident l'administration publique et ses enjeux contemporains*, sous la dir. de N. Michaud. Québec: Presses de l'Université Laval.
DiGaetano, A. et J. Klemanski. 1999. *Power and city governance: Comparative perspectives on urban development*. Minneapolis: University of Minnesota Press.
DiGaetano, A. et P. Lawless. 1999. « Urban governance and industrial decline:Governing structures and policy agendas in Birmingham and Sheffield, England, and Detroit, Michigan. » *Urban Affairs Review* 34 (4), p. 556-577.
DiGaetano, A. et E. Storm. 2003. « Comparative Urban Governance: An Integrated Approach. » *Urban Affairs Review* 38 (3), p. 356-395.
Grant, J. et D. Halpin. 2006. « The Political Costs of Policy Coherence: Constructing a Rural Policy for Scotland. » *Journal of Public Policy* 26 (1), p. 21-41.

Gravel, R. 2004. « La gouvernance municipale: Fusion... défusion... confusion... adhésion... » In *L'État québécois au XXIe siècle*, sous la dir. de R. Bernier, p. 327-349. Sainte-Foy: Presses de l'Université du Québec.
Gravel, R. et A. Huard. 2006. « Vers une incohérence du système municipal québécois. » *Organisations & territoires* 15 (2), p. 21-26.
Halpern, C., P. Lascoumes et P. Le Galès. 2014. « L'instrumentation et ses effets: débats et mises en perspective théoriques. » In *L'instrumentation de l'action publique*, sous la dir. de C. Halpern, P. Lascoumes et P. Le Galès, Paris, Presses de Sciences Po, p. 15-59.
Hamel, P. et B. Jouve. 2006. *Un modèle québécois? Gouvernance et participation dans la gestion publique*. Montréal: Les Presses de l'Université de Montréal.
Hood, C. 1983. *Tools of Government*. London: Macmillan.
Hood, C. et H. Margetts. 2007. *The Tools of Government in the Digital Age*. Basingstoke: Palgrave Macmillan.
Hoover, K. et T. Donovan. 2010. *The Elements of Social Scientific Thinking*. New York: St Martin's Press.
Howlett, M. 2009. *Studying Public Policy: Policy Cycles & Policy Subsystems*, 3rd éd. Don Mills: Oxford University Press.
Jessop, B. 1990. *State Theory: Putting the Capitalist State in Its Place*. University Park: Pennsylvania State University Press.
Jessop, B. 2002. *The Future of the Capitalist State*. London: Polity.
Jones, T. 2002. « Policy Coherence, Global Environmental Governance, and Poverty Reduction. » *International Environmental Agreements* 2 (4), p. 389-401.
Jouve, B. 2003. *La gouvernance urbaine en question*. Paris: Elsevier.
Keating, M. 2001. « Governing Cities and Regions: Territorial Restructuring in a Global Age. » In *Global City-Regions: Trends, Theory, Policy*, sous la dir. de A. Scott, Oxford: Oxford University Press, p. 371-390.
Kooiman, J. 2003. *Governing as Governance*. London: Sage.
Kübler, D. et M. Tomàs. 2010. « Jeux d'échelles et démocratie métropolitaine. » *Revue Métropoles* 7. http://metropoles.revues.org/4221.
Lascoumes, P. et P. Le Galès. 2004. « L'action publique saisie par ses instruments. » In *Gouverner par les instruments*, sous la dir. de P. Lascoumes et P. Le Galès, Paris: Presses de Sciences Po, p. 11-44.
Lascoumes, P. et L. Simard. 2011. « L'action publique au prisme de ses instruments. » *Revue française de science politique* 61 (1), p. 5-22.
Lipietz, A. 1994. « The national and the regional: their autonomy vis-à-vis the capitalist world crisis. » In *Transcending the State- Global Divide*, sous la dir. de R. Palan et B. Gills, Boulder: Lynne Rienner Publishers, p. 23-44.

May, P., B. Jones, B. Beem, E. Neff-Sharum et M. Poague. 2005. « Policy Coherence and Component-Driven Policymaking: Arctic Policy in Canada and the United States. » *Policy Studies Journal* 33 (1), p. 37-63.

May, P., J. Sapotchine et S. Workman. 2006. « Policy Coherence and Policy Domains. » *Policy Studies Journal* 34 (3), p. 381-403.

Organisation de coopération et de développement économiques (OCDE). 2004. « Examens territoriaux de l'OCDE: Montréal, Canada. » http://cmm.qc.ca/fileadmin/user_upload/documents/ExamenterritorialMontreal.pdf.

Peirce, N. 1993. *Citistates: How urban America can prosper in a competitive world*. Washington: Seven Locks Press.

Peters, G. et J. Pierre. 2012. « Urban Governance. » In *The Oxford Handbook of Urban Politics*, sous la dir. de J. Peter, K. Mossberger, et S. Clarke. London: Oxford University Press.

Pierre, J. 1999. « Models of Urban Governance: The Institutional Dimension of Urban Politics. » *Urban Affairs Review* 34, p. 372-396.

Pierre, J. 2000. « Governance beyond State Strength. » In *Debating Governance*, sous la dir. de J. Pierre, 251. Oxford: Oxford University Press.

Pierre, J. 2005. « Comparative Urban Governance: Uncovering Complexe Causalities. » *Urban Affairs Review* 40 (4), p. 446-462.

Pierre, J. 2011. *The Politics of Urban Governance*. London: Palgrave Macmillan.

Pierre, J. et G. Peters. 2000. *Governance, Politics and the State*. New York: St. Martin's Press.

Pierre, J. et G. Peters. 2005. *Governing complex societies: trajectories and scenarios*. Houndmills: Palgrave Macmillan.

Prémont, M-C. 2009. « Les échelles municipales et la répartition des compétences locales au Québec. » *Revue Lamy collectivités territoriales* avril, p. 69-75.

Salamon, L. 2002. *The Tools of Government: A Guide to the New Governance*. New York: Oxford University Press.

Savard, J-F. 2010. « La cohérence des politiques publiques. » In *L'analyse des politiques publiques*, sous la dir. de S. Paquin, L. Bernier, et G. Lachapelle, Montréal: Presses de l'Université de Montréal, p. 309-335.

Scott, A. 2001. *Global City-Regions: Trends, Theory, Policy*. Oxford: Oxford University Press.

Simoulin, V. 2003. « La gouvernance et l'action publique: Le succès d'une forme simmélienne. » *Droit et société* 2 (54), p. 307-326.

Stoker, G. 1998. « Governance as Theory: Five Propositions. » *International Social Science Journal* 50 (155), p. 17-28.

Stoker, G. 2004. *Transforming local governance: from tatcherism to new labour*. New York: Palgrave Macmillan.

Stone, C. 1989. *Regime Politics: Governing Atlanta, 1946-1988*. Lawrence: University Press of Kansas.
Swyngedouw, E. 1997. « Neither global nor local:'glocalisation'and the politics of scale. » In *Spaces of Globalization: Reasserting the Power of the Local*, sous la dir. de K. Cox, p. 137-166. New York: Guilford Press.
Swyngedouw, E., F. Moulart et A. Rodriguez. 2002. « Neoliberal Urbanization in Europe: Large-Scale Urban Development Projets and New Urban Policy. » *Antipode* 34 (3): p. 542-577.
Van Neste, S., M. Gariépy et M. Gauthier. 2012. « La cohérence dans l'urbanisme montréalais : entre planification et mise en débat. » *Géocarrefour* 87 (2), p. 87-99.
Ville de Montréal. 2004. « Plan d'urbanisme de Montréal. » www.ville.montreal.qc.ca/plan-urbanisme.
Weber, M. 1982. *La ville*. Paris: Aubier.

Une typologie pour l'analyse des représentations du développement durable des instruments de mise en œuvre à l'échelle territoriale

Olivier Riffon

Depuis son entrée dans le vocabulaire, le développement durable (DD) est devenu un concept faisant l'objet d'un large consensus social, tant auprès des organisations économiques, sociocommunautaires, environnementales que politiques. En touchant plusieurs types d'acteurs et d'organisations, il a nécessairement pris différents visages. En conséquence, l'interprétation de sa définition tend à varier selon les besoins, la culture et la hiérarchie des valeurs de celui qui s'en approprie l'intention. De même, les outils utilisés pour sa mise en œuvre varient selon le contexte et les besoins.

Au Québec et ailleurs dans le monde, des municipalités de toute taille ont entamé des démarches territoriales de DD. Devant l'absence de lignes directrices ou de règles d'application à l'échelle locale, divers instruments d'orientation et de mise en œuvre peuvent être utilisés pour guider la démarche de ces collectivités. Ainsi, au Québec, des municipalités ont adopté le cadre de mise en œuvre de l'Agenda 21 local, de The Natural Step, du réseau Québécois des Villes et villages en santé, ou encore des outils de planification territoriale tels le plan d'urbanisme et le schéma d'aménagement et de développement. Ces instruments s'inscrivent dans des interprétations différentes du DD et les acteurs territoriaux qui contribuent à ces démarches ne partagent pas tous la même représentation de ce concept.

La littérature en matière de DD comporte une multitude de propositions de typologie (Clifton, 2010), mais peu d'entre elles s'attardent aux représentations du DD, encore moins dans l'objectif de distinguer les caractéristiques des instruments de mise en œuvre. Nous proposons une telle typologie, développée dans le cadre d'une recherche portant sur les démarches de DD en milieu municipal au Québec.

I- La mise en œuvre municipale du développement durable

Les collectivités font face à plusieurs défis en ce début de 21e siècle. Ces défis sont complexes : ils réfèrent à la fois à des enjeux sociaux, économiques, environnementaux. Citons par exemple la décroissance démographique, le vieillissement de la population, la vulnérabilité économique ou l'étalement urbain (Emelianoff, 2005; Simard, 2006). Ces défis peuvent, dans certains cas, remettre en question la viabilité de certains modes de développement, voir la vitalité des collectivités. Le DD est souvent évoqué comme piste de solution pour aider les collectivités à faire face aux défis auxquels elles sont confrontées (Hamman, 2011). Le concept du DD, issu du travail des institutions internationales, peut s'appliquer en grande partie à l'échelle locale (Theys, 2002 ; Gagnon, 2006), entre autres dans les municipalités où les administrations locales gèrent les services de proximité. Le rôle des municipalités pour la mise en œuvre du DD a été évoqué dès le rapport Brundtland (CMED, 1988), mais aussi au sommet de la terre de Rio en 1992, avec l'adoption de l'Agenda 21 (ONU, 1993), puis lors de la Conférence des Villes Européennes pour le DD de 1994, lors du Sommet mondial du DD à Johannesburg (ONU, 2002), et encore dans le cadre des objectifs de DD des Nations Unies à l'Horizon 2030, adoptés en septembre 2015 (ONU, 2014). Aujourd'hui, partout dans le monde et dans divers contextes, des milliers de collectivités, des municipalités et des villes, ont entrepris des démarches territoriales de DD, contribuant à la construction d'un nouveau courant de planification territoriale, plus participatif et plus systémique. Dans cette optique, il devient nécessaire de connaître et de comprendre les différents instruments d'opérationnalisation développés pour la mise en œuvre des principes de DD au sein des collectivités territoriales.

Or, la mise en œuvre d'un DD représente un vaste mouvement, tant international que national ou local, obtenant l'adhésion d'un large spectre d'acteurs sociopolitiques, de plusieurs agents économiques ou industriels, ainsi que de plusieurs individus et acteurs de la société civile (Vallance et Perkins, 2010). Dû à sa définition large et à ses divers champs d'application, une multitude d'interprétations du concept coexiste dans ce paradigme encore en émergence (Hopwood et al., 2005 ; Gagnon, 2006). Sa constitution en un cadre général dont seuls les principes généraux sont explicités permet une appropriation différenciée par les acteurs (Reynaud-Desmet, 2012). Il est ainsi possible d'observer la multiplication des représentations du DD, étant définie comme un ensemble de conceptions, d'attitudes, de significations, de connotations, de valeurs et d'autres éléments d'ordre cognitif ou affectif qui résultent de l'expérience d'un objet, et qui déterminent la relation d'un acteur à cet objet (Sauvé et Machabée, 2000, p. 183). Si elles se rattachent d'abord aux individus, cette variété de représentations s'observe également dans les divers instruments, outils et processus développés pour l'opérationnalisation du DD.

Les territoires diffèrent par leurs caractéristiques matérielles, identitaires et institutionnelles (Laganier et al., 2002). Il en découle des enjeux territoriaux variés et spécifiques. Selon Hamdouch, « les problématiques liées au DD recouvrent des spécificités et des enjeux différenciés selon la nature, l'échelle et les caractéristiques structurelles des territoires concernés. » (Hamdouch, 2010, p. 4). Ainsi, au niveau local, le contenu du concept de DD, ainsi que les stratégies et les approches de mise en œuvre, seront à définir selon les caractéristiques physiques, le contexte sociopolitiques des territoires, les objectifs politiques fixés et la nature des compétences des collectivités locales, à tel point qu'il devient impossible de bâtir un référentiel uniforme. Une démarche municipale de DD appelle donc à des processus souples qui permettent de faire place aux priorités territoriales, de s'adapter aux contextes, besoins et enjeux spécifiques à chaque territoire. Ces enjeux peuvent évoluer dans le temps, ce qui milite en faveur de démarches évolutives ou adaptables, mais également en faveur d'une réflexion en continu sur les objectifs et les priorités territoriales.

En l'absence de repères terminologiques et conceptuels, les risques de confusion et d'actions contreproductives sont importants, ce qui représente un défi pour les administrations qui mettent en œuvre des démarches territoriales de DD. La polysémie du concept entraîne une certaine confusion auprès des acteurs (Forest, 2011), avec des conséquences potentiellement néfastes, notamment des incompréhensions pouvant mener à des conflits portant sur la nature même du DD, voire ultimement à un désengagement des acteurs territoriaux impliqués.

Dans les deux dernières décennies, plusieurs outils, instruments et processus d'application, de gestion et de suivi du DD ont été développés (Volkery et al., 2006 ; Riffon et Villeneuve, 2011), dont plusieurs s'appliquent aux administrations municipales. Conséquemment, divers instruments et processus de mise en œuvre du DD peuvent être utilisés pour guider la démarche de ces collectivités : l'Agenda 21 local, The Natural Step, démarche du réseau Québécois des Villes et villages en santé, outils de planification territoriale (plan d'urbanisme et schéma d'aménagement et de développement), etc. Ces instruments et processus ont des caractéristiques et des finalités différentes, parfois complémentaires. Les diverses organisations qui élaborent ou supportent ces processus véhiculent également des représentations différentes du DD.

Les acteurs qui œuvrent, au niveau territorial, à l'élaboration de démarches de DD sont confrontés à ces mosaïques d'interprétations et de représentations, notamment dans le choix des instruments qui vont en guider l'opérationnalisation. Or, peu d'auteurs se sont penchés sur les différents processus de mise en œuvre utilisés, notamment dans une perspective comparative. Il devient ainsi pertinent, socialement et scientifiquement, de distinguer les différents instruments de mise en œuvre du DD utilisés dans les collectivités territoriales, tant sur les plans des représentations du DD qui sont véhiculées que des processus et stratégies qui sont mis en œuvre. Il importe de comprendre leurs effets et d'identifier des modalités d'action nouvelles, mais aussi de définir les facteurs qui font que les acteurs vont investir certains instruments et en délaisser d'autres. Ces connaissances pourraient permettre de vérifier dans quelle mesure le choix de certains instruments ou processus de DD peuvent influencer la portée et les chances de succès de telles démarches. Il devient également nécessaire de délimiter, de la façon la plus exhaustive possible, l'étendue des représentations du concept du DD. Présentement, aucune typologie dans la littérature ne permet de tracer les contours de cette cartographie, de l'intention aux modalités de mise en œuvre du DD.

II- Proposition d'une typologie opérationnelle des représentations du développement durable

Afin de cartographier l'étendue des représentations du DD, une investigation a été menée en milieu municipal au Québec. L'objectif principal était d'analyser comment les instruments et processus spécifiques utilisés pour la mise en œuvre d'une démarche territoriale de DD en mobilisent les différentes représentations. Nous avons fait l'hypothèse que l'élaboration d'une typologie opérationnelle des représentations du DD pourrait permettre de caractériser et de distinguer plus finement les représentations véhiculées à la fois par les acteurs territoriaux, mais également par les instruments de mise en œuvre existants et par ceux qui en font la promotion. Une telle typologie des interprétations du DD faciliterait la communication et la compréhension mutuelle entre les acteurs.

Ces hypothèses ont été testées dans le cadre d'une série de travaux de terrain dans lesquels nous avons procédé à des entretiens avec soixante acteurs territoriaux issus de différentes disciplines et secteurs d'activité (élus, maires, directeurs généraux, fonctionnaires municipaux, acteurs territoriaux) et impliqués dans les comités de mise en œuvre de démarches territoriales de DD. Les cas de terrain ont été sélectionnés en fonction des instruments de mise en œuvre du DD qu'elles mobilisent. Il s'agit des municipalités de Rouyn-Noranda (Réseau Québécois des Villes et Villages en Santé), de Baie-Saint-Paul (Agenda 21 local), de Rivière-du-Loup (The Natural Step), de Salaberry-de-Valleyfield (planification stratégique de DD) et de Lac-Beauport (plan d'urbanisme durable). Une analyse de la littérature scientifique sur le DD et sur les instruments mobilisés par les municipalités a permis de compléter la base d'information menant à l'élaboration de la typologie. L'élaboration de la typologie s'est faite dans une démarche inductive en se basant sur l'ensemble des expériences professionnelles du chercheur, avec une méthodologie scientifique incluant une approche praxéologique et transdisciplinaire. La structure de la typologie développée fait place à la complexité en se déclinant en trois niveaux typologiques distincts et complémentaires, allant d'un niveau plus conceptuel à un niveau plus appliqué, visant à définir une représentation complète du DD.

1) Les finalités du développement durable

La finalité définit ce qui se trouve au cœur des objectifs du DD, ce qui justifie que des efforts soient investis ou des changements apportés. La finalité se construit à partir de valeurs et d'intérêts et renseigne sur la hiérarchie (consciente ou inconsciente) qu'un acteur établit entre les dimensions du DD. Six finalités ont été identifiées, elles sont résumées au tableau 1.

Tableau 1 : Finalités du développement durable

Finalité biocentrée	Axée sur le maintien ou la protection du patrimoine naturel, à conserver et à protéger des interventions humaines.
Finalité écocentrée	Axée sur la préservation des ressources, en considérant l'humain comme faisant partie intégrale des écosystèmes.
Finalité anthropocentrée	Axée sur le bien-être des humains dans leur individualité et sur la satisfaction des besoins des individus.
Finalité sociocentrée	Axée sur le bien-être des humains considérés dans leur structure sociale et sur la satisfaction des besoins collectifs.
Finalité technocentrée	Axée sur l'évolution, sur l'Avancement des société et sur le progrès scientifique et technique.
Finalité multicentrée	Axée sur l'évolution de l'humain devant développer sa conscience et sa responsabilité vis-à-vis de la nature (Huybens, 2009)

2) Les approches du développement durable

L'approche est une philosophie de l'action qui teinte les modalités de mise en œuvre du DD, pour un individu et à l'échelle d'une organisation, en lien avec les finalités dominantes des acteurs et le contexte organisationnel. Elle se définit en fonction des grandes orientations préconisées pour le développement (Gagnon, 2008), et par la nature des outils mobilisés. Huit approches ont été identifiées, elles sont présentées au tableau 2.

Tableau 2 : Approches de développement durable

Approche	Objectifs et concepts clés
Économiciste	Objectif de développement économique et de satisfaction des besoins. Les responsabilités environnementales et sociales sont intégrées par des outils du marché.
Environne-mentaliste	Objectif de préservation de l'intégrité de la biosphère et de la biodiversité par des mesures de protection et de gestion écologique.
Humaniste	Objectif de bien-être de l'humain et de sa qualité de vie, de rapports équitables, de justice sociale, de diversité culturelle, par la sensibilisation, la mobilisation et le renforcement des capacités.
Systémique	Objectif de recherche d'équilibre entre les dimensions du développement, dans une approche systémique intégrée, l'environnement, la société et l'économie étant interdépendants.
Territoriale	Objectif d'application locale et différenciée des principes de DD, par la valorisation de la gouvernance territoriale.
Politique	Objectif d'intégration des principes du DD dans les processus de prise de décision, avec une vision élargie qui comprend l'atteinte de buts écologiques, sociaux et économiques déterminés collectivement.
Techno-scientifique	Objectif d'innovation par l'élaboration et la diffusion des connaissances et l'analyse des dynamiques humaines et naturelles. La science et la technique peuvent régler les problèmes de DD.
Éthique	Objectif d'identification des valeurs communes et d'action en cohérence avec ces valeurs Se base sur un questionnement continuel des discours et des actions.

3) Stratégie d'application du développement durable

Les stratégies sont associées aux modalités opérationnelles de mise en œuvre du DD (Mathieu et Soparnot, 2008). Elles nous renseignent sur la nature des outils utilisés, les modalités de planification et de mise en œuvre, l'ampleur des changements attendus, etc. La typologie propose huit caractéristiques stratégiques présentées sous forme dichotomique au tableau 3, où les termes marquent des extrêmes entre lesquels se situe la stratégie réelle d'une organisation, d'un instrument ou d'un individu.

Tableau 3 : Caractéristiques stratégiques des démarches de DD

Direction descendante : le sommet décisionnel identifie les problématiques et coordonne les actions de la base.	Direction ascendante : les gens sur le terrain identifient les priorités et les actions et les font remonter jusqu'aux décideurs.
Cadre prescriptif : une tierce partie sert de référence, fixe les objectifs et exige une reddition de comptes.	Cadre volontaire : la démarche est conçue à l'interne sans obligation de reddition de comptes.
Démarche participative : favorise l'implication active des parties prenantes aux processus.	Démarche autoritaire : les objectifs, méthodes et priorités sont imposés par un secteur de l'organisation.
Gestion pragmatique : le DD progresse par cumul d'initiatives et de projets, selon les urgences ou les opportunités.	Gestion planificatrice : l'utilisation d'outils de gestion et de planification favorise une démarche adaptative d'amélioration continue.
Portée globale : la démarche est appliqué dans l'ensemble des secteurs, des départements ou des territoires d'une organisation.	Portée sectorielle ou locale : la démarche est appliquée à l'échelle locale, dans un secteur ou un territoire spécifique.
Prospective prévisionnelle (forecast) : l'analyse des tendances permet d'identifier des scénarios futurs pour guider les actions.	Prospective rétrospective (backcast) : l'élaboration d'une vision du futur souhaité oriente le choix des actions.
Gestion parallèle : le DD est abordé par une démarche parallèle en complément des autres activités de gestion.	Gestion intégrée : les principes de DD sont systématiquement intégrés dans toutes les actions et outils de l'organisation.
Adaptation réformatrice : la démarche progresse de façon évolutive, par le principe de l'amélioration continue.	Adaptation transformatrice : la démarche en mode de rupture, et modifiant en profondeur les modes de fonctionnement.

Les niveaux typologiques sont complémentaires. Certains liens peuvent être faits entre les finalités, les approches et les stratégies d'application et certaines combinaisons peuvent être plus naturellement observables. Notons également que les frontières entre ces éléments typologiques ne sont pas toujours claires et franches. Certains termes se superposent, se recoupent, s'hybrident. La nature complexe du DD fait qu'il est difficile d'y plaquer des étiquettes.

III- Analyse des instruments de mise en œuvre du développement durable par la typologie des représentations

Cette typologie a été développée pour en faire une grille de lecture permettant de déceler, dans les discours ou les documents, les différents éléments typologiques. L'analyse des représentations a été faite pour les différents instruments utilisés par les municipalités québécoises, à partir des textes fondateurs ou de textes descriptifs reconnus comme pertinents. Il est important de préciser que la représentation du DD peut varier, pour un même instrument, selon les documents consultés. Par exemple, l'agenda 21 local est un outil utilisé dans plusieurs pays, et la représentation du DD véhiculée en France n'est pas nécessairement la même que celle utilisée au Québec. Dans pareil cas, nous avons accordé plus d'importance aux représentations identifiées dans les documents plus adaptés au contexte québécois. Ces analyses sont basées sur l'état de la documentation en 2012, au moment où les travaux ont été menés, et selon l'information disponible à ce moment.

1) Le Réseau Québécois des Villes et Villages en Santé

Le concept des *Healthy Cities* a émergé dans les années 1980 suite à des insatisfactions grandissantes liées à la difficulté des réseaux de santé existants à répondre à des enjeux de santé publique émergents, ainsi qu'à une prise de conscience de l'influence des villes, et en particulier de la planification urbaine, sur les déterminants de la santé (Barton et Tsourou, 2000). Le mouvement a pris une ampleur internationale dans les années 1990. Le Réseau québécois de Villes et villages en santé (RQVVS), fondé en 1986, est l'organisme qui fait la promotion du concept des *Healthy Cities* auprès des municipalités québécoises.

La démarche de Villes et villages en santé (VVS) est une stratégie de promotion de la santé et d'un processus de développement dans une *perspective d'amélioration des conditions de vie et du mieux-être* (Simard, 2005, p. 3). La finalité dominante est donc sociocentrée. Une ville ou un village en santé est une municipalité qui « prend soin de son environnement physique et social et l'améliore continuellement; il mobilise les ressources de la communauté pour renforcer les capacités de ses citoyens à s'entraider dans les activités courantes de la vie et à réaliser chacun leur plein potentiel » (Hancock & Dulh, 1986, p. 41). La finalité écocentrée est donc également présente de manière secondaire. Deux principes guident les démarches des Healthy cities : 1) un principe d'équité et de solidarité entre les pays, les groupes et les genres et 2) un principe de participation et de responsabilisation des individus, des groupes, des collectivités, des institutions et des organisations (Barton et Tsourou, 2000). De cette définition, nous distinguons une approche humaniste. Les stratégies ascendante, participative et réformatrice, sont identifiables.

Le mouvement des villes et villages en santé étant international, différentes démarches et stratégies de mise en œuvre ont été expérimentées à travers le monde, chaque pays, province ou région développant sa propre interprétation du concept selon les intérêts, les valeurs et la culture qui dominent (Barton et Tsourou, 2000), en cohérence avec l'approche territoriale. Au Québec, le réseau des Villes et villages en santé tente de s'attaquer de façon durable à la source des problèmes de santé en développant et en faisant la promotion d'une multitude d'outils, de grilles d'analyse, de projets, dans une stratégie pragmatique.

2) L'Agenda 21 local

L'Agenda 21 local (A21L) est un outil intégré et participatif de planification du DD à l'échelle territoriale, qui trouve son origine dans la déclaration de Rio, appelé l'Agenda 21. C'est un cadre d'action stratégique (Poirier, 2006) qui vise la préparation et la mise en œuvre d'un plan d'action axé sur les enjeux locaux et prioritaires. Les approches et les stratégies d'application de l'A21L varient avec la diversité des contextes d'application : « La démarche A21L ne saurait être une recette procédurale de DD participatif d'un territoire, une recette applicable à n'importe quel contexte territorial, sociopolitique et décisionnel » (Roche, 2004, p. 16). Cela illustre l'approche territoriale de ce processus.

La Charte d'Aalborg (1994) identifie les étapes générales qui devraient être entreprises pour la réalisation d'un A21L (Gagnon, 2006; Poirier, 2006). Ces étapes sont semblables aux étapes générales d'un processus de planification stratégique :
- construction d'un partenariat multipartite avec les forces vives du milieu, pour définir le cadre d'application du DD sur le territoire (finalité socio-centrée, approche humaniste et stratégies participative et ascendante).
- confection d'un diagnostic territorial sur les enjeux locaux et prioritaires du DD (contexte, potentiel, forces et faiblesses) pour ensuite identifier des stratégies alternatives et créatives. Cela réfère à une stratégie prévisionnelle.
- élaboration du plan d'action qui tient compte des processus financiers et des plans et programmes existants, conformément à la stratégie planificatrice.

Le processus d'élaboration d'un A21L est multipartite et multisectoriel. Il invite les acteurs territoriaux et municipaux, représentatifs des secteurs économiques, environnemental, social, culturel et territorial, dans un comité qui utilise des stratégies collaboratives pour l'élaboration et la mise en œuvre du plan d'action (Clarke, 2010, p. 10). Ce processus s'inscrit donc, dans une certaine mesure, dans la finalité écocentrée et l'approche systémique du DD. C'est également un processus multiscalaire, qui traite de l'équité et des enjeux locaux, régionaux, nationaux et planétaires (Gagnon, 2006), dans une stratégie globale. L'A21L offre enfin un cadre de réflexion sur les enjeux éthiques du développement, ce qui situe également ce processus dans l'approche éthique du DD.

3) The Natural Step et les éco-municipalités

The Natural Step (TNS) est une organisation internationale créée en 1989 en Suède par le scientifique Karl-Henrik Robert dans le but de faire la promotion des conditions d'un DD. La démarche The Natural Step a été adaptée pour les collectivités et appliquée dans plusieurs administrations municipales (Silberstein, 2010). Elle est associée au modèle des éco-municipalités initié dans les pays scandinaves (James & Lahti, 2004), qui a par la suite été utilisé ailleurs dans le monde.

Le processus The Natural Step prône la pensée systémique et intégrée, ce qui implique de considérer la collectivité comme un système en interrelation avec son environnement (TNS, 2000). Le processus s'inscrit donc dans une finalité écocentrée et a recours à une approche principalement systémique. En outre, The Natural Step propose de considérer, dans toutes les étapes de la démarche, le respect de quatre principes de DD qui constituent une grille d'analyse qui oriente la prise de décisions et la planification stratégique, sans imposer une façon unique de les respecter. Ils représentent les contraintes qui doivent être respectées dans une démarche participative de DD. Les trois premiers principes de The Natural Step font référence aux dynamiques écosystémiques que l'humain ne doit pas affecter négativement, et le dernier principe pose la satisfaction des besoins humains comme condition du DD.

Avec une approche plutôt politique, l'organisation The Natural Step identifie les étapes générales qui devraient être entreprises dans leur approche de mise en œuvre du DD. Ces étapes sont semblables aux étapes générales d'un processus de planification stratégique : adopter un langage commun, faire un bilan et analyser le présent, créer une vision du futur souhaité en matière de DD, puis définir les priorités et agir, avec une approche intégrée des actions à effectuer. Il s'agit d'une démarche qualifié de backcasting (Holmberg et Robert, 2000), correspondant à une stratégie rétroactive.

4) La planification territoriale

La planification territoriale, qui inclut l'aménagement du territoire et l'urbanisme, peut être considérée comme processus favorisant la mise en œuvre du DD dans les collectivités territoriales. Les définitions de la planification territoriale, nombreuses, convergent vers un élément : l'ajout de la rationalité à la prise de décision collective aux échelles infranationales (Proulx, 1996), dans une finalité à la fois technocentrée et sociocentrée. La planification territoriale vise l'agencement des usages du sol, la localisation des équipements et des infrastructures à travers le zonage, la préservation du patrimoine bâti et des paysages, ainsi que la considération des contraintes naturelles et anthropiques. Il s'agit d'un processus encadré, qui débouche sur un ensemble de réglementations, d'interventions directes ou encore de financement et de maîtrise foncière (Blais & Caron, 2007, p. 10). Il implique des outils définis dont l'élaboration est habituellement prescrite par la loi. Ce processus d'inscrit donc dans une approche à la fois technoscientifique, politique et territoriale.

Au Québec, la Loi sur l'aménagement et l'urbanisme (LAU) oblige les municipalités régionales de comté (MRC) à réaliser un schéma d'aménagement et de développement (SAD) pour leur territoire. L'élaboration de ce document implique des stratégies planificatrices, comprenant un diagnostic ou un bilan des caractéristiques socio-environnementales, l'énoncé d'une vision stratégique du développement territorial au niveau culturel, économique, environnemental et social, la définition d'orientations à privilégier, l'élaboration des documents de planification et des programmes d'actions, puis de mesures de suivi. La portée de cet exercice est sectorielle (aménagement du territoire), mais intégrée. La LAU oblige également les municipalités locales à réaliser un plan d'urbanisme et à adopter certains règlements qui y sont reliés, dont le règlement de zonage. Le plan d'urbanisme contient les politiques et les projets d'urbanisme que le conseil municipal entend mettre en œuvre dans le futur. La considération des principes du DD dans les plans d'urbanisme peut se réaliser par l'introduction des pratiques d'urbanisme, d'architecture et de construction durables, en tenant compte à la fois des enjeux sociaux, économiques et environnementaux. Cette approche technoscientifique est souvent dominante dans le processus de planification territoriale.

L'importance de l'expérience sur le territoire et des connaissances vernaculaires ainsi que la dimension d'interaction ramènent la participation au cœur de l'exercice de planification territoriale. En misant sur la participation, la planification territoriale peut dépasser les cadres administratifs et techniques, et ainsi favoriser un processus de développement local viable (Gagnon, 1996). Réalisée de façon participative, cette démarche devient également un lieu de réflexion et d'apprentissage collectifs (Caron & Blais, 2009, p. 6).

Tableau 4 : Synthèse des représentations véhiculées par les instruments étudiés

Instrument	**Agenda 21 local**	**The Natural Step**	**Villes et villages en santé**	**Planification territoriale**	**Planification stratégique (processus générique)**
Municipalité investiguée	Baie-Saint-Paul	Rivière-du-Loup	Rouyn-Noranda	Lac-Beauport	Salaberry-de-Valleyfield
Finalité					
Finalité dominante	Sociocentrée	Écocentrée	Sociocentrée	Technocentrée	Anthropocentrée
Finalité secondaire	Écocentrée	Anthropocentrée	Écocentrée	Sociocentrée	Variable
Approche					
Approche dominante	Humaniste, territoriale	Écologiste	Humaniste	Territoriale, Technoscientifique	Politique
Approche secondaire	Écologiste	Politique	Écologiste	Politique	Variable
Stratégie					
Direction	Ascendante	Descendante	Ascendante	Descendante	Descendante
Cadre	Volontaire	Prescriptive	Volontaire	Prescriptive (règlement)	Prescriptive (norme)
Participation	Participative	Autoritaire	Participative	Autoritaire	Variable
Gestion	Planificatrice	Planificatrice	Pragmatique	Planificatrice	Planificatrice
Portée	Globale	Globale	Sectorielle	Sectorielle	Globale
Prospective	Prévisionnelle	Rétrospective	Prévisionnelle	Prévisionnelle	Variable
Intégration	Parallèle	Parallèle	Parallèle	Intégrée	Variable
Adaptation	Réformatrice	Transformatrice	Réformatrice	Réformatrice	Réformatrice

Conclusion

L'analyse des instruments de mise en œuvre du DD dans les collectivité au moyen de la typologie des représentations a permis de soulever des différences notables dans les finalités, conceptions, approches et stratégies de mise en œuvre, tel qu'illustré dans le tableau 5. La connaissance et la compréhension de ces différences pourraient aider les municipalités à faire un choix d'outil plus éclairé, en cohérence avec les représentations dominantes du DD dans l'organisation.

Mais si la typologie peut permettre de définir des mécanismes, d'élaborer des procédures pertinentes et adaptées pour la mise en œuvre de démarches participatives et territoriales de développement durable, elle offre surtout une possibilité de mise en dialogue de représentations contrastées, complémentaires ou antagonistes du DD. Comme le mentionnent Theys et Emelianoff (2001, p. 131) La principale vertu du DD n'est peut-être pas son aptitude à gommer les contradictions, mais plutôt sa capacité à les mettre en lumière, voire en débat.

En permettant aux acteurs qui souhaitent mieux échanger sur leurs représentations du DD, en amont de l'élaboration de démarches, de stratégies, de processus, l'usage de la typologie pourrait améliorer la qualité de la communication, une condition du DD à l'échelle municipale. Ainsi, le choix d'un instrument spécifique en concordance avec la représentation du DD qu'ont les acteurs territoriaux pourrait influencer les modalités de gouvernance participative du DD et améliorer le degré d'engagement des acteurs territoriaux afin de favoriser la réussite des actions mises en œuvre.

Bibliographie

Barton, H., Tsourou, C., & ebrary Inc. (2000). Healthy urban planning a WHO guide to planning for people. Retrieved from http://site.ebrary.com/lib/uqac/Doc?id=10729885

Blais, P., & Caron, A. (2007). Agenda 21 local, schéma d'aménagement et de développement et plan d'urbanisme : trois outils d'une même démarche ?, MAMROT.

Caron, A., & Blais, P. (2009). Les outils d'urbanisme au service du quartier durable : MAMROT.

Clarke, A. (2010). Implementing Regional Sustainable Development Strategies: Exploring Structure and Outcomes in Cross-Sector Collaborations. McGill University, Montréal.

Clifton, D. (2010). Representing A Sustainable World – A Typology Approach. Journal of Sustainable Development, 2(2010/2), 40-57.

Commission mondiale sur l'environnement et le développement. (1988). Notre avenir a tous. Montreal: Les Editions du Fleuve.
Emelianoff, C. (2005). Chapitre 9 : La ville durable en quête de transversalité. In N. Mathieu & Y. Guermond (Eds.), La ville durable, du politique au scientifique (pp. 129-142): Editions Quæ « Indisciplines ».
Forest, J. (2011). La ville durable : un projet politique. Paper presented at the ASRDLF, Schoelcher - Martinique.
Gagnon, C. (1996). Environnement, planification territoriale et participation de la communauté : trois composantes du développement local viable. Paper presented at the Cahier du participant au 1er rendez-vous de développement local en milieu rural. , Centre local de développement local en milieu rural de Saint-Germain de Kamouraska.
Gagnon, C. (2006). L'Agenda 21 local : un outil de DD et viable, sous-utilisé par les collectivités territoriales québécoises In M. Robitaille, J.-F. Simard & G. Chiasson (Eds.), L'Outaouais au carrefour des modèles de développement. (pp. 133-143). Gatineau : CRDT, CRDC, UQO.
Gagnon, C. (2008). Le DD : un nouveau paradigme scientifique?, in G. Massicotte (Ed.), Sciences du territoire, perspectives québécoises (p. 335-368): Presses de l'Université du Québec.
Hamdouch, A. (2010). DD. Dynamiques des territoires ruraux et logiques d'acteurs. Économie rurale, 320 (novembre-décembre 2010).
Hamman, P. (2011). La « ville durable », de l'incantation à la profession. Natures Sciences Sociétés, 19(2011/4), 331 à 343.
Hancock, T., & Dulh, L. (1986). Healthy cities : promotion health in urban context. Copenhague: FDAL, WHO Healthy Cities Paper 1.
Holmberg, J., & Robèrt, K.-H. (2000). Backcasting from non-overlapping sustainability principles – a framework for strategic planning. International Journal of Sustainable Development and World Ecology, 7(2000), p. 291-308.
Hopwood, B., Mellor, M., & O'Brien, G. (2005). Sustainable Development: Mapping Different Approaches. Sustainable Development, 13(2005), p. 38-52.
Huybens, N. (2009). Penser dans la complexité la controverse socio-environnementale sur la forêt boréale du Québec pour la pratique de l'éco-conseil. (Doctorat), Université du Québec à Chicoutimi, Chicoutimi.
James, S., & Lahti, T. (Eds.). (2004). The Natural Step for communities. How cities and towns can change to sustainable practices (New Society Publisher ed.). Gabriola Island.
Laganier, R., Villalba, B., & Zuindeau, B. (2002). Le DD face au territoire : éléments pour une recherche pluridisciplinaire. DD et territoires Dossier 1 : Approches territoriales du DD.
Mathieu, A., & Soparnot, R. (2008). Les stratégies de DD. In D. Wolff (Ed.), Le DD. Théories et applications au management: Dunod.

ONU. (1993). Agenda 21 : program of action for sustainable development : Rio Declaration on Environment and Development : statement of forest principles : the final text of agreements negotiated by Governments at the United Nations Conference on Environment and Development (UNCED) 3-14 June 1992, Rio de Janeiro, Brazil. New York: United Nations.
ONU. (2002). Rapport du sommet mondial pour le DD de Johannesburg.
ONU. (2014). Introduction to the proposal of the open working group for sustainable development goals.
Poirier, L. (2006). L'Agenda local 21, un outil bien adapté pour le développement de communautés durables et en santé. Paper presented at the Le DD : quels progrès, quels outils, quelles formation ?, Chicoutimi.
Proulx, M.-U. (1996). Le phénomène régional au Québec. Sainte-Foy: Presses de l'Université du Québec.
Québec. (1979). Loi sur l'aménagement et l'urbanisme. Québec.
Québec. (2006). Loi sur le DD (Gouvernement du Québec ed.). Québec : Québec.
Québec. (2007). Stratégie gouvernementale de DD 2007-2011 : Québec.
Reynaud-Desmet, L. (2012). La fabrication de la ville durable entre conflit et participation : les activistes urbains écologistes en région parisienne. L'Information géographique, 76 (2012/3), p. 36-51.
Riffon, O., & Villeneuve, C. (2011). Les outils de mise en oeuvre du DD : état des lieux. Liaison énergie francophonie, IEPF, p. 88-89 (2e trimestre 2011).
Roche, V. (2004). Éléments d'argumentation en faveur de l'introduction des Agendas 21 locaux au Québec Cahier de l'ARUC: En collaboration avec le RLLD, le GRIR-UQAC et GEIGER-UQAM.
Sauvé, L., & Machabée, L. (2000). La représentation : point focal de l'apprentissage. Éducation relative à l'environnement. Regards, recherches, réflexions., 2, p. 183-194.
Simard, M. (2006). La réforme de la gouvernance territoriale québécoise à l'épreuve des problèmes d'aménagement et de développement. Revue canadienne des sciences régionales, Été 2006, p. 257-274.
Simard, P. (2005). Perspectives pour une évaluation participatives des Villes et villages en santé: Institut national de santé publique.
Theys, J. (2002). Les approches territoriales et sociales du DD. La revue de la CFDT, 48, p. 3-13.
TNS. (2000). The Natural Step Framework Guidebook.
Vallance, S., & Perkins, H. (2010). Is another city possible? Towards an urbanised sustainability. City,(14 : 4), p. 448 à 456.
Volkery, A., Swanson, D., Jacob, K., Bregha, F., & Pinter, L. (2006). Coordination, Challenges, and Innovations in 19 National Sustainable Development Strategies. World Development, 34 (12), p. 2047–2063.

L'expertise est-elle soluble dans la modélisation intégrée ?[9]

Hadrien Commenges, Lorenza Tomasoni, Christian Seigneur, Olivier Bonin, Fabien Leurent, Céline Bonhomme, José-Frédéric Deroubaix

Au cours des dernières décennies, plusieurs caractéristiques émergentes du gouvernement des villes ont été mises en avant avec un accent particulier sur les mégapoles (Evers & De Vries 2013). D'abord, l'extension et la complexité des territoires urbains conduisent à la fragmentation institutionnelle des systèmes décisionnels. Ensuite, les territoires urbains sont l'objet de nombreux discours sur la rationalisation et l'optimisation des services, notamment des réseaux techniques (transport, approvisionnement en eau, assainissement). Enfin, le développement de la nouvelle gestion publique (NPM - *new public management*) est étroitement lié au gouvernement des villes, en particulier des mégapoles, et le NPM appelle au développement de dispositifs de mesure et d'optimisation. Pour toutes ces raisons, il y a une injonction croissante à construire une science des villes qui puisse fournir des dispositifs de rationalisation : développer des *smart cities* munies de dispositifs d'*e-governance* et de réseaux techniques intelligents (*smart grids*, *intelligent transport systems*, etc.) (Batty *et al* 2012).

Dans ce cadre, l'instrumentation de l'action publique – entendue comme « l'ensemble des problèmes posés par le choix et l'usage des outils [...] qui permettent de matérialiser et d'opérationnaliser l'action gouvernementale » (Lascoumes & Le Galès 2004, p. 12) – joue un rôle essentiel. S'il est possible de « rendre intelligents » les réseaux, les services ou, plus généralement, les territoires urbains, ce processus passe nécessairement par la mise en place d'instruments d'action publique. Ces instruments doivent être choisis avec précaution (instruments législatifs, réglementaires, fiscaux, etc.) et ils doivent être calibrés (périmètre d'application d'une règle, seuils à atteindre, tarifs à appliquer, etc.). Parmi les techniques disponibles pour guider ces choix, la modélisation numérique joue un rôle grandissant (Andrews 2007). Pour éviter toute confusion de vocabulaire dans la suite du texte, le terme « instrument » renvoie aux instruments d'action publique dans le sens de Lascoumes ; le terme « dispositif » désigne un assemblage de techniques d'évaluation utilisées en amont (*ex ante*) ou en aval (*ex post*) de la mise en place de l'instrument.

La question des relations entre les dispositifs d'évaluation et l'élaboration de politiques publiques a été largement étudiée en sciences politiques et dans

[9] Travail ayant bénéficié du soutien du Labex Futurs urbains.

le domaine des STS (sciences-technologie-société) (Nilsson *et al.* 2008). Cependant, peu d'études portent spécifiquement sur le rôle de la modélisation numérique. Certains auteurs ont affirmé le rôle de la modélisation comme pont entre connaissance et action (Batty 1979 ; Harris 1975) mais cette affirmation reste souvent une profession de foi. D'un côté, les modélisateurs se concentrent principalement sur les aspects techniques de la modélisation et s'intéressent peu à son utilisation pour l'élaboration des politiques publiques. De leur côté, les politistes s'intéressent bien à l'utilisation des connaissances pour l'élaboration des politiques publiques, mais ils se focalisent rarement sur les techniques de modélisation comme mode de production spécifique de connaissances. Ce travail explore l'usage et l'utilité des *modèles urbains* pour la mise en place d'instruments d'action publique, en particulier dans le domaine de l'aménagement urbain. Il s'agit d'appréhender l'imbrication des modèles dans des configurations d'expertise, c'est-à-dire de combler le fossé entre le fonctionnement technique d'un modèle et ses fonctions sociales pour l'élaboration des politiques. Les configurations d'expertise étudiées ici existent dans le but de concevoir des instruments d'action publique urbaine.

Dans un premier temps, nous posons les principales définitions utiles au développement et nous nous positionnons dans la littérature existante. Nous présentons ensuite la méthode et le matériau empirique. Enfin, nous mettons en évidence les principaux résultats concernant la place de la modélisation dans les configurations d'expertise.

I- Positionnement théorique

Le développement de notre analyse s'appuie sur plusieurs termes essentiels et polysémiques. Comme il est difficile de poser des définitions à la fois précises et consensuelles, nous proposons « une caractérisation minimale plutôt qu'une définition » (Varenne 2009, p. 6).

L'*expertise* est définie comme la production de connaissances pour l'action (Roqueplo 1997 ; Lascoumes 2002). La *configuration d'expertise* est le regroupement d'acteurs impliqués dans ce lien entre connaissance et action. Le *modèle* est défini la représentation quantitative et sélective d'un objet, d'un phénomène ou d'un système susceptible d'être confrontés à des observations empiriques (Varenne 2009). Le modèle est considéré comme *urbain* si les phénomènes représentés sont d'une importance particulière dans le contexte urbain et que le modèle est principalement appliqué aux territoires urbains. Le modèle est dit *intégré* s'il a des composants couplés clairement identifiables (Voinov 2012), par exemple un modèle de trafic routier couplé à un modèle d'émission de polluants. C'est en ce sens qu'est utilisée par la suite la notion de *modèle urbain intégré*.

Dans la littérature sur les usages de la modélisation, deux perspectives se dégagent suivant la distinction classique entre rationalité *substantive* et rationalité *procédurale* (Simon, 1976). Dans la première perspective, la fonction de méthodes de modélisation est de fournir une rationalité substantielle dans les processus de prise de décision. Le modèle conduit les décideurs vers une décision rationnelle en identifiant les politiques qui pourraient produire des résultats optimaux (Ascher 1981). Dans la seconde perspective, la fonction de la modélisation est de fournir une rationalité procédurale, c'est-à-dire d'améliorer le processus décisionnel lui-même. Une grande partie de de la littérature sur *Decision Support Systems* (DSS) tombe dans cette catégorie, en faisant valoir que le processus de décision et son résultat (la décision elle-même) sont deux questions liées mais distinctes (Shim et al. 2002).

Les deux points de vue partagent un même optimisme technologique et souscrivent au mythe positiviste sur le rôle de la science et de la technologie dans la société (Brunner & Ascher 1992). Ainsi, une bonne partie de la littérature portant sur la modélisation urbaine et l'aménagement est encore positiviste ou néo-positiviste (Clarence 2002).

Nous proposons ici une troisième perspective fondée sur les prémisses suivantes : 1/ nous considérons que les modèles n'ont pas de valeur intrinsèque, qu'ils « dérivent leur valeur uniquement de leurs utilisations » (Larkey & Sproull 1981, p. 236) ; 2/ nous rejetons, au moins en partie, les perspectives positivistes et reconnaissons que les dispositifs quantitatifs d'évaluation, dont la modélisation, ont un effet limité sur le processus d'élaboration des politiques publiques (Owens *et al.* 2004). En acceptant ces deux prémisses, comment peut-on expliquer l'utilisation croissante des modèles dans les processus d'élaboration des politiques urbaines ? S'ils agissent peu sur la rationalité des politiques publiques, quel(s) usage(s) ou fonction(s) justifient leur existence ? Une partie de la réponse se trouve peut-être dans le mouvement de dépolitisation qui tend à transférer des décisions politiques dans le champ technique en les confiant à des comités techniques équipés de techniques quantitatives spécifiques (Flinders & Buller 2006). Mais cette explication reste partielle et nous voulons proposer une explication plus générale.

Notre recherche est ancrée dans plusieurs courants ou spécialités disciplinaires. D'abord, nous visons à proposer une perspective post-positiviste mais non relativiste dans l'analyse politique. Le mythe positiviste a été consciencieusement déconstruit, nous voulons ici reconstruire du savoir sur le savoir, en particulier sur l'utilisation des connaissances dans les processus d'élaboration des politiques publiques (Collins & Evans 2002 ; Fischer 1992).

À la suite de nombreux auteurs, nous acceptons l'idée que les dispositifs quantitatifs d'évaluation – telles que les méthodes de modélisation – jouent un rôle dans le tracé des frontières entre la science, la politique et les citoyens (Gieryn 1983 ; Jasanoff 1987). Cette délimitation des frontières (*boundary work*) est essentielle pour la construction de la crédibilité des experts, elle fait partie du processus de dépolitisation mentionné plus haut. Acceptant cette idée, nous faisons aussi l'hypothèse que la modélisation ne se limite pas à ce travail de démarcation.

Pour comprendre les relations entre la production de connaissances et l'élaboration des politiques publiques, Janowitz (1969) a posé un jalon important en proposant la notion d'« éclairement » (*enlightenment*). Cette notion rend compte de la complexité du processus d'apprentissage des acteurs impliqués dans la décision. Ces derniers n'appliquent pas directement des résultats de recherche, ils composent avec des connaissances venant de canaux divers, connaissances diverses et parfois contradictoires. Ils composent aussi avec leurs priorités et leurs contraintes de temps qui ne cadrent pas avec la temporalité des producteurs de connaissances. Les dispositifs de production de connaissances, dont la modélisation fait partie, contribuent à alimenter et à modifier sur un terme moyen et long les cadres cognitifs de l'environnement décisionnel. Cette action a indirectement un impact sur le processus d'élaboration des politiques publiques et sur ces politiques elles-mêmes (Bulmer, 1981; Weiss 1987). Acceptant cette idée de l'« éclairement », nous croyons cependant qu'elle est un motif faible pour justifier dans le court terme l'utilisation de techniques de modélisation pour la mise en place d'instruments d'action publique.

Récapitulons notre position au sein de la littérature existante: 1/ nous cherchons à éviter le mythe positiviste et le discours sur l'efficacité sociale de la technologie ; 2/ nous visons à reconstruire de la connaissance sur l'usage des connaissances dans les processus d'élaboration des politiques ; 3/ nous avons l'intuition que la fonction des dispositifs quantitatifs et en particulier de la modélisation ne se limite pas à la démarcation (*boundary-work*) 4/ nous ne sommes pas entièrement satisfaits avec l'idée de l'éclairement de Janowitz et cherchons une fonction de terme plus court qui pourrait justifier l'utilisation croissante de modèles numériques pour l'instrumentation de l'action publique. Les instruments d'action publique (IAP) ont longtemps existé (et existent encore) indépendamment des dispositifs de modélisation, ce qui pose plusieurs questions : pourquoi utiliser ou non un modèle pour mettre en place un IAP ? S'agit-il vraiment d'un choix, si oui à qui revient-il de le faire ? Si un modèle est utilisé, quel rôle joue-t-il dans la mise en place de l'IAP ? Derrière ces questions il y a une ambiguïté sur les termes clés – rôle, fonction, usage – qui sera envisagée en cours de route, à partir du travail de terrain.

II- Méthodologie et terrains

Cette recherche s'appuie sur deux études de cas : la révision du Plan de Protection de l'Atmosphère de la région Île-de-France (PPA) et la révision du schéma directeur d'assainissement de l'agglomération parisienne (SDA).

Le processus de révision PPA est mené par les services techniques déconcentrés du ministère de l'Écologie, du Développement durable, et de l'Énergie pour la région Île-de-France (DRIEE). Il implique plusieurs types d'organisations : les conseils généraux/départementaux de la région IdF, deux bureaux d'études environnementales et Airparif, association agréée pour la surveillance de la qualité de l'air (AASQA). Le PPA établit un ensemble de mesures réglementaires, telles que la possibilité d'imposer des restrictions de la circulation (trafic alterné) ou des mesures pour contrôler les systèmes de chauffage au bois.

Le processus de révision du SDA est mené par le Syndicat Interdépartemental pour l'Assainissement de l'Agglomération Parisienne (SIAAP). Il implique la Ville de Paris, les conseils généraux/départementaux de la petite couronne parisienne (92, 93, 94), l'Agence de l'Eau Seine-Normandie ainsi que deux bureaux d'études environnementales. Ce plan directeur prévoit des mesures réglementaires, mais il est principalement conçu pour planifier la modernisation du réseau d'assainissement (collecteurs, stations de traitement des eaux usées). Dans les deux cas, des laboratoires de recherche participent à la configuration d'expertise : directement s'ils prennent part aux comités ou indirectement s'ils ont développé les dispositifs de modélisation utilisés par les autres acteurs.

Le choix de ces deux études de cas – PPA et SDA – est justifié par plusieurs raisons. Premièrement, la qualité de l'air et l'assainissement sont des problématiques spécifiquement urbaines. Ensuite, il est intéressant de comparer les observations faites dans deux secteurs différents, deux secteurs dans lesquels l'action publique se positionne très différemment : historiquement, le traitement des eaux usées est principalement une affaire d'infrastructure ; au contraire, il n'y a aucune infrastructure spécifique pour la qualité de l'air et, par conséquent, le PPA contient exclusivement des mesures réglementaires. Ensuite, pour faciliter la comparaison, nous avons cherché à conserver autant que possible une unité de territoire : l'agglomération parisienne. Enfin et surtout, nous voulions observer les modèles « en train d'être utilisés » et nous avions donc besoin de projets en cours.

Le travail de terrain s'est déroulé sur deux ans – 2013 et 2014 – période correspondant à la mise en place de ces deux instruments. L'analyse s'appuie sur trois types de matériaux empiriques produits durant cette période : 1/ l'observation des réunions des comités techniques ; 2/ des entretiens individuels avec des personnes impliquées dans ces comités techniques ; 3/ la littérature grise correspondant aux deux processus (compte rendu des réunions, documents de communication interne, documents techniques publics).

Sur le plan méthodologique, nous avons adopté une approche inspirée de l'anthropologie et de la sociologie des sciences avec l'idée que la meilleure façon de saisir la fonction de modèles au sein des processus d'élaboration des politiques publique est de se concentrer sur l'interaction entre les modèles et les personnes impliquées dans le processus et d'observer cette interaction « en action » (Latour 1987). Dans ce cadre, nous ne prenons rien pour acquis, mais encourageons une « étrangeté anthropologique » (Latour et Woolgar 1979, p. 30) : considérer comme étranges les us et coutumes des comités techniques. Tout comme la vie de laboratoire étudiée par Latour et Woolgar, la vie des comités techniques est parsemée d'inscriptions. Nous avons tenté de suivre ces inscriptions (textes, tableaux, graphiques, cartes) de leur fabrication à leur utilisation et prenant en compte : l'inscription en elle-même, le mode de production de ces inscriptions grâce à des techniques de modélisation ou d'observation, la façon dont ces inscriptions sont utilisées au sein des comités techniques, la façon dont ils sont utilisés pour établir des liens entre les acteurs techniques et politiques, la façon dont ils sont utilisés pour établir des liens entre les acteurs techniques et les citoyens.

Dans nos études de cas, le modèle lui-même est absent, il assure sa présence grâce des *inscriptions mandataires* : fiches, tableaux, graphiques, cartes. La plupart des acteurs impliqués dans nos cas d'études n'ont vu, tout comme nous, que les mandataires. Voilà pourquoi l'étude des inscriptions est une méthode pertinente pour appréhender l'usage des modèles : le modèle lui-même n'est pas utilisé dans le processus, seulement ses mandataires le sont.

Dans nos entretiens, nous avons posé des questions naïves telles que « Quelle est l'utilité des modèles ? » ou « Quelles fonctions diriez-vous que vous avez dans le processus ? », sans jamais définir les mots-clés « utilité » ou « fonction ». Ces termes sont à la fois tenus pour acquis et très polysémiques, ils sont flous et nous avons voulu observer comment chaque enquêté fixait leur signification. Pour cette raison nous proposerons des définitions en cours de route, définitions dérivées de nos observations et nécessaires pour interpréter ces observations.

III- Une configuration d'expertise distribuée

Les deux terrains font apparaître, dans le processus de modélisation, une répartition des tâches claire en apparence : 1/ un ensemble de mesures (mesures règlementaires, planification d'infrastructures) est fixé ; 2/ ces mesures sont évaluées avec les modèles de simulation. Cette séquence de deux étapes peut être répétée plusieurs fois jusqu'à obtention d'un ensemble de mesures cohérent dont l'impact est évaluable. Pour la qualité de l'air comme pour la qualité de l'eau il faut s'approcher de critères de « bon état » fixés, en partie, par des directives européennes (OJEU 2000, OJEU 2008).

Le premier point à souligner est que, même si la première tâche (fixer des mesures à évaluer) incombe en théorie à un acteur précis, il se forme en fait un consensus anonyme. Il est, dans les deux cas d'études, impossible de retracer la paternité des mesures, même avec toute la littérature grise correspondante. Si une proposition a un auteur identifié (observé par nous dans un comité technique), cette information disparaît souvent dès le compte-rendu du comité.

Ce premier constat ne semble pas spécifique aux processus de décision appuyés par des techniques de modélisation. Cependant, nous avons constaté que la phase de modélisation renforce l'anonymat de l'expertise. Dans le processus de révision du PPA, la modélisation passe par la plateforme ESMERALDA, qui est décrite comme une plateforme de modélisation intégrée inter-régionale. Cette plateforme est le résultat de la coopération entre six Associations de Surveillance de la Qualité de l'Air (AASQA), deux instituts de recherche (LMD, INERIS) et deux agences nationales (ADEME et Météo-France). Plusieurs modèles sectoriels sont intégrés : modèle de trafic routier, modèle d'émission couplé au modèle de trafic, prévisions météorologiques, modèle de projection démographique et d'occupation du sol. Dans l'ensemble, la prévision de la qualité de l'air pour le PPA implique au moins sept modèles distincts et six organisations produisant des sorties de modèles et/ou des données d'observation dans au moins quatre domaines distincts : pollution de l'air, météorologie, géographie-démographie et trafic routier. Et cet inventaire ne prend pas en compte les modèles utilisés dans les études préliminaires (ex. : émissions de particules par le bois de chauffage).

Dans le cas de la révision du SDA, la boîte à modèles est moins débordante mais elle implique explicitement au moins trois modèles : un modèle hydraulique, un modèle de qualité de l'eau et un modèle démographique. Dans ce plan, le climat est maintenu constant de sorte qu'il n'y pas de modélisation climatique. Tout comme dans le cas du PPA, il y a d'autres modèles non comptabilisés, utilisés dans les études préliminaires (ex : perturbateurs endocriniens).

Résumons le processus: 1/ un ensemble anonyme de mesures est déterminé et 2/ ces mesures sont évaluées avec une plateforme intégrée couplant plusieurs modèles sectoriels. Cette séquence de deux étapes est réitérée jusqu'à l'obtention d'un ensemble cohérent et consensuel de mesures. Soulignons ici la particularité de nos terrains : conception *ex ante* de politiques publiques et non évaluation *ex post*. Dans une perspective lasswellienne classique, les politistes se sont intéressés à différentes configurations de multi-expertise : multiplicité de l'expertise dans un seul secteur (en général dans une configuration conflictuelle d'expertise et de contre-expertise) ; multiplicité de l'expertise dans une configuration intersectorielle. Dans ce dernier cas, l'expertise intersectorielle est la simple juxtaposition d'expertises sectorielles et le rôle du politiste est de synthétiser les connaissances pertinentes (Lasswell 1971). Dans chacun de ces cas, il y a une correspondance claire entre la production d'une connaissance spécifique et l'identité de son producteur. La caution scientifique et la responsabilité de l'expert peuvent être retracées facilement. Nos études de cas suggèrent un autre type de multi-expertise : ni conflictuelle ni intersectorielle, elle est entrelacée. Nous appelons cette nouvelle configuration *expertise distribuée*, configuration caractérisée par une distribution des rôles claire dans la théorie et floue dans la pratique.

Dans la section suivante, nous examinons la nouveauté d'une telle configuration et nous faisons valoir que l'émergence d'une expertise distribuée est étroitement liée à l'évolution des techniques de modélisation intégrée. Pour l'instant, nous nous contentons d'acter que cette configuration a une conséquence forte : la disparition de l'expert comme individu ou comme organisation unique et identifiable et l'émergence de l'expert comme communauté d'individus ou d'organisations aux compétences et aux responsabilités entrelacées.

IV- Les fonctions de la modélisation intégrée

Les deux études de cas montrent une forte imbrication des acteurs sectoriels en charge des modèles sectoriels. Il s'agit d'un couplage de plusieurs modèles dans le cas du SDA et d'une plate-forme de modélisation entièrement intégrée dans le cas du PPA. À partir de ce constat se posent deux questions principales : 1/ Cette configuration que nous appelons *expertise distribuée* basée sur la modélisation intégrée est-elle vraiment nouvelle ? 2/ Quels sont les liens entre la modélisation intégrée et l'expertise distribuée ?

1) La nouveauté de plates-formes de modélisation intégrée

Un bref retour historique est nécessaire pour répondre à la première question et pour comprendre l'évolution des relations entre modélisation intégrée et politiques publiques urbaines (signifiant principalement ici aménagement urbain).

À l'échelle urbaine, le développement et l'utilisation de modèles intégrés suivent un chemin compliqué [10]. Durant les années 1960 apparaît une modélisation dite « intégrale » conçue pour soutenir des politiques d'aménagement « intégral » (*comprehensive modeling* et *comprehensive planning*, Chapin & Kaiser 1979). Cette décennie est riche en ce qui concerne le développement des techniques de modélisation mais pauvre en ce qui concerne les utilisations de modèles dans l'élaboration des politiques d'aménagement urbain (Goldner 1971). À tel point qu'au début des années 1970, Lee prévoit l'extinction de ces modèles dans son très discuté « requiem » (Lee 1973). Plusieurs auteurs, dont Lee, ont tenté d'expliquer l'échec des modèles intégraux d'un point de vue strictement technique (constitution coûteuse des bases de données, puissance de calcul informatique insuffisante). Rares sont ceux qui ont vraiment observé l'utilisation de ces modèles dans la mise en place de politiques d'aménagement (Brewer 1973 ; Pack 1975, 1977). Brewer, le seul auteur qui ait observé *in vivo* l'utilisation des modèles dans les agences d'aménagement (à San Francisco et à Pittsburgh) propose une explication organisationnelle : l'échec des modèles intégraux réside dans la dissociation entre les produits de la modélisation et les attentes des aménageurs : « to the extent that it [the model] could answer questions, they were questions that nobody was asking » (Brewer 1973, p. 165).

Quelques années plus tard Pack entreprend une analyse quantitative sur l'usage des modèles dans près de 1500 agences d'aménagement américaines. Elle reconnaît que l'évaluation de l'utilité des modèles souffre de l'absence de définition du terme (Pack 1975). « Utilisation », « utilité », « rôle », « fonction » de la modélisation : dans les rares travaux qui abordent la question, il n'y a pas d'effort conceptuel pour définir ces notions. Les premières tentatives sérieuses de définition arrivent avec la création de la revue *Knowledge* en 1979 (Weiss 1977, 1980 ; Dunn 1983).

[10] Est exclue de cette discussion la modélisation intégrée globale (IGM *Integrated Global Modeling*) qui modélise, à l'échelle de la planète, des grands transferts de matières, d'énergie, de polluants. Ces modèles apparaissent à la suite du Club de Rome et sont les ancêtres des modèles utilisés actuellement par le Groupe Intergouvernemental sur l'Évolution du Climat (GIEC). Ils restent éloignés de notre propos sur l'action publique urbaine.

Ce bref aperçu historique permet de répondre en partie à la question posée : il est impossible d'établir des conclusions claires sur l'utilisation ou non-utilisation de modèles intégraux dans les années 1960 et 1970 aux États-Unis. En France, en revanche, nous savons que ces modèles intégraux ne sont pas utilisés au cours de cette période (Dupuy, 1978). En conclusion, rien ne permet d'affirmer que des politiques d'aménagement urbain appuyées par des techniques de modélisation intégrée aient existé avant les années 1990 (Voinov & Shugart 2013). D'autres recherches seraient nécessaires pour analyser les causes, l'émergence ou le renouveau des modèles urbains intégrés. Nous nous focalisons ici sur la façon dont ces modèles intégrés agissent au sein d'une configuration d'expertise formée pour mettre en place un instrument d'action publique.

2) Les fonctions de modélisation intégrée

Concernant la définition des termes d'usage et d'utilité, quelques auteurs ont proposé des grilles de lecture théoriques et englobantes (Dunn 1983). Notre approche est plus pragmatique, elle s'appuie sur notre travail de terrain : dans les entretiens effectués, les enquêtés disent souvent de façon indistincte « le modèle est utile pour… » et « j'ai/nous avons utilisé le modèle pour… ». À partir de ce constat, nous définissons la notion d'*utilité* comme l'interprétation *a posteriori* de l'utilisation par l'utilisateur. Cette interprétation doit être distinguée de la nôtre : c'est ainsi que nous définissons la *fonction* comme l'interprétation *a posteriori* de l'utilisation par l'observateur (nous). La distinction entre fonction et utilité est importante pour comprendre le cycle de vie d'un modèle – son apparition, son maintien, sa disparition. Ce sera toujours la fonction qui sera mobilisée dans une telle explication. La notion d'*enlightenment* de Janowitz peut ainsi être qualifiée de fonction mais non d'utilité.

Les observations effectuées sur les deux terrains mettent en avant trois fonctions différentes de modélisation intégrée au sein d'une configuration d'expertise : cadrer, canaliser, consolider.

Cadrer signifie participer à fixer le cadre de l'expertise et à fixer le rôle des acteurs impliqués. Nous utilisons le terme de « cadre » ici dans un sens plus proche du langage courant que l'acception fréquente en analyse des politiques publiques de *frame* défini comme « underlying structures of belief, perception, and appreciation » (Schön & Rein 1994 : p.23). Dans nos cas d'études les *frames* des individus concernés sont assez homogènes et il y peu de conflits ou de changements liés à ces cadres (*frame conflicts*, *reframing*). Aussi bien dans le PPA que dans le SDA, nous observons un alignement entre les compétences des acteurs impliqués dans la situation d'expertise et les éléments modélisables. Les leviers d'action possibles, faisant partie des compétences des acteurs, mais non modélisables, sont exclus du cadre de l'expertise. Les mécanismes importants et modélisables mais qui ne font pas partie des compétences des acteurs sont exclus du cadre de l'expertise. Dans le premier cas, il y a l'exemple des émissions de particules liées à la cuisine qui pourraient mener à des mesures réglementaires touchant le secteur de la restauration. Ce phénomène est difficilement modélisable, il est exclu du PPA. Dans le second cas, il a l'exemple de l'imperméabilisation des sols, facteur important qui détermine en partie la quantité d'eau qui ruisselle et qui lessive des polluants. Aucun des acteurs impliqués n'a de compétences en urbanisme, le phénomène est donc exclu du SDA. On assiste dans les deux cas à un couplage nécessaire entre leviers d'action et entrées du modèle.

Canaliser signifie garantir le maintien d'une cohérence de concepts dans la fabrication du consensus. Dans les comités techniques, on assiste à ce que Garfinkel a baptisé l'*indexicalité* (Garfinkel 1967, p. 6) : les conversations se construisent sur des mots dont les significations ne sont pas explicitées et pour lesquels les personnes impliquées pensent (à tort) partager les mêmes significations. Dans le cas d'une conversation technique devant mener à des actions précises, cette entente implicite et approximative doit parfois être affinée, surtout lorsque tous les acteurs ne partagent pas les mêmes connaissances et le même vocabulaire (ex. : approche globale et surplombante du modélisateur vs. approche pragmatique du gestionnaire de réseau). Dans l'observation de nos cas d'étude, il apparaît que le modèle joue le rôle de repère et de langue véhiculaire : le flou de la conversation est dissipé en faisant référence à des entrées, à des sorties ou à des mécanismes du modèle. Ce sont, au sein du comité, les seuls éléments définis de façon univoque, auxquels tous peuvent se rattacher. Cette fonction du modèle peut être rapprochée de la notion d'objet-frontière (*boundary-object*) : il facilite le dialogue entre des communautés différentes en fournissant un ensemble stable d'informations standardisées (Star & Griesemer 1989 ; Wenger 2000).

Consolider signifie faire paraître la communauté d'acteurs impliqués dans la configuration d'expertise comme un acteur indivis. La littérature sur la modélisation regorge de considérations épistémologiques sur les concepts de vérification et de validation des modèles (Oreskes *et al.* 1994). Dans une acception très générale, la vérification est l'établissement de la vérité du modèle, la validation est l'établissement de la confiance. Sous le chapeau « validation » se trouve un ensemble de procédures techniques touchant à la formalisation mathématique et informatique du modèle et/ou à sa capacité à reproduire des données empiriques. Nos cas d'études font apparaître un processus de validation qui n'a rien de technique et qui pourrait être qualifiée de *validation sociale du modèle*.

Dans le cas du PPA, la modélisation intégrée de la qualité de l'air s'appuie sur des facteurs d'émission qui font correspondre à une activité une quantité forfaitaire d'émissions. Ces facteurs d'émissions sont fixés par le CITEPA pour le compte du ministère en charge de l'environnement. Dans sa version initiale, le modèle mettait en évidence que 10 % des émissions de particules fines de la région Île-de-France était dû aux carrières de pierre. Une revue de littérature plus précise a révélé que le facteur d'émissions des carrières était importé d'études américaines et correspondait à un type de carrière qui n'existe pas en Île-de-France (carrière de pierre sèche). Les émissions de ce secteur d'activité ont été surestimées d'un facteur 1000, en conséquence, les mesures réglementaires initialement prévues dans le plan ont été supprimées. Lorsqu'on essaie de retracer la responsabilité des acteurs impliqués dans cette affaire, une chaîne de responsabilité apparaît : la DRIEE fait confiance à Airparif qui est le principal utilisateur de modèles dans ce cas, Airparif fait confiance aux laboratoires scientifiques (LMD/INERIS) qui sont les développeurs du principal modèle utilisé, les laboratoires font confiance aux outils labellisés par le ministère. On voit s'établir une *responsabilité cyclique* au sein de la communauté d'acteurs. Au-delà de cette histoire, l'analyse des entretiens avec les personnes impliquées dans le SDA et dans le PPA montre une grande confusion autour des termes de validité, fiabilité, confiance et reconnaissance. Certains enquêtés utilisent ces termes comme synonymes : un modèle valide, c'est un modèle reconnu par tous les acteurs.

Bien sûr, les modèles utilisés ont été soumis à des procédures de validation technique et ont montré des performances acceptables. Dans les différentes communautés de modélisateurs, la validation technique du modèle est généralement considérée comme nécessaire et suffisante. Nous concluons de nos observations que la validation technique et la validation sociale du modèle sont toutes deux nécessaires et qu'aucune d'elles n'est auto-suffisante. Dans le cas de plateformes intégrées de modélisation, la configuration d'expertise réunit différents acteurs spécialistes de différents secteurs. L'établissement de la confiance est d'autant plus nécessaire que personne ne domine l'ensemble des connaissances et des techniques nécessaires à l'expertise.

Soulignons finalement la particularité de nos deux études de cas : nous observons deux processus décisionnels pour lesquels les communautés politiques et techniques ont été construites avant et ailleurs (Deroubaix 2007). L'établissement de la confiance entre les acteurs au cours du processus que nous avons observé doit être considéré comme un moment précis dans la construction d'une communauté technique et politique.

Conclusion

L'objectif principal de ce travail était de comprendre l'imbrication des modèles dans des configurations d'expertise formées pour mettre en place un instrument d'action publique : révision du SDA et révision du PPA. Il s'agissait ainsi de combler le fossé entre le fonctionnement technique d'un modèle et de ses fonctions sociales pour l'instrumentation de l'action publique.

Tout d'abord, nos deux études de cas suggèrent un changement dans la nature de la multi-expertise : ni conflictuelle ni intersectorielle, nous avons observé dans les deux cas une configuration entrelacée avec une communauté d'experts faisant usage de modèles intégrés. Nous avons mis en avant trois fonctions que jouent les modèles au sein de cette configuration d'expertise distribuée : cadrer, canaliser, consolider. Les modèles intégrés participent ainsi à la fabrication du consensus au sein de la communauté d'acteurs et ils font paraître cette communauté comme un acteur indivis. Certains auteurs (Nilsson *et al.* 2008) affirment que le besoin grandissant de méthodes d'évaluation, dont la modélisation fait partie, est lié à la multiplication des « problèmes épineux » (*wicked policy problems*). Ces situations épineuses compliqueraient le choix et la conception des instruments d'action publique. Le schéma serait le suivant : la complexification des problèmes entraîne une complexification des instruments qui entraîne une complexification des dispositifs d'évaluation liés aux instruments. Ceci expliquerait l'essor des dispositifs d'évaluation sophistiqués comme la modélisation numérique. Notre travail suggère un schéma moins linéaire : la complexification des systèmes d'acteurs impliqués dans l'action publique urbaine fait apparaître la complexité des problèmes. Dans des configurations de ce type, le dispositif de modélisation agit pour faire converger un système d'acteurs vers un instrument qui soit acceptable à l'intérieur de ce système et opposable à l'extérieur.

Ce dernier point pose une question cruciale sur la nature de l'expertise. Pour qu'une expertise existe, il faut pouvoir établir un lien clair entre les connaissances spécifiques engagées dans l'action et leur auteur. Dans une communauté d'experts qui construit une politique publique avec une plateforme de modélisation intégrée, ce lien ne peut être établi. Doit-on parler d'une nouvelle forme d'expertise ou s'agit-il d'autre chose ?

Bibliographie

Akrich M. (1992) « The de-scription of technical objects », in Bijker W., Law J. (eds.) *Shaping technology, building society : studies in sociotechnical change*, Cambridge, Mass, MIT Press.

Andrews C.A. (2007) « Rationality in policy decision making », in Fischer F., Miller G.J., Sidney M.S. (eds.), *Handbook of public policy analysis*, New York, CRC Press.

Ascher W. (1981) « The forecasting potential of complex models », *Policy Sciences*, 13/3, p. 247-267.

Batty M., Axhausen K.W., Giannotti F., Pozdnoukhov A., Bazzani A., Wachowicz M., Ouzounis G., Portugali Y. (2012) « Smart cities of the future », *European Physical Journal Special Topics*, 214, p. 481-518.

Batty M. (1979) « Progress, success, and failure in urban modelling", *Environment and Planning A*, 11, p. 863-878.

Brewer G.D. (1973) *Politicians, bureaucrats, and the consultant: A critique of urban problem solving*, New York, Basic Books.

Brunner R.D., Ascher W. (1992) « Science and Social Responsibility », *Policy Sciences*, 25/3, p. 295-331.

Bulmer M. (1981) « Applied social research. A reformulation of "applied" and "enlightenment" models », *Knowledge : Creation, Diffusion, Utilization*, 3/2, p. 187-209.

Chapin, F. S. Jr., Kaiser E. J. (1979) *Urban land use planning*, 3rd ed., Urbana, University of Illinois Press.

Clarence E. (2002) « Editorial. Technocracy reinvented: the new evidence based policy movement », *Public Policy and Administration*, 17/3, p. 1-11.

Collins H.M., Evans R. (2002) « The third wave of science studies : studies of expertise and experience », *Social Studies of Science*, 32/2, p. 235-296.

Deroubaix J.-F. (2007) « The co-production of a "relevant" expertise. Administrative and scientific cooperation in the French water policies elaboration and implementation », *Hydrology and Earth System Sciences*, 4, p. 3771-3792.

Dunn W.M. (1983) « Measuring knowledge use », *Knowledge : Creation, Diffusion, Utilization*, 5/1, p. 120-133.

Dupuy G. (1978) *Urbanisme et technique : chronique d'un mariage de raison*, Paris, Centre Technique de l'Urbanisme.

Evers D., De Vries J. (2013) « Explaining governance in five mega-city regions », *European Planning Studies*, 21/4, p. 536-555.

Fischer F. (1992) « Reconstructing policy analysis : a postpositivist perspective », *Policy Sciences*, 25/3, pp.333-339.

Flinders M., Buller J. (2002) « Depoliticisation : principles, tactics and tools », *British Politics*, 1, p. 293-318.

Garfinkel H. (1967) *Studies in ethnomethodology*, Englewood Cliffs, Prentice-Hall.

Gieryn T.F. (1983) « Boundary-work and the demarcation of science from non-science : strains and interests in professional ideologies of scientists », *American Sociological Review*, 48/6, p. 781-795.
Goldner W. (1971) « The Lowry model heritage », *Journal of the American Institute of Planners*, 37/2, p. 100-110.
Harris B. (1975) « Bridging the gap between theory and practice in urban planning », in Pack J.R. (dir.) *Proceedings of the Conference on the use of models by planning agencies*, Philadelphia, University of Pennsylvania.
Janowitz M. (1969) « Sociological models and social policy », *ARSP : Archiv für Rechts- und Sozialphilosophie*, 55/3, p. 305-321.
Jasanoff S. (1987) « Contested boundaries in policy-relevant science », *Social Studies of Science*, 17/2, p. 195-230.
Larkey P.D., Sproull L.S. (1981) « Models in theory and practice ; some examples, problems, and prospects », *Policy Sciences*, 13/3, p. 233-246.
Lascoumes P., Le Galès (2004) *Gouverner par les instruments*, Paris, Presses de Sciences Po.
Lasswell, H.D. (1971) *A pre-view of policy sciences*, New York, American Elsevier.
Latour B., Woolgar S. (1979) *Laboratory life: the construction of scientific facts*, Sage Publications.
Latour B. (1987) *Science in action: how to follow scientists and engineers through society*, Harvard University Press.
Lee D.B. Jr. (1973) « Requiem for large-scale models », *Journal of the American Institute of Planners*, 39/3, p. 163-178.
Nilsson M., Jordan A., Turnpenny J., Hertin J., Nykvist B. Russel D. (2008) « The use and non-use of policy appraisal tools in public policy making: An analysis of three European countries and the European Union », *Policy Sciences*, 41/4, p. 335-355.
OJEU (2000) « Directive 2000/60/EC of the European Parliament and of the Council of 23 October 2000 establishing a framework for Community action in the field of water policy », *Official Journal of the European Union*, 12.22.2000, L 327, p. 1-73.
OJEU (2008) « Directive 2008/50/EC of the European Parliament and of the Council of 21 May 2008 on ambient air quality and cleaner air for Europe », *Official Journal of the European Union*, 11.6.2008, L 152, p. 1-44.
Oreskes N., Shrader-Frechette K., Belitz K. (1994) « Verification, validation, and confirmation of numerical models in the earth sciences », *Science*, New Series, 263/5147, p. 641-646.
Owens S., Rayner T., Bina O. (2004) « New agendas for appraisal : reflections on theory, practice, and research », *Environment and Planning A*, 36, p. 1943-1958.
Pack H., Pack J. R. (1977) « Urban land-use models : the determinants of adoption and use », *Policy Sciences*, 8/1, p. 79-101.

Putnam S.H. (1983) *Integrated urban models. Policy analysis of transportation and land use*, London, Pion.
Schön D.A., Rein M. (1994) *Frame reflection. Toward the resolution of intractable policy controversies*, New York: Basic Books.
Shim J.P., Warkentin M., Courtney J.F., Power D.J., Sharda R., Carlsson C. (2002) « Past, present, and future of decision support technology », *Decision Support Systems*, 33, p. 111-126.
Simon H.A. (1976) « From substantive to procedural rationality », in Latsis S. (dir.) *Method and appraisal in economics*, Cambridge University Press.
Star S.L., Griesemer J.R. (1989) « Institutional ecology, "translations" and boundary objects », *Social Studies of Science*, 19/3, p. 387-420.
Voinov A., Shugart H.H. (2013) « "Integronsters", integral and integrated modeling », *Environmental Modelling & Software*, 39, p. 149-158.
Wegener M. (1994) « Operational urban models : state of the art », *Journal of the American Planning Association*, 60/1, p. 17-29.
Wenger E. (2000) « Communities of practice and social learning systems », *Organization*, 2, p. 225-246.
Weiss C. H. (1987) « The circuitry of enlightenment. Diffusion of social science research to policymakers », *Knowledge : Creation, Diffusion, Utilization*, 8/2, p. 274-281.
Weiss C. H. (1980) « Knowledge creep and decision accretion », *Knowledge : Creation, Diffusion, Utilization*, 1/3, p. 381-404.

Décentralisation et gouvernance territoriale au Mali : analyse de la participation des légitimités traditionnelles à la gouvernance de l'espace public local

Mamadou Koumaré

L'approche par la gouvernance territoriale est de plus en plus avancée en Afrique comme une réponse à la faible implication des populations aux dynamiques de développement de leur territoire. En effet, jadis employé dans le cadre de la gestion des entreprises, le concept de gouvernance anime de nos jours les discours politiques et développementalistes visant à redéfinir, pour une question de participation des populations locales et d'efficacité, les rôles de l'Etat dans la production et gestion de l'action publique notamment locale dans le contexte de la décentralisation. Désormais, on part du principe que l'Etat et les collectivités territoriales ne sont pas les seuls acteurs de la gouvernance de l'espace public mais il y a également les acteurs économiques et de la société civile, en l'occurrence les légitimités traditionnelles africaines qui assuraient ou qui continuent d'assurer quelques rôles malgré la remise en cause de leur statut. Donc, compte tenu de cette réalité, on avance que la reconnaissance et l'organisation des rôles de cette catégorie d'acteurs locaux permettraient d'améliorer la gouvernance locale que nous avançons comme un instrument de l'action publique.

Justement, notre propos, dans ce chapitre, est de voir comment les légitimités traditionnelles, une composante essentielle de la société civile, socialement et culturellement ancrée au milieu, participent à la production et la coordination de l'action publique locale au Mali en mode décentralisé. Une telle étude empirique est d'une grande pertinence dans ce pays où le problème de l'articulation et de la coordination des actions, logiques et jeux entre les acteurs coutumiers, les administrateurs et les élus au niveau des collectivités se pose avec acuité. Il s'agit donc de contribuer à asseoir la pratique de la gouvernance locale au Mali au sein des collectivités territoriales en voie de construction par la prise en compte de l'environnement socioculturel. Il est aussi intéressant d'un point de vue scientifique de mener de telle étude afin d'alimenter le débat sur le passage de la politique publique à l'action publique.

Dans notre étude, nous adoptons une approche diachronique à travers des analyses documentaires complétées par des enquêtes de terrain auprès des différents acteurs concernés par la question de la gouvernance territoriale.

A propos de notre plan de travail, dans la première partie, nous abordons le fondement conceptuel et contextuel du texte, puis dans la deuxième partie, nous procédons à l'analyse de la participation des légitimités traditionnelles à la gouvernance locale au Mali de l'époque coloniale à nos jours.

I- Fondements conceptuel et contextuel

1) La décentralisation ou l'auto-administration par des organes élus

Depuis les années quatre-vingt-dix, la décentralisation est devenue en Afrique un nouveau cheval de bataille contre la concentration des centres de décisions et de pouvoirs dans la gestion des affaires publiques. C'est pourquoi la refondation de l'Etat par la décentralisation est mise en avant comme une démarche qui permet une meilleure responsabilisation des populations dans la gestion des affaires publiques locales. Que recouvre réellement le concept de décentralisation ? Dans quel sens nous l'utilisons dans le cadre de ce texte ?

Dans les débats sur le concept de la décentralisation, nous retenons à la suite de J.-B. Auby (2006, p. 11) que la décentralisation apparaît à partir de l'existence des autorités locales, normalement issues de l'élection, consacrant leur action à un territoire local jouissant d'une certaine liberté d'action. Abonde dans le même sens Eisenmann, cité par J. Baguenard (2006, 14), pour qui on ne peut parler de décentralisation que si et dans la mesure où les autorités locales ou organes non centraux reçoivent le pouvoir de poser des règles ou des normes d'espèce avec la liberté que leur laisse la législation, sans être soumise à aucune volonté d'une autorité administrative d'Etat. De leur côté, F. Leloup et S. Verger (2011, p. 254) parlant du contexte africain, inscrivent le projet de la décentralisation dans une impulsion conjuguée des Etats et des organisations internationales. Pour eux, elle se justifie au nom d'une ''démocratie par le bas'', incluant la société civile dans le processus de décision ; elle correspond à une redistribution du pouvoir à des instances locales élues. Enfin, au Mali, selon le ministère de l'Administration territoriale et des collectivités locales, la décentralisation « consiste à doter de la personnalité morale et de l'autonomie financière une communauté sociale intra-étatique ayant pour assise une portion du territoire national et pour lien une identité collective locale reconnue, appelée collectivité territoriale »[11].

A l'analyse de ces différentes esquisses, il ressort que la décentralisation par l'administration locale passe par : la mise en place de collectivités territoriales ou décentralisées jouissant de l'autonomie juridique et financière dont les organes sont démocratiquement élus par leurs

---

[11] Ministère de l'administration territoriale et des collectivités locales, *Guide pratique du maire et des conseillers communaux,* Bamako, Mali, 2003, p. 10.

populations locales ; les transferts à ces collectivités de pouvoirs politiques, de compétences dans différents domaines de production des biens et services; enfin de ressources nécessaires à l'exercice de ces compétences sous le contrôle de la tutelle.

Au Mali, la mise en œuvre de la politique de décentralisation a permis la mise en place de trois niveaux de collectivités territoriales à savoir :

- la région et le district (pour la capitale de Bamako) composés respectivement de cercles et de communes urbaines ;
- le cercle formé à la fois de communes rurales et urbaines;
- la commune composée de quartiers, villages et fractions.

Ces collectivités dirigées par des élus ont désormais en charge la question de la gouvernance territoriale pour une meilleure implication des populations au processus de développement local.

2) La gouvernance territoriale, un système de gestion de l'action publique locale en mode décentralisé

La gouvernance, concept utilisé dans un premier temps par les sciences économiques et de gestion pour désigner les modes de gestion du secteur productif et la recherche d'efficacité dans les transactions internes et externes des entreprises fait de plus en plus l'objet de débat en sciences politiques dans le cadre de la gestion de l'espace public. Ici, nous nous focalisons donc sur la gouvernance dans le contexte de la territorialisation des questions de développement à travers la décentralisation.

Dans cette dynamique, nous retenons que la notion de gouvernance renvoie tout d'abord à celle du développement local et se situe dans le contexte historique de l'implication croissante des acteurs locaux privés, publics, associatifs dans les dynamiques de développement, dans leur capacité à se mobiliser et à se prendre en charge. Elle peut être comprise comme un processus non seulement de coordination des acteurs mais aussi d'appropriation des ressources et de construction de la territorialité. Elle permet à cet effet d'emprunter de nouvelles voies de consultation, de participation et de légitimité afin de faire émerger non seulement des avis mais aussi des processus et des décisions (F. Leloup et al, 2005, p. 321-332). Ainsi, par ces processus, la gouvernance territoriale s'appuie sur un ensemble complexe d'acteurs et d'institutions qui n'appartiennent pas tous à la sphère de l'Etat. De ce fait, elle met à profit l'interdépendance entre les pouvoirs et les institutions associées à l'action collective. Elle s'appuie donc sur les différents réseaux d'acteurs autonomes et part du principe qu'il est possible d'agir sans être dirigé par l'État bien qu'en collaboration avec lui (G. Lazarev, 2009, p. 183-210).

A travers ces ébauches de définition, on se rend compte que l'approche de la gouvernance territoriale traduit un changement de méthode décisionnelle dans la gestion des affaires publiques. Ce changement cherche à combiner la logique descendante liée au processus classique de gouvernement à la logique ascendante de la société civile vers les centres du pouvoir politique en offrant un dispositif territorial plus approprié de participation de la base à la formulation et prise en charge de ses problèmes.

S'agissant du terme de local, généralement associé au mot gouvernance, il fait allusion au lieu de constitution individuelle et collective à partir duquel nous construisons le monde. Le niveau local s'applique à l'échelle à laquelle on fait référence pour la mise en œuvre des actions et la mobilisation des acteurs de l'espace de proximité concerné qui, parfois, va au-delà de tout découpage politico-administratif. Il permet donc de rattacher l'efficacité de la gouvernance à son enracinement local. Ainsi, pour une meilleure gouvernance locale, il faut pouvoir adapter les instruments de l'action publique au niveau local en coopération avec les acteurs qui s'y situent.

3) L'instrument de l'action publique : un dispositif d'organisation et d'orientation

Dans ce texte, nous entendons par instrument d'action publique un dispositif à la fois technique et social qui organise, oriente les rapports sociaux spécifiques entre la société politique et la société civile. Il s'agit donc des outils qui permettent la coordination des différents acteurs dans la matérialisation et l'opérationnalisation de l'action gouvernementale à tous les échelons de collectivité (P Lascoumes et al, 2009, p. 325-327) notamment locale au Mali où la chefferie traditionnelle joue un important rôle par sa légitimité socioculturelle.

4) La légitimité : une question de représentativité et de satisfaction des besoins des populations

La question de la légitimité se situe dans le même contexte que celui de la gouvernance territoriale. En effet, elle fait également référence aux pratiques justes et normales dans la gestion des questions de développement du territoire. On distingue deux formes de légitimité : la légitimation par les inputs et la légitimation par les outputs.

Dans le premier cas, les autorités sont légitimes si leurs choix politiques reflètent la volonté du peuple en s'appuyant sur le mandat donné par l'élection. Dans le deuxième cas, elles sont légitimes à condition de favoriser le bien-être collectif. La légitimité provient dans ce cas de la capacité des gouvernants à traiter et résoudre les problèmes qui les interpellent (P.

Laborier, 2009, p. 335-337). La légitimité s'appuie donc sur deux principes fondamentaux, à savoir la représentativité et la réalisation de résultats par la satisfaction des besoins des populations.

Pour la représentativité, nous reconnaissons l'importance du choix des gouvernants par voie de démocratie. Cependant, ce mode de choix de représentation n'est pas totalement approprié pour des populations qui ne se reconnaissent pas trop en lui, mais plutôt s'identifient à leur mode traditionnel de désignation de leurs représentants de proximité, notamment les chefs traditionnels, que nous appelons ici légitimité traditionnelle.

En ce qui concerne la légitimité fondée sur les résultats, donc sur la capacité à prendre en charge les préoccupations réelles des populations, nous postulons qu'elle est beaucoup plus appropriée au cas des autorités traditionnelles qui se rendent incontournables par leur capacité à répondre aux besoins de leur population comme c'est le cas dans le domaine de la gestion des ressources naturelles et des conflits.

Pour cette raison, sans pourtant donc avoir une vision idyllique des autorités traditionnelles, d'autant plus que leurs modes de désignation et leur gestion sont aussi contestables, nous les appelons donc légitimités traditionnelles qui comprennent : les chefs de village et quartier, les chefs religieux ou de culte (par exemple l'imam ou l'érudit musulman, le chef des féticheurs) les chefs de la parole (les griots et assimilés[12]), les chefs de chasseurs, les chefs des groupes d'âge, etc. Chacune de ces légitimités joue un rôle déterminant dans la gestion des affaires publiques locales, donc dans la gouvernance locale.

II- Analyse diachronique des fonctions et rôles des légitimités traditionnelles dans la gouvernance locale

Structure de production et de gestion des biens et services publics ou collectifs locaux avant la période coloniale, les autorités locales résistent tant bien que mal à l'évolution des politiques institutionnelles. Parfois mises à l'écart ou instrumentalisées dans le cadre de l'application des politiques publiques, elles reviennent à nouveau sur l'espace de la gouvernance dans le contexte de la décentralisation malgré qu'aucun cadre ou dispositif ne prévoit réellement leur participation dans les prises de décisions. Ici, dans une démarche diachronique, nous essayons d'analyser leurs rôles dans la gestion des affaires locales.

[12] Les chefs de parole sont regroupés au sein du Réseau des Communicateurs Traditionnels pour le Développement (RECOTRADE) qui a ses démembrements sur toute l'étendue du territoire national.

1) Pendant la période précoloniale

Avant l'époque coloniale, les légitimités traditionnelles assuraient les principales fonctions de reproduction socioéconomique, sociopolitique et socioculturelle au sein de leur communauté sur des territoires bien déterminés.

Par rapport aux fonctions socioéconomiques, elles régulaient l'accès des membres de leur communauté au premier facteur de production, à savoir la terre pour l'agriculture de subsistance, ensuite les ressources naturelles et les conflits liés à leur exploitation. Toute personne désirant exploiter une quelconque parcelle devait passer par le chef de village, de clan et de la communauté en accomplissant les conditions nécessaires. En ce qui concerne l'accès aux ressources naturelles, il était règlementé à travers une convention locale qui définissait par exemple les types d'arbres à couper ou à ne pas couper, les gibiers à tuer ou non, la période de la pêche collective des étangs ou encore de la chasse collective. Les légitimités traditionnelles assuraient également le tracé des aires de culture, de pâturage ou de passage des animaux afin d'éviter des conflits entre les paysans et les éleveurs et entre les communautés voisines. En somme, elles concouraient à la reproduction matérielle par la définition des procédures techniques de production de biens et services, leurs modes de consommation, leurs modalités de répartition qui permettent leur utilisation.

S'agissant des fonctions sociopolitiques et religieuses, les légitimités traditionnelles étaient chargées de réglementer la vie au village, au sein de la communauté, entre les communautés voisines. Elles s'affairaient à organiser les modes de vie en commun par la formation des cellules, le plus souvent basées sur les formes de parenté, à des organisations plus complexes comme celle du pouvoir politique.

Parallèlement, les légitimités traditionnelles jouaient aussi les rôles d'autorité spirituelle et religieuse de concert avec les chefs de culte (imam, érudit, gardien des fétiches etc.) qui leur servaient de conseillers. Concernant l'organisation matérielle des cultes, elle était l'affaire de tous car les cultes, notamment animistes, cherchaient surtout à protéger les populations contre les catastrophes, les mauvaises pluies, les maladies et les attaques des ennemis. Donc, la question religieuse était liée à celle de la sécurité qui était assurée par les chefs de chasseurs toujours sous la responsabilité et coordination du chef de village, de la communauté ou du clan. Pour la gouvernance des problèmes sécuritaires, notamment la prévention et gestion des conflits, une autre légitimité traditionnelle assumait un rôle crucial, à savoir les chefs de la parole, communément appelés griots. Ceux-ci faisaient l'intermédiation dans la gestion des différends sur l'instruction du chef de village ou de la communauté, assistés des chefs religieux et spirituels qui jouaient aussi de leur côté le rôle d'autorité morale. Voici comment étaient coordonnées la production et la gestion de l'action publique locale avant le contact avec d'autres formes d'organisation plus modernes et complexes qui n'ont pas tardé à s'imposer tant bien que mal.

2) Les fonctions acquises durant les périodes coloniale et post coloniale

Malgré la remise en cause des fonctions décrites ci-dessus, les légitimités traditionnelles, un moment ignorées par les différents pouvoirs, étaient quand même sollicitées en raison de leur proximité avec la population dans la gestion des affaires publiques. Ainsi, sous la colonisation, elles jouaient le rôle de relais des autorités dans la mise en œuvre de certaines décisions ou actions de développement. Elles étaient fortement sollicitées pour l'information et la mobilisation des populations, le recrutement (généralement forcé à l'époque) des militaires, des élèves et des bras valides. Enfin, elles aidaient les autorités coloniales et post coloniales dans le recouvrement des différents impôts et taxes au niveau des circonscriptions administratives. Ainsi, chaque chef traditionnel collectait les impôts des membres de sa communauté et les rapportait aux autorités administratives. Il en était de même pour les différentes contributions pour la mise en œuvre des projets socioéconomiques collectifs.

A l'époque coloniale donc, malgré leur mise sous ordre, les légitimités traditionnelles sont restées des acteurs de la production de certains biens et services collectifs, ne serait-ce qu'en tant que des relais. Elles n'avaient pas de responsabilité directe dans la gouvernance de l'espace local mais étaient utilisées en cas de besoin et non dans un cadre défini de coordination des actions. Dès lors, on se rend compte que l'époque coloniale et post coloniale ont été marquées par la centralisation des pouvoirs et l'instrumentalisation des populations qui se sont traduites par des abus qui ont parfois traumatisé ces populations. Par exemple, l'expression ''Baba commandant'' qui veut dire père commandant continue de hanter les esprits et cette expression est évoquée chaque fois que quelqu'un fait un abus d'autorité. De la sorte, le simple fait de se présenter à l'administration pour l'obtention d'un acte administratif suscitait la peur parce qu'on se rendait chez le ''baba commandant'' dont les subalternes suscitaient crainte aussi pour leurs abus. Le rapport entre les gouvernants et les gouvernés était donc un rapport de dominants et dominés. A l'accession du pays à l'indépendance, le même rapport a prévalu entre l'administration et les administrés malgré quelques tentatives de mise en place de collectivités qui, au lieu d'être dirigées par des organes élus, ont toujours eu à leur tête des administrateurs nommés par le pouvoir central.

3) La période démocratique : la décentralisation comprise comme le retour du pouvoir à la maison ou au niveau local

Le Mali, à travers l'instauration de la démocratie suite à un mouvement populaire révolutionnaire en 1991, s'est doté d'une nouvelle Constitution qui consacre la création des collectivités territoriales dirigées par voie de démocratie directe. En effet, en 1992 lors de la conférence nationale qui a réuni toutes les forces vives du pays, l'une des principales doléances des populations, surtout rurales, a été la décentralisation, comprise comme le retour du pouvoir à la maison (B. Kassibo, 2006, p. 67). Les populations rurales pensaient que la décentralisation leur permettrait d'accéder à l'auto-administration, donc de gérer elles-mêmes leurs questions de développement d'où l'expression retour du pouvoir à la maison. C'est pourquoi le processus a suscité en elles tant d'engouement.

Au-delà de cette volonté politique et de la demande sociale, il faut noter que cette décentralisation s'inscrit également dans le cadre des politiques internationales de développement, notamment de la Banque Mondiale qui en a fait une des conditionnalités en matière d'aide aux pays en voie de développement. Elle est donc le fruit des conjonctions nationales et internationales. Dans le cas du Mali, selon la loi portant code des collectivités territoriales, la décentralisation cherche fondamentalement à prolonger le processus de démocratisation à la base, à redonner le pouvoir de gestion locale aux populations elles-mêmes, enfin à créer le cadre propice à la promotion des initiatives locales.

Le processus enclenché à cet effet au milieu des années quatre-vingt-dix a permis de mettre en place les types de collectivités ci-dessous indiqués dans le tableau.

<table>
<tr><th colspan="2">Types de collectivités territoriales</th><th>Organes délibérants et exécutifs élus</th><th>Nombre</th></tr>
<tr><td colspan="2">les régions</td><td>conseil régional piloté par un président</td><td>8</td></tr>
<tr><td colspan="2">le district (pour Bamako la capitale)</td><td>conseil du district dirigé par un maire</td><td>1</td></tr>
<tr><td colspan="2">les cercles</td><td>conseil de cercle avec à sa tête un président</td><td>49</td></tr>
<tr><td rowspan="3">les communes</td><td>urbaines</td><td rowspan="3">conseil communal piloté par un maire</td><td>96</td></tr>
<tr><td>rurales</td><td>607</td></tr>
<tr><td>Total</td><td>703</td></tr>
</table>

Plus de deux décennies après, force est de constater que la mise en place de ces différents types de collectivités territoriales dirigés par des organes élus démocratiquement est loin de répondre aux attentes de développement territorial par un meilleur pilotage des affaires locales. Cela est dû entre autres :

- au déficit de communication et de confiance entre les élus, l'administration et la population, qui a entraîné une faible interaction entre ces acteurs ;
- au dysfonctionnement de certains organes délibérants et exécutifs pouvant prendre en charge la participation des légitimités de la société civile, notamment les chefs traditionnels, qui se sont révélés incontournables dans le pilotage des affaires locales ;
- à la faiblesse des dispositions légales et règlementaires sur la décentralisation au Mali, particulièrement les rôles des différents acteurs et les mécanismes de leur participation à l'action publique.

Toutes ces faiblesses dénotent les difficultés pour les élus démocratiques à réellement mobiliser les populations autour des problèmes de développement, d'où le recours aux chefs traditionnels, notamment les chefs de village et de quartier, pour lesquels le dispositif de la décentralisation ne prévoit en réalité qu'un simple espace de concertation pour les questions concernant leur localité.

Dès lors, on comprend vite que le suffrage universel n'a pas permis le choix des élus réellement proches des populations capables de résoudre les problèmes de développement de leurs collectivités. Cela fait que, chaque fois que ces élus ont des problèmes de mobilisation ou d'adhésion des populations, ils se rabattent sur les chefs traditionnels dans lesquels les populations se reconnaissent davantage. C'est pourquoi, les états généraux sur la décentralisation au Mali, tenus en novembre 2013, ont fortement recommandé la réhabilitation de ces autorités traditionnelles dans les questions de gouvernance de leurs collectivités par des mesures comme :

- la responsabilisation des pouvoirs locaux dans la prévention et la gestion des conflits locaux, des questions sécuritaires, de réconciliation, en adoptant au besoin de nouvelles dispositions légales et règlementaires ;
- la revalorisation et la mise en œuvre des mécanismes endogènes (traditionnels) de gestion des questions de développement local, spécialement les conventions locales autour de la gestion des ressources naturelles ;
- la promotion des concertations communautaires et intercommunautaires aux niveaux local et national, spécialement la réhabilitation des semaines locales et de la semaine nationale de la paix.

- la constitution du Répertoire des chefs traditionnels[13].

A travers toutes ces mesures, on se rend compte qu'au Mali, les autorités administratives et politiques, accompagnées par la société civile, ont compris que, pour un meilleur ancrage socioculturel de la gouvernance territoriale en mode décentralisé, il est indispensable de mettre à profit les références culturelles et les vécus des populations (O. Sy 2009, p. 132) dans la gouvernance de l'espace public local et national où les chefs coutumiers continuent de jouer un important rôle et sont sollicités à cet effet par les populations, les élus locaux et nationaux. Par exemple, selon O. Sy (2009, p. 132), dès que l'Etat vit des épreuves ou des crises sociopolitiques graves, c'est vers ces derniers que les décideurs publics se tournent pour la recherche de solutions qui garantissent la stabilité.

Dès lors, la prise en compte du patrimoine local sur la gouvernance des affaires autant locales que nationales est de plus en plus mise en avant comme l'une des conditions de la réussite de la décentralisation. D'ailleurs, les recommandations des différentes études sur la question de la décentralisation au Mali vont dans ce sens. Cependant, d'une manière générale, ces recommandations ou réflexions abordent très peu une question qui nous paraît fondamentale, à savoir comment faire participer les légitimités traditionnelles dans la gouvernance de l'espace public local dans le contexte de la décentralisation où la légitimité politique assume désormais le principal rôle, autrement dit comment exploiter les modes traditionnels de gouvernance locale au Mali pour une meilleure gouvernance moderne des collectivités en cours de construction afin d'éviter des conflits de compétences ou de pouvoirs entre les légitimités politiques et traditionnelles. A cet effet, il est intéressant d'étudier profondément la question de la diversité d'autorités traditionnelles aux relents identitaires sur fonds de clientélisme et au mode de choix parfois héréditaire, donc monopolisateur de pouvoirs. Aussi, puisque les états généraux sur la décentralisation exigent la reconnaissance et l'implication des chefs traditionnels dans la gestion des affaires locales voire nationales, il est indispensable de résoudre la question de leur prise en charge quand on sait que l'Etat tarde à transférer les ressources aux collectivités. Il s'agira également d'élargir la réflexion aux autres acteurs de la société afin de mettre en place de mécanismes et dispositifs de gouvernance locale pouvant garantir la participation de la diversité et pluralité d'acteurs locaux le plus souvent concurrentiels.

[13] Ministère de l'administration territoriale du Mali, *Etats Généraux de la Décentralisation*, Termes de références, octobre 2013.

Conclusion

Au cours de cet article, nous avons procédé à une analyse diachronique de la participation des légitimités traditionnelles à la gestion des affaires publiques. Cette analyse nous a permis de nous rendre compte qu'au Mali les autorités traditionnelles résistent tant bien que mal aux différents changements institutionnels et politiques de régulation de l'action publique, notamment la décentralisation qui voit naitre de nouvelles légitimités issues du suffrage universel mais qui s'appuient de plus en plus sur les légitimités traditionnelles, beaucoup plus ancrées socialement et culturellement qu'elles. Compte tenu de cette réalité socioculturelle et de la difficulté des élus à mobiliser les populations, la réhabilitation des chefs traditionnels est présentée comme une condition nécessaire à une meilleure gouvernance locale au Mali. Nous avons conclu que pour aller dans ce sens, il est indispensable de répondre à certaines questions afin de faciliter une meilleure cohabitation entre les différentes légitimités concernées par la gouvernance de l'action publique locale. Enfin, à travers cette étude, on s'est rendu compte du difficile passage de la politique publique à l'action publique à travers la décentralisation qui doit s'adapter au contexte socioculturel national et local pour une meilleure participation des populations.

Bibliographie

Auby, J.-B., L*a décentralisation et le droit,* Paris, Librairie Générale de Droit et Jurisprudence (L.G.D.J), 2006.

Baguenard J., *La décentralisation territoriale*, Paris, 7e édition, Que sais-je ?, PUF, 2006.

Kassibo B., « Mali : une décentralisation à double vitesse », dans : Claude Faye et al, Décentralisation *et pouvoirs en Afrique : en contrepoint, modèles territoriaux français,* Paris, IRD, 2006.

Laborier P., « *Légitimité* », dans : Boussaguet L. et al., *Dictionnaire* des *politiques publiques*, 3e édition, Paris, Sciences Po. Les Presses, 2010.

Lascoumes P. et al., « *Instrument* », dans : Boussaguet L. et al, *Dictionnaire* des *politiques publiques*, 3e édition, Paris, Sciences Po. Les Presses, 2010.

Lazarev G., « Chapitre 5 - Promouvoir le développement des territoires ruraux », *dans* CIHEAM *et al.*, *MediTERRA 2009*, Presses de Sciences Po « Annuels », 2009, p. 183-210.

Leloup F. et al., *La gouvernance territoriale comme nouveau mode de coordination territoriale* ?, Géographie, économie, société, 2005/4, Vol. 7, p. 321-332.

Leloup F. et Verger S., « *L'acteur public à la frontière de l'Etat* », dans : Fabienne Leloup et al., *L'Etat, acteur du développement*, Paris Karthala, 2011.

Ministère de l'Administration territoriale et des collectivités locales du Mali, *La décentralisation au Mali : Etat des lieux et perspectives*, août 2002.
Ministère de l'Administration territoriale du Mali, *Etats Généraux de la Décentralisation*, TDR, octobre 2013.
Sy O., *Reconstruire l'Afrique : vers une nouvelle gouvernance fondée sur les dynamiques locales*, Editions Charles Léopold Mayer 2009.

Deuxième Partie

Approches territoriales

Les préfets en Turquie : acteurs entre recul et renforcement du pouvoir central au plan local ?

Zulfiye Yilmaz

A partir du mois d'août 2015, on a pu assister à une série de déclarations faites par les conseils populaires non formels[14] établis dans des différentes villes situées au sud-est de la Turquie et dans deux quartiers à Istanbul proclamant qu'ils ne reconnaîtront plus l'autorité des agents nommés par l'État turc au plan local, plus particulièrement celle des préfets. Il était souligné toutefois que ce n'était pas un rejet de l'autorité de l'État mais l'annonce de la fin de la légitimité des structures de l'administration centrale au niveau local comme réaction aux politiques répressives de l'Etat dans des villes où habitent notamment des citoyens d'origine kurde.

La tension prend ses racines dans l'introduction des moyens de répression politique du gouvernement contre les défenseurs des droits de l'Homme, les journalistes, de simples citoyens, à la suite des élections parlementaires du 7 juin 2015 où il a perdu sa majorité au sein du parlement national.[15] La loi relative aux zones de sécurité et zones militaires (Loi n° 2565 de 1981), votée par le Conseil national de sécurité après le coup d'Etat de 1980, prévoit la possibilité pour le Conseil des ministres de prendre une décision dans ce domaine par voie de décret quand il s'agit d'une question de sécurité dans l'endroit concerné. Il était toutefois fortement critiqué par les juristes que les compétences dévolues aux préfets par le Conseil des

[14] Etablis en 2007 en se basant sur la convention de l'union des assemblées kurdes (KomaCivakên Kurdistan en kurde), les conseils populaires représentent les structures urbaines non formelles dites « autogestionnaires » et « démocratiques » qui fonctionnent à la lumière d'une idéologie visant à renforcer la démocratie confédérale, l'égalité des sexes et la protection de l'environnement dans les villes du sud-est de la Turquie inspirée des écritures de Murray Bookchin relatives aux assemblées populaires écologistes. Voir aussi Ahmet Hamdi Akkaya-Joost Jongerden, "The Kurdistan Workers' Party and the Reinvention of Democracy: Confederalism and Autonomy in Turkey", in The Kurdish Question in Turkey: New Perspectives on Violence, Representation and Reconciliation, Edited by Gunes, C., Zeydanlioglu, W., London: Routledge, 2013, p. 186-204.

[15] Plus de 250 personnes ont été interpellées et 14 personnes ont été arrêtées suivant les allégations d'avoir insulté le président de la République turque depuis son élection par le peuple en 2014, en s'appuyant sur l'article 299 du Code pénal criminel turc de 2005 qui prévoit une peine de prison pouvant aller jusqu'à 4 ans « Turquie : Erdogan multiplie les procès pour « insulte » www.lemonde.fr, 02.04.2015 ; Kerem Altıparmak-Yaman Akdeniz, « TCK 299: Olmayan Hükmün Gazabı mı?" ("L'article 299 du Code pénal turc: L'affliction d'une disposition inexistante ?"), Güncel Hukuk (Droit Contemporain), octobre 2015. Les membres de l'opposition au sein du Parlement ont demandé au ministre de la Justice le bilan des poursuites au 22 janvier 2016, mais le ministre n'a pas répondu à cette question dans le délai prévu par le règlement intérieur du parlement. De ce fait, ces chiffres doivent être mis à jour concernant les dernières investigations à l'encontre des citoyens.

ministres soient contraires à ladite loi et même à la Constitution de 1982 parce qu'en cas d'urgence, ce sont les préfets qui possèdent le pouvoir de déclarer une ville ou une partie de celle-ci en tant que zone de sécurité pouvant aller de 15 jours à 6 mois et d'introduire des mesures restrictives comme le couvre-feu pour une période parfois non-déterminée.[16]

C'est seulement après que ces décisions de couvre-feu[17] et de zones de sécurité interdites ont gagné de l'ampleur, que « les déclarations d'autogestion ou d'autonomie »[18] venant des conseils populaires ont créé une autre dimension politico-juridique en Turquie.[19] Les élus locaux, leurs adjoints, les personnes y participant, ont été interpelés, arrêtés et finalement inculpés par les autorités judiciaires au motif qu'ils ont commis des actes de terrorisme d'après l'article 302 du Code pénal turc de 2005 relatif aux crimes contre l'unité et la sûreté de l'Etat. Dès le 20 octobre 2015, 19

[16] Les avocats du barreau de Diyarbakir (ville située au sud-est de la Turquie) ont dernièrement porté plainte contre ces décrets du Conseil des ministres, les décisions des préfets relatives à la déclaration de couvre-feu faisant référence aux articles de la Constitution de 1982 qui renvoient à la décision du parlement national concernant la déclaration de l'état d'urgence dans le pays et le régime constitutionnel de la protection des libertés et droits fondamentaux parce qu'ils soutiennent la thèse selon laquelle ces pratiques administratives créent un état d'urgence implicite contrairement à la Constitution. Ils soulignent aussi le danger de violation des obligations de la Turquie découlant de la Convention européenne des droits de l'Homme. Pour savoir plus voir aussi : « Dixième jour de couvre-feu à Silvan, dans le sud-est de la Turquie", www.lemonde.fr, le 11 novembre 2015 « Turquie : à Silvan (sud-est), une guerre urbaine à huis clos", http://www.institutkurde.org/info/depeches/-6936.html, le 10 novembre 2015.

[17] Du mois d'août 2015 au mois de février 2016, les préfets ont pris 58 décisions de couvre-feu dans 7 villes de la Turquie. Pendant cette période, au moins 224 civils dont 42 enfants et 30 citoyens âgés de plus de 60 ans ont été trouvés morts d'après le rapport de la Fondation des droits de l'Homme de la Turquie. Voir le rapport en anglais : "Recent Fact Sheet on Curfews in Turkey Between the dates 16 August 2015-5 February 2016", http://en.tihv.org.tr/recent-fact-sheet-on-curfews-in-turkey-between-the-dates-16-august-2015-5-february-2016/ [date d'accès: 10.10.2016]. Il existe aussi des demandes de levée du couvre-feu par voie des mesures provisoires devant la Cour européenne des droits de l'Homme venant des citoyens locaux ou par leurs représentants pour des raisons de difficultés ou d'impossibilité d'accès aux services de santé, d'éducation et encore des services alimentaires. La Cour a déjà accepté 5 de ces demandes concernant les services d'ambulance pour les blessés civils. Voir le communiqué du presse de la Cour concernant « Mesures de couvre-feu dans le sud-est de la Turquie : la Cour décide d'accorder un traitement prioritaire à un certain nombre d'affaires", 05.02.2016, http://hudoc.echr.coe.int/fre-press# [date d'accès : 10.10.2016].

[18] La définition de la décentralisation est bien différente de celle de l'autogestion. Ces deux termes sont toutefois substitués dans le discours politique en Turquie. Dans les affaires juridiques relatives aux déclarations d'autogestion ou d'autonomie, les intéressés ont souligné qu'ils demandaient plus d'autonomie, le renforcement de la décentralisation conformément à la Charte européenne de l'autonomie locale.

[19] Jean-François Pérouse, *"Retour aux années 1990 à l'est de la Turquie?* Brève critique d'un lieu déjà commun", http://ovipot.hypotheses.org/13832 [date d'accès : 11.11.2015].

maires-adjoints (co-président ou « eş başkan » en turc)[20] se trouvaient dans la prison et les autres avaient été suspendus de leurs missions provisoirement par les décisions du ministre de l'Intérieur d'après l'article 47 de la loi relative aux communes de 2005, qui prévoit cette mesure en cas d'investigation criminelle à l'encontre des élus locaux.[21]

La question du statut des préfets en Turquie représente l'un des enjeux majeurs de l'organisation administrative du pays en ce qui concerne leurs compétences accrues dans le temps. Représentants de l'Etat, du gouvernement et de chaque ministre au plan local, les préfets actuels en Turquie sont dotés des missions plus étendues si on regarde leur rôle au plan local et se trouvent au milieu d'une tension entre l'administration déconcentrée et décentralisée de la Turquie, réglementée par la Constitution de 1982 dans ses articles 123 et 127.

Afin de bien analyser la mission et le statut actuel des préfets en Turquie, il est nécessaire d'aborder dans un premier temps l'évolution dans le temps de l'administration du pays à partir de l'Empire Ottoman (I) et de se pencher par la suite sur la situation actuelle au regard de la Charte européenne de l'autonomie locale ratifiée par la Turquie en 1993 (II).

I- Le développement historique du statut des préfets en Turquie: une tendance centralisatrice d'une perspective de déconcentration

La première fois que le terme de « préfet » est mentionné dans l'histoire turque a été en 1864 pendant la période ottomane et inspiré du système

[20] Le Parti démocratique des peuples (HDP en turc) a introduit un nouvel aspect à la représentation démocratique au sein des collectivités territoriales par l'intermédiaire d'une "coprésidence" visant à renforcer la représentation des femmes dans les organes de décision de celles-ci. Il y existe des affaires administratives et juridiques à l'encontre de ces pratiques comme la signature des décisions administratives par les deux présidents ou les règlements faits par les conseils municipaux disant qu'ils établissent la coprésidence au sein de chaque municipalité. Les élus locaux, en faisant référence à la Charte européenne de l'autonomie locale relative à leur autonomie concernant l'organisation interne des collectivités (l'article 6), justifient ces actions. Les organes de tutelle administrative demandent toutefois l'annulation de ces décisions en disant que la Turquie a mis des réserves aux articles concernés. Il doit être toutefois souligné que la loi relative aux communes de 2005 dans son article 48 prévoit que les communes peuvent prendre les décisions relatives aux nécessités d'organisation interne. Mais les autorités judiciaires ont annulé la plupart des règlements des collectivités en disant qu'il n'y existe pas de dispositions explicites dans les codes concernant le sujet.

[21] « Le maire de la ville kurde de Cizre en Turquie suspendu pour des accusations de terrorisme », http://www.solidaires76.fr/, le 12 septembre 2015. Voir aussi le rapport du Congrès des pouvoirs locaux et régionaux en Turquie : « La situation de Leyla Güven et d'autres élus locaux en détention en Turquie" 26e SESSION, Strasbourg, CG(26)6FINAL, 27 mars 2014, Rapporteurs : Anders KNAPE-Suède, Leen VERBEEK, Pays-Bas.

administratif français à l'occasion de l'établissement d'une administration quasi autonome au Danube. L'ordonnance (« nizamname ») de 1864 relative aux départements ottomans a créé deux structures administratives plutôt déconcentrées en vue de renforcer le pouvoir du centre contre les mouvements séparatistes des minorités au sein de l'empire. Les conseils généraux départementaux (« Vilayet Umumi Meclisleri ») ont été inventés pour remplir une mission de consultation et n'étaient pas dotés d'une personnalité publique. De ce fait, il est impossible de parler des départements en tant que structures décentralisées pendant cette période.

La première Constitution de l'empire au sens propre du droit constitutionnel, celle de 1876, a introduit une structure départementale plutôt décentralisée dans son article 108 fondée sur deux principes importants qui sont la déconcentration («tevsii mezuniyet- yetki genişliği ») et le partage des compétences (« tefrik-i vezaif- görevler ayrımı ») entre le pouvoir central et local. Cependant, à la suite de la dissolution du parlement par le monarque pendant environ 30 ans jusqu'à sa réouverture en 1909, l'administration aurait dû fonctionner dans une perspective centralisatrice comme avant. Par un décret-loi (« Kanun-u muvakkat ») de 1913 relatif aux départements, l'empire a finalement introduit une administration départementale dite « décentralisée » mais encore loin de celle qui fonctionnait en France. Il faut toutefois souligner que ce décret-loi de 1913 est resté en vigueur jusqu'en 2005, date à laquelle le gouvernement a pu finalement réviser le code relatif aux départements.

La fondation de la République turque en 1923 et l'écriture d'une nouvelle Constitution en 1924 symbolisent bien le début d'une nouvelle ère de centralisation pour l'organisation administrative du pays. Les débats parlementaires des années 1920 (la première Constitution de la République a été adoptée en 1921) portant sur l'autonomie locale et les initiatives législatives relatives aux compétences et aux pouvoirs étendus des collectivités, même dans le domaine judiciaire, ont été abandonnés à la suite des politiques administratives centralisatrices de la Constitution de 1924 qui renforçait l'intervention du centre. Il est toutefois nécessaire de mentionner les deux documents juridiques et historiques qui prévoyaient des dispositions spéciales relatives aux préfets et à leurs missions : la Constitution ottomane de 1876 et celle de 1921 de la République turque.

La première soulignait l'importance du statut de préfet en tant que précondition pour devenir représentant au sein de la deuxième chambre du parlement ottoman dans son article 62 alors que la deuxième renvoyait aux préfets avec une mission limitée à la conciliation entre le centre et le local. D'après l'article 14 de la Constitution de 1921, « *Les préfets sont des membres et des représentants de l'assemblée nationale dans les départements. Ils sont nommés par le parlement. Leur mission est de réaliser les taches exclusives et partagées de l'Etat au plan local. Les préfets ne peuvent intervenir que dans le cas d'un conflit relatif au partage des compétences concernant les tâches publiques de l'Etat et celles de collectivités. »*

La Constitution de 1921, avec ses 24 articles, représente le seul exemple de Constitution cadre de l'histoire turque, mais l'originalité de ce document découle de son contenu. Elle est la première et la seule Constitution ayant consacré 11 de ses articles, à peu près la moitié, à l'administration du pays dans une perspective d'autonomie locale. C'est pourquoi elle est souvent abordée dans le cadre des discussions politiques et juridiques concernant la question kurde et les demandes d'autonomie locale en Turquie.[22] Les Constitutions suivantes dont celles de 1924, de 1961 et dernièrement de 1982, ne renvoient qu'aux principes directeurs de l'organisation administrative déconcentrée et décentralisée de la République. Donc, par la fondation de la République, la question du statut des préfets retourne au domaine des lois encore une fois.

Aujourd'hui, les préfets en Turquie possèdent des pouvoirs et des compétences au plan local découlant de leur double mission. Ils sont d'abord des agents nommés du gouvernement au plan local et donc représentants des intérêts du pouvoir central à la lumière du principe de déconcentration, orientant l'organisation administrative turque. Leur deuxième mission nous renvoie à un domaine plus complexe : ils sont les présidents des conseils provinciaux spéciaux (« il özel idaresi »)[23], des agences de développement et de la Direction de la surveillance et de la coordination des investissements publics et locaux, des structures qui emploient un certain degré de tutelle administrative en ce qui concerne les actes des collectivités territoriales. Donc, ce deuxième aspect de leur mission tombe sous le principe de la décentralisation et doit être analysé en lien avec leurs relations avec les collectivités territoriales.

---

[22] S. Ulaş Bayraktar, "Turkish municipalities: Reconsidering local democracy beyond administrative autonomy", *European Journal of Turkish Studies*, 2007, http://ejts.revues.org/1103 [date d'accès:11.11.2015].

[23] D'après l'article 127 de la Constitution de 1982, il existe trois types de collectivités territoriales en Turquie : les villages (« köy »), les communes (« belediye ») et les départements (« il »). Le terme « département » renvoie à la déconcentration et à la décentralisation en même temps. Les conseils provinciaux spéciaux (« il özel idaresi ») représentent la structure décentralisée dans les départements alors que l'administration départementale (« il idaresi ») dont le président est le préfet fonctionne à la lumière du principe de déconcentration. De ce fait, la notion de département dans la constitution fait référence aux conseils provinciaux spéciaux en tant que structures décentralisées. Les conseils généraux (« il genel meclisi ») sont les organes de décisions des conseils provinciaux spéciaux.

Considérant la première dimension, la loi relative à l'administration départementale (Loi n°. 5442 de 1949-« İl İdaresi Kanunu » en turc) prévoit des dispositions concernant la nomination et les compétences déconcentrées des préfets. Nommé par le centre par le ministre de l'Intérieur, le premier ministre et le président de la République (article 6), les préfets sont d'abord des fournisseurs de services publics au plan local (article 3) en tant que représentants du gouvernement et de tous les ministres au plan local (article 9) à la lumière du principe de déconcentration.

Leur deuxième mission dans la perspective du principe de déconcentration, qui d'ailleurs se trouve au cœur de toute une série d'enjeux quand on regarde le régime constitutionnel de protection des droits et libertés, découle de leurs pouvoirs de police au plan local. L'article 11 de ladite loi donne aux préfets des compétences et des pouvoirs étendus, fortement critiqués par les juristes. Selon cet article, ils sont des préfets de police et ils sont compétents pour prendre toutes les mesures nécessaires afin de garantir la sûreté dans les villes, y compris de faire appel aux forces armées pour une période qui est fixée de façon discrétionnaire. Cet article a été révisé deux fois en 2013 et 2015 pour renforcer les pouvoirs de police des préfets. Ces nouveaux pouvoirs accordés aux préfets représentent la source essentielle des enjeux. La tension entre les citoyens locaux et les autorités s'est accrue après la mise en place de ces pouvoirs de police, parfois d'une manière draconienne. C'est en faisant référence à leurs pouvoirs de police préventive de l'article 11-C de la même loi que les préfets ont déclaré les couvre-feux dans les villes situées au sud-est du pays depuis le mois de juin 2015. Rajoutons à ces décisions les déclarations des zones de sécurité pouvant aller jusqu'à 6 mois en se basant sur le décret du Conseil des ministres. Il y faut lire le point de départ des déclarations d'autonomie de quelques villes du sud-est de la Turquie, qui ont été faites juste après ces pratiques administratives.

Avec la révision de 2013, l'appel aux forces armées par les préfets a gagné une dimension légale et ordinaire. Ce n'est plus une pratique exceptionnelle à mettre en place en cas de crises de sécurité. La nouvelle disposition de la loi prévoit qu'une partie du budget du ministère de l'Intérieur sera réservée « annuellement » au financement de ces pratiques dites administratives des préfets.

Quant à la révision de 2015, elle a été mise en application par une autre loi ordinaire relative à la sécurité interne (Loi n° 6638 de 2015 « İç Güvenlik Yasası ») portée devant la Cour constitutionnelle par les membres de l'opposition dans le Parlement qui demandaient son annulation. Cette loi de sécurité interne révise les lois relatives aux compétences et devoirs de la police relatifs à l'utilisation de force à l'encontre des citoyens, à l'organisation de la gendarmerie et encore d'autres lois, comme celle relative à l'administration départementale par voie d'introduction de nouveaux pouvoirs aux préfets, telle l'investigation judiciaire, afin de trouver les suspects d'un crime (article 11-G), des pouvoirs normalement attribués aux autorités judiciaires comme les procureurs en droit pénal turc.[24] Selon l'article 11–H de ladite loi introduite par la révision de 2015, les préfets peuvent confisquer les moyens des collectivités territoriales comme les véhicules de secours, les ambulances, etc., et donner des instructions à leurs personnels quand il s'agit d'une nécessité afin de garantir la sûreté et la sécurité publiques.[25]

Pour conclure, les pouvoirs et les compétences des préfets découlant du principe de déconcentration ont été renforcés dans le temps d'une manière inéquitable alors que les demandes venant des citoyens, des juristes et encore des rapports relatifs à l'état des lieux de la démocratie ont montré bien le contraire. Nous allons le voir dans la deuxième partie. Passons maintenant à la deuxième mission des préfets : celle découlant de l'administration décentralisée de la Turquie.

II- Les préfets entre recul et renforcement du pouvoir central au plan local : les enjeux de la décentralisation en Turquie

Dans le cadre du colloque international organisé par le Centre de recherche sur la décentralisation territoriale (CRDT-France) qui a eu lieu le 27-28 mars 2015, le représentant de l'Association européenne de représentants territoriaux de l'Etat (l'AERTE), M. Thierry Aumonier, a affirmé qu'en Turquie, les compétences accrues des préfets représentaient bien l'un des enjeux les plus importants de l'administration turque. Pour lui, en Europe, diminuer leurs rôles à la simple consultation même limitée à la médiation, leur venue au pouvoir par des élections démocratiques au lieu

[24] Voir les rapports préparés sur cette loi de sécurité interne : le rapport de suivi de 2015 de la Commission Européenne sur la Turquie, le 10 novembre 2015, pour sa version en anglais voir le site: http://ec.europa.eu/enlargement/pdf/key_documents/2015/20151110_report_turkey.pdf [date d'accès: 10.11.2015] ; "Briefing on Internal Security Bill"(le rapport du parti républicain du peuple-Cumhuriyet Halk Partisi), https://chpbxl.files.wordpress.com/2015/02/chp-briefing-on-internal-security-bill.pdf,fevrier 2015, [date d'accès: 10.11.2015] ; "Human Rights Foundation of Turkey's (HRFT) Critique of the New 'Internal Security Package' Draft Law", le 27 janvier 2015, http://tihv.org.tr/turkiye-insan-haklari-vakfinin-tihv-yeni-ic-guvenlik-paketinin-elestirisi/ [date d'accès: 10.11.2015].

[25] Pendant les manifestations au parc Gezi en 2013, la police a utilisé les bus de la commune métropolitaine d'Istanbul en tant que véhicules de garde à vue et les préfets ont demandé les véhicules de secours des collectivités territoriales pour l'utilisation des canons à eau envers les manifestants. Avec cette révision de 2015, cette pratique exceptionnelle a gagné finalement une base juridique.

d'une nomination par le centre, montrent les nouvelles tendances conformément à la Charte européenne de l'autonomie locale afin d'approfondir la décentralisation. A la lumière de leurs compétences et pouvoirs, les préfets en Turquie nous renvoient à la catégorie historique des « préfets de Napoléon »[26].En référence à la première partie relative aux rôles étendus des préfets concernant l'administration déconcentrée, quelle est la situation actuelle des préfets par rapport aux réformes de décentralisation en Turquie pour répondre à cette critique de M. Aumonier ?

Par le mouvement de révision des codes relatifs à l'administration du pays sous l'effet des négociations avec l'Union Européenne qui ont gagné de l'ampleur dès les années 2000, une amélioration partielle a pu être observée si on prend en compte les nouvelles lois relatives aux communes (Loi n° 5393 de 2005), aux conseils provinciaux spéciaux (Loi n° 5302 de 2005), etc. Cette dernière représente le passage vers une nouvelle étape à peu près un siècle après le décret-loi de 1913 relatif aux départements.

Cette amélioration de la législation peut être observée partiellement dans les rapports du Congrès des pouvoirs locaux et régionaux, l'organe responsable de l'observatoire de la Charte européenne de l'autonomie locale ratifiée par la Turquie en 1993. Ses recommandations sont toutefois remarquables aux autorités turques concernant la révision du statut des préfets, le besoin de limiter leurs rôles au plan local contrairement à la pratique nationale. Par exemple, dans sa recommandation intitulée "La démocratie locale et régionale en Turquie"[27] qui souligne l'importance d'une nouvelle réforme, le Congrès mentionne les deux enjeux dans ce domaine qui mettent en péril l'autonomie des collectivités, qui peuvent être résumés de la façon suivante :
"i. bien que le gouverneur (« préfet ») ait été démis de ses fonctions à la présidence du Conseil général, sa position reste très inhabituelle en qualité de président du Comité exécutif des administrations provinciales spéciales, et remet en cause l'autonomie de la gestion provinciale étant donné que le président de ces administrations est, dans les faits, un responsable nommé par le gouvernement central ;
j. compte tenu de la participation élevée des gouverneurs aux travaux des administrations provinciales spéciales, il s'avère qu'ils en sont les représentants auprès de l'Union des administrations provinciales spéciales".

---

[26] Thierry Aumonier, « La région est-elle l'avenir de l'organisation territoriale de l'Etat en Europe ? » p. 391-3914, actes du colloque "Quelle organisation pour les grandes régions en France et en Europe ?", sous la direction de Jean-Claude Némery, l'Harmattan, octobre 2015.
[27]Recommandation n°. 301 (2011)1, 20e SESSION, CG(20)6, 1er mars 2011, Rapporteurs : Anders KNAPE-Suède, Herwig VAN STAA- Autriche.

Finalement, le Congrès invite les autorités turques à prendre les mesures nécessaires pour réduire la participation des préfets aux affaires locales. Suivant le rapport du Congrès, la Turquie a-t-elle révisé sa législation et sa pratique relatives au statut des préfets ?

Le 1er novembre 2015, les citoyens turcs sont allés encore une fois voter aux législatives suivant celles du mois de juin 2015. Après les élections du 7 juin, former un gouvernement n'était pas possible au sein du Parlement parce que le Parti de la justice et du développement (l'AKP en turc) avaient perdu sa majorité. A ce moment-là, le Parti démocratique des peuples (HDP en turc) avait diffusé un bulletin de propagande dans le cadre des élections qui a été finalement confisqué par le Tribunal de police d'Ağrı (une ville située à l'est de la Turquie) le 16 octobre 2015. Il y figurait l'un des aspects de la politique soutenue par ce parti politique en ce qui concerne l'organisation administrative du pays. Voici une traduction du bulletin :
« On est pour une société où les peuples peuvent vivre ensemble avec leurs différences mais toujours par leurs volontés. On croit à la démocratie directe. On veut gouverner nos vies, nos villes et notre pays. Contre les politiques de centralisation qui donnent le pouvoir de décider à une seule personne, on soutient la démocratie locale, le renforcement des collectivités territoriales, la décentralisation, autrement dit l'autogestion. On veut élire nos préfets, nos sous-préfets... »

En faisant référence à la loi anti-terreur (Loi n° 3713 de 1991), le juge a décidé de confisquer ce bulletin et interdit sa distribution. Comme on l'a énoncé dans l'introduction, les demandes relatives au renforcement de la décentralisation peuvent être jugées contraires à l'unité de l'Etat quand elles sont accompagnées de l'expression d'autogestion et même catégorisées comme des actes de terrorisme par les autorités politiques et juridiques. L'appel à l'approfondissement des réformes allant dans le sens de la décentralisation en Turquie peut conduire à se poser une question délicate quand il s'accompagne des demandes de plus d'autonomie locale au profit des collectivités territoriales.

En tant que représentants territoriaux de l'Etat et agents du gouvernement qui mènent la mise en œuvre des politiques centrales au plan local, les préfets sont dotés d'autres compétences relatives au développement local découlant de leur statut de président des agences de développement et de la Direction de la surveillance et de la coordination des investissements publics et locaux. Cette dernière est une structure plutôt déconcentrée établie par la loi relative aux communes métropolitaines (Loi n° 6360, adoptée en 2012) qui a intensifié le processus de métropolisation de l'administration turque. La Direction de la surveillance fonctionne dans une perspective de tutelle en cas de non-accomplissement des services publics par les établissements publics et même par les collectivités dans les métropoles et évalue la rentabilité des investissements d'un point de vue économique afin de les rapporter au premier ministre. La création de ces structures par voie de suppression des administrations provinciales spéciales dans les communes métropolitaines a provoqué un vif débat devant la Cour constitutionnelle turque. Mais la Cour a déclaré conforme à la Constitution leur établissement en soulignant les limites constitutionnelles de la tutelle sur les actes des collectivités locales, ce qui est du respect de l'autonomie locale.[28]

Les agences de développement, porteuses de la régionalisation à la turque d'une manière implicite[29], sont présidées par les préfets et préparent les plans de développement qui doivent être pris en compte par les collectivités territoriales dans la rédaction de leurs programmes de performance économique et de leurs budgets.[30] Cependant, dans les faits, leur mission de renforcer les investissements économiques locaux et celle de réduire les disparités entre les régions peuvent possiblement créer un conflit avec leur mission de protéger les valeurs culturelles des villes, ce qui paralyse leur mode de fonctionnement.[31]

Conclusion

La question du statut des préfets en Turquie pose des enjeux multiples à cause de leur rôle et de leurs compétences étendus découlant de la déconcentration et même de la décentralisation. Les demandes populaires et politiques insistent sur une réforme réduisant leurs interventions dans le domaine des collectivités territoriales alors que la pratique démontre le contraire. Depuis les années 2000, on assiste à un mouvement de révision

---

[28] Voir la décision de la Cour constitutionnelle : Dossier n° 2013/19, date et n° de parution dans le Journal officiel turc : 18.9.2014-29123.

[29] On emploie le mot "implicite" par référence aux inquiétudes relatives au caractère unitaire de l'Etat. C'est pourquoi la loi relative aux Agences de développement (Loi n° 5449 de 2006) ne mentionne pas des agences "régionales". Cette loi a été portée devant la Cour constitutionnelle par les membres de l'opposition pour le motif qu'elle transforme la structure unitaire de l'Etat à un Etat régional par l'établissement des agences de développement. La Cour a rejeté ces thèses malgré l'existence des opinions dissidentes tout en soulignant qu'elles sont des structures sui generis possédant une personnalité juridique dont la mission est limitée au développement local conformément aux lois et à la Constitution. Voir la décision de la Cour constitutionnelle : Dossier n° 2006/61, date et n° de parution dans le Journal officiel turc : 23.02.2008-26796.

[30] Benoît Montabone, « La région entre attentes européennes et trajectoire nationale : les « agences de développement » en Turquie », *Territoire en mouvement Revue de géographie et aménagement*, 2012, http://tem.revues.org/1899 [date d'accès: 12.11.2015].

[31] Voir la version anglaise de la loi n° 5449 relative à l'organisation et à la coordination des Agences de développement adoptée en 2006, http://www.izka.org.tr/en/kurumsal/mevzuat/kanun/ [date d'accès : 10.11.2015].

des codes relatifs aux collectivités territoriales, soit sous l'effet des négociations avec l'Union européenne, soit par l'approfondissement des politiques de régionalisation et métropolisation pour s'adapter aux nouvelles tendances de la mondialisation. Il est toutefois nécessaire de souligner que les réformes concernant l'administration de la Turquie conduisent à l'augmentation de l'intervention du centre pour des raisons de sécurité et de développement économique. Les préfets sont des acteurs essentiels de cette intervention au plan local par la voie de leurs compétences et de pouvoirs accrus. De ce fait, les réformes dites « décentralisatrices » ne créent qu'une illusion d'autonomie locale au profit des collectivités. Même s'il est précisé dans les rapports du Congrès des pouvoirs locaux et régionaux relatifs à la mise en œuvre des obligations de la Turquie découlant de la Charte européenne de l'autonomie locale que le recul des préfets est une condition sine qua non afin d'approfondir la décentralisation, les préfets actuels continuent de jouer un rôle très important dans le cadre des politiques de sécurité et d'intervention économique du centre.

Bibliographie

Akkaya, Ahmet Hamdi - Jongerden , Joost, "The Kurdistan Workers' Party and the Reinvention of Democracy: Confederalism and Autonomy in Turkey", in The Kurdish Question in Turkey: New Perspectives on Violence, Representation and Reconciliation/ Edited by Gunes, C., Zeydanlioglu, W., London: Routledge, 2013.

Altıparmak, Kerem – Akdeniz, Yaman, « TCK 299: Olmayan Hükmün Gazabı mı?"("L'article 299 du Code pénal turc: L'affliction d'une disposition inexistante ?"), Güncel Hukuk (Droit Contemporain), oct. 2015.

Aumonier, Thierry « La région est-elle l'avenir de l'organisation territoriale de l'Etat en Europe ? »p. 391-3914, dans l'ouvrage collectif du colloque: "Quelle organisation pour les grandes régions en France et en Europe ?", sous la direction de Jean-Claude Némery, l'Harmattan, octobre 2015.

Bayraktar, S. Ulaş, "Turkish municipalities: Reconsidering local democracy beyond administrative autonomy", *European Journal of Turkish Studies*, 2007, http://ejts.revues.org/1103, [date d'accès: 11.11.2015].

Montabone, Benoît, « La région entre attentes européennes et trajectoire nationale : les « agences de développement » en Turquie », *Territoire en mouvement Revue de géographie et aménagement*, 2012, http://tem.revues.org/1899, [date d'accès: 12.11.2015].

Némery, Jean-Claude (éd.), "Quelle organisation pour les grandes régions en France et en Europe ?", (Ouvrage collectif), l'Harmattan, octobre 2015.

Pérouse, Jean-François, *"Retour aux années 1990 à l'est de la Turquie ?* Brève critique d'un lieu déjà commun", http://ovipot.hypotheses.org/13832 [date d'accès : 11.11.2015].

Jurisprudence
Décision de la Cour Constitutionnelle: Dossier n° 2013/19, date et n° de parution dans le Journal officiel turc : 18.9.2014-29123.
Décision de la Cour Constitutionnelle: Dossier n° 2006/61, date et n° de parution dans le Journal officiel turc : 23.02.2008- 26796.
Décision de la Cour européenne des droits de l'Homme : Mesures de couvre-feu dans le sud-est de la Turquie : la Cour décide d'accorder un traitement prioritaire à un certain nombre d'affaires", 05.02.2016, http://hudoc.echr.coe.int/fre-press# [date d'accès : 10.10.2016].

Rapports
Briefing on Internal Security Bill" (Rapport du parti républicain du peuple-Cumhuriyet Halk Partisi), https://chpbxl.files.wordpress.com/2015/02/chp-briefing-on-internal-security-bill.pdf,fevrier 2015 [date d'accès : 10.11.2015].
Congrès des pouvoirs locaux et régionaux, Recommandation N°. 301 (2011)1, 20e SESSION, CG(20)6, 1 mars 2011, Rapporteurs : Anders KNAPE-Suède, Herwig VAN STAA- Autriche.
Human Rights Foundation of Turkey's (HRFT) Critique of the New 'Internal Security Package' Draft Law", le 27 janvier 2015, http://tihv.org.tr/turkiye-insan-haklari-vakfinin-tihv-yeni-ic-guvenlik-paketinin-elestirisi/ [date d'accès : 10.11.2015].
Rapport de suivi de 2015 de la Commission Européenne sur la Turquie, le 10 novembre 2015, pour la version en anglais, http://ec.europa.eu/enlargement/pdf/key_documents/2015/20151110_report_turkey.pdf [date d'accès : 10.11.2015].
Rapport de la Fondation des droits de l'Homme de la Turquie : "Recent Fact Sheet on Curfews in Turkey Between the dates 16 August 2015-5 February 2016" [date d'accès : 10.10.2016],
http://en.tihv.org.tr/recent-fact-sheet-on-curfews-in-turkey-between-the-dates-16-august-2015-5-february-2016/

Autres sources électroniques
« Dixième jour de couvre-feu à Silvan, dans le sud-est de la Turquie", www.lemonde.fr, le 11 nov. 2015.
« Le maire de la ville kurde de Cizre en Turquie suspendu pour des accusations de «terrorisme », http://www.solidaires76.fr/, le 12 sept. 2015.
« Turquie : Erdogan multiplie les procès pour « insulte » www.lemonde.fr, 02.04.2015. [date d'accès : 10.11.2015].
« Turquie: à Silvan (Sud-Est), une guerre urbaine à huis clos", http://www.institutkurde.org/info/depeches/-6936.html, le 10 nov. 2015.

LEADER entre laboratoire de l'action publique locale et grand récit. Naissance d'un laboratoire de développement rural pour répondre à l'évolution des territoires ruraux

Catherine Laidin

Sous l'influence des mutations sociétales, économiques et spatiales, les territoires ruraux connaissent de nouvelles dynamiques résidentielles, des demandes sociétales pour des espaces récréatifs et de nature, et le renforcement d'une économie locale. De cette prise de conscience à la fin des années 1980[32], est né en 1991 le programme européen LEADER (Liaison entre les actions du développement rural) pour rompre avec les approches sectorielles du développement rural, les subventions aux bénéficiaires et les approches « top-down » et plutôt stimuler les acteurs des territoires ruraux à devenir les auteurs de leur propre développement via la mise en place d'approches ascendantes (« bottom-up »). Le programme LEADER encourage ainsi la mise en œuvre d'approches novatrices autour de la valorisation des ressources endogènes du territoire, de stratégies multisectorielles, de mise en place de partenariats public-privé et de l'engagement des acteurs locaux au sein d'un « *groupe d'action locale* » (GAL). Le GAL soutient alors divers projets du territoire, conformes à la stratégie de développement local choisie et présentés par une diversité d'acteurs.

Ainsi, avec l'ambition d'un « *laboratoire du développement* rural », quelle place occupe le programme LEADER pour susciter un changement des cadres de l'action publique au sein des territoires ruraux ? Quels rôles prennent les acteurs individuels et collectifs, quelles interactions se jouent et avec quels effets sur la mise en œuvre de l'action publique?

I- Cadre théorique et modèle d'analyse

S'appuyant sur le cadre théorique de la sociologie de l'action publique, notre recherche vise la compréhension de la construction collective de l'action publique autour du programme LEADER. Pour étudier « *l'Europe au quotidien* »[33], nous avons analysé les espaces d'action publique et sociale, la manière dont les acteurs institutionnels et sociaux s'approprient les « *instruments d'action publique* »[34] pour construire leur propre stratégie de développement, les mécanismes du changement et les effets sur ces

---

[32] COMMISSION EUROPEENNE (dir.), *L'Avenir du monde rural*, Bruxelles, Belgique, 1988, vol1.

[33] PASQUIER R. et WEISBEIN J., « L'Europe au quotidien », *Nouveau manuel de science politique*, La découverte., Paris, coll.« Manuels - Grands repères », 2009, p. 651-664.

[34] LASCOUMES P. et LE GALÈS P., *Gouverner par les instruments*, Paris, Sciences Po, 2004.

territoires. Sur chaque territoire, notre attention s'est portée sur les acteurs en situation, leurs échanges et les mécanismes de coordination et sur les organisations, tant du point de vue de leur inertie que des changements qu'elles suscitent. Pour rendre compte des changements en cours de l'action publique locale sur les territoires mobilisant LEADER, nous nous sommes largement inspirés d'Hassenteufel [35]. Celui-ci propose d'analyser le changement à partir de quatre dimensions interdépendantes et non hiérarchisées.

La première dimension se concentre sur le changement généré par les instruments et leur mise en œuvre, changement lié à un « *nouveau mode d'utilisation d'un instrument déjà existant* » ou lié à la « *création d'un nouvel instrument* ». Quelle est la mise en œuvre du programme LEADER sur les territoires d'étude ? Quels instruments participent à la mise en œuvre du développement local sur ces territoires ?

La seconde dimension analyse les acteurs du point de vue de leur présence et de leur rôle pour conduire le changement (émergence ou départ d'un nouvel acteur, affaiblissement ou renforcement d'un autre) mais aussi du point de vue de leur rôle politique (*polity*[36]) vis-à-vis du changement opéré. Quels acteurs sont apparus sur la scène de l'action publique des territoires ruraux, avec quels rôles et quelle répartition du pouvoir ?

La troisième dimension se focalise sur les changements « *de règles du jeu institutionnelles » qui « [régissent] les interactions entre acteurs* » et « *le recours aux instruments de politiques publiques* ». Par qui, dans quel contexte et à quelles conditions LEADER est-il mobilisé ? Quels acteurs portent ces projets ? Par qui, pour qui, comment et sous quelle forme se mettent en place ces programmes ?

Enfin, la dernière dimension aborde le changement d' « *orientation générale de la politique publique et des conceptions qui la sous-tendent* »[37]. L'intégration de LEADER à la politique agricole commune a-t-elle modifié sa mise en œuvre ? Quels objectifs et quelles visions du monde sous-tendent ces programmes ?

---

[35] HASSENTEUFEL P., *Sociologie politique : l'action publique*, 2e édition., Paris, Armand Colin, 2011.

[36] Le mot politique en français est polysémique. Bien souvent les auteurs mobilisent alors les termes anglais pour distinguer, « la politics, la vie partisane, le parti, les élections, la polity, le système politique, les fondements théoriques de l'Etat, la policy, les politiques publiques ». LASCOUMES P. et LE GALES P., *Sociologie de l'action publique: Domaines et approches*, 2e édition., Armand Colin, 2012, p. 19.

[37] HASSENTEUFEL P., *Sociologie politique, op. cit.*, p. 245.

II- Méthodologie de l'enquête

Notre observation empirique s'est effectuée sur deux territoires très différents engagés dans LEADER lors de la programmation 2007-2013 : l'ouest Cornouaille, territoire périphérique avec une population modeste, et le Pays de Vannes, un territoire privilégié et attractif. L'ouest Cornouaille est né en 1986 autour d'une démarche territoriale touristique (pays d'accueil touristique[38]). Initialement composé de deux communautés de communes du pays bigouden, il s'étend aux quatre communautés de communes de l'ouest Cornouaille à l'occasion de la candidature LEADER II (1994-1999). Le pays de Vannes est né au second semestre 1998 et se dote d'une charte de Pays en 2000 conformément à la loi Voynet[39]. Il est alors le support nécessaire de la politique des pays du contrat de plan Etat-Région (2000-2006 puis 2007-2013). Nous les avons clairement choisis pour leurs caractères contrastés du point de vue des enjeux du territoire mais aussi des dynamiques locales de développement.

Nous avons débuté notre recherche par la collecte de données sur ces territoires pour appréhender leurs dynamiques. Nous avons alors effectué des entretiens exploratoires (4) auprès des structures porteuses du projet LEADER pour recueillir les ressources grises (dossiers de candidature LEADER 2008-2014, dossiers d'instruction des porteurs de projets, comptes rendus des comités de programmation, rapports d'évaluation à mi-parcours) et accéder à une meilleure connaissance de leur territoire, de leur projet LEADER, de l'organisation de la structure porteuse et de ses instances dirigeantes (statuts, charte de territoire, organigramme, composition des conseils d'administration). Nous avons pu établir deux cartes des acteurs présents sur la scène d'action publique liés au projet LEADER, présentées en annexes.

Nous avons complété ces données par trois séries d'entretiens semi-directifs auprès des membres du GAL et des co-financeurs (élus et administratifs), de l'autorité de gestion et des porteurs de projet, la première en Ouest Cornouaille (17), la seconde dans le Pays de Vannes (10) et la troisième à Rennes et à Paris (4). Nous avons construit notre grille d'entretien à partir du modèle d'analyse de l'action publique proposée par Lascoumes et Le Galès[40]. Quels acteurs individuels ou collectifs participent

[38] Démarche territoriale impulsée à la fin des années 1970 pour valoriser les zones rurales autour d'un projet touristique (http://agriculture.gouv.fr/fnpat-federation-nationale-des-pays-touristiques consulté le 26/10/2015).

[39] Loi n° 99-533 du 25 juin 1999 d'orientation pour l'aménagement et le développement durable du territoire, dite loi Voynet.

[40] LASCOUMES P. et LE GALES P., *Sociologie de l'action publique*, 2ème édition., Paris, Armand Colin, 2012.

à l'action publique du développement local des zones littorales avec quels intérêts matériels et/ou symboliques, quelles ressources, quelles stratégies ? Quelles institutions orientent les interactions ? Les institutions sont considérées ici comme des cadres de l'action, c'est-à-dire des normes, règles, routines et procédures. Quelles représentations sont mobilisées pour donner un sens aux actions ? Quels sont les processus de mobilisation des acteurs, avec quelles dynamiques d'échanges et d'évolution dans le temps, quelles formations de coalitions, quels conflits ? Quels effets sur les organisations et les comportements des acteurs et quels impacts sur les zones rurales ?

Nous avons également réalisé des observations ethnographiques lors de comité de programmation, de présentation publique de projet soutenu, ou de démarche de territoire[41]. Cela nous a permis de repérer les écarts entre les propos recueillis lors des entretiens, reconstructions d'évènements passés et les pratiques *in situ*.

III- Résultats et discussion

1) LEADER, un programme additionnel pour des structures déjà existantes

Pour éviter « *un inéluctable mitage de l'espace et la constitution de territoires construits selon l'importance du rayon de confiance entre les individus* »[42], l'Etat français, lors de la programmation 2007-2013, impose que les candidatures LEADER soient portées par les territoires de projets, type pays Voynet ou Parc naturel régional[43]. En effet, Pays, PNR ou GAL promeuvent des démarches ascendantes s'appuyant sur des stratégies de développement définies par les acteurs locaux, public et privés. Faire correspondre alors ces démarches permet de conforter les dynamiques territoriales déjà présentes, de renforcer les partenariats locaux et d'offrir des financements supplémentaires aux projets des territoires. LEADER s'insère donc au sein de l'action publique locale en visant la compatibilité des instruments d'action publique, LEADER et les approches territoriales déjà en place. Le GAL n'a pas d'existence juridique propre, il est animé par l'agence de développement de l'ouest Cornouaille (association) ou le Pays de Vannes (Groupement d'intérêt public).

---

[41] Malheureusement, uniquement en ouest Cornouaille pour des contraintes d'agendas. Ces observations ont néanmoins nourri le questionnement sur les deux territoires et ont été confrontées à d'autres observations d'autres GAL.

[42] BERRIET-SOLLIEC M. et TROUVÉ A., « Développement des territoires de projet », *Économie rurale*, 1 avril 2013, n° 335, p. 7-19.

[43] Des exceptions ont été consenties aux groupes d'action locale (GAL) préexistants, tel le GAL ouest Cornouaille.

S'insérant dans des dynamiques territoriales préexistantes, LEADER offre un renouvellement du projet de territoire lors de l'écriture de sa stratégie de développement pluriannuelle. Il constitue une scène d'action publique où acteurs publics et privés du territoire sont conviés, dans un premier temps, à discuter pour élaborer la stratégie puis, dans un second temps, à sélectionner les projets qui la nourriront.

Ainsi, LEADER doit apporter une dimension supplémentaire aux structures déjà présentes par son soutien aux innovations et aux approches multisectorielles, l'encouragement au partenariat public-privé et la coopération interterritoriale. Les innovations déployées concernent la diversité des acteurs investis dans un même projet (par exemple, acteurs de la culture et de l'agriculture impliqués ensemble pour une foire rurale, acteurs de l'insertion et de la valorisation des ressources bois pour créer une entreprise d'insertion autour du bois énergie...), le soutien à des initiatives nouvelles (mutualisation des transports pour les entreprises de l'agro-alimentaire, mise en place d'un pôle de l'économie sociale et solidaire...). Mais les projets financés demeurent bien souvent sectoriels et c'est par leur combinaison qu'une stratégie de développement intersectorielle se met en place. L'ambition de coopération interterritoriale propre à LEADER a bien du mal à se mettre en place. Au moment de l'enquête, aucun projet de coopération n'a vu le jour dans le Pays de Vannes. Coûteuse en temps, peu mobilisatrice pour les acteurs locaux, elle convainc cependant les acteurs ayant participé à ces expériences en ouest Cornouaille (projet avec la Finlande basée sur la transmission du patrimoine oral, projet lié à l'environnement avec le nord Devon).

2) Une orchestration par un binôme élus-animatrices

La dynamique du programme LEADER repose sur l'engagement d'un binôme élus locaux – animatrices territoriales, sur la base d'une mobilisation locale des acteurs publics et privés.

Le premier chef d'orchestre est représenté par les élus responsables de LEADER, représentants des communautés de communes, eux-mêmes représentants des communes. Leur insertion dans le réseau d'action publique locale leur permet de fédérer autour du projet de développement impulsé dans le cadre de LEADER. Nos données d'enquête montrent une forte sélection sociale des élus : 8 sur 10 sont des hommes, plutôt âgés (59 ans en moyenne en ouest Cornouaille, 62 ans dans le Pays de Vannes) et plus de la moitié sont issus de la fonction publique. L'éventuel cumul des mandats à des échelons supra-territorial, départemental, régional ou national confère à ces élus des atouts supplémentaires : connaissance des dispositifs et accès à l'information, insertion dans un réseau d'action publique supra-territoriale facilitant l'accès au cofinancement indispensable du programme européen. L'élu multi-positionné apparaît bien souvent comme une pièce maîtresse pour impulser une première candidature LEADER.

Le deuxième chef d'orchestre est incarné par les animatrices territoriales. En effet, LEADER offre une ingénierie territoriale importante (jusqu'à 20% de la dotation financière), effet levier pour les projets locaux et véritable expertise pour conduire le développement du territoire. La compétence acquise d'ingénierie de projet est ainsi mobilisée pour répondre aux multiples appels à projets d'autres bailleurs de l'Europe, de l'Etat ou de la Région. Le rôle des animatrices territoriales est alors d'articuler le projet de territoire aux cadres imposés par les différentes politiques publiques, impulsant un « *développement en réseau* »[44] et un apprentissage collectif des approches territoriales et des collaborations entre acteurs publics et privés. Ces acquis irriguent alors de nouvelles démarches : projet de gestion intégrée des zones côtières ou planification intercommunale à travers l'élaboration élaboration du schéma de cohérence territoriale en ouest Cornouaille, projet Alimen'terre de structuration de circuits courts au sein du Pays de Vannes.

Dans les deux GAL étudiés, acteurs publics et privés sont réunis au sein du comité de programmation[45]. Les acteurs privés appartiennent principalement à la société organisée et reconnue au sein de l'arène publique, chambres consulaires, associations dotées d'un fort soutien public au regard des services mis en œuvre sur le territoire (services aux personnes, action culturelle, environnement). Mais, malgré l'ambition du programme LEADER d'associer l'ensemble des acteurs privés du territoire, les entreprises ou les opposants avérés des institutions locales ne sont pas présents.

3) De nouvelles règles de jeu de l'action publique locale

Par sa conception, LEADER contribue à modifier les cadres de l'action publique locale, en privilégiant les approches bottom-up plutôt que top-down et en accordant une place importante aux gouvernements locaux pour

[44] SHUCKSMITH M., « Rural areas creating value », European Policies for Rural Areas into the 21st Century, Seminar, Brussels, 2013.

[45] Le GAL ouest Cornouaille mobilise les instances de l'agence de développement : le conseil d'administration est aussi le comité de programmation, composé de 48 membres, 22 publics et 26 privés, des commissions thématiques peuvent être également réunies. Le GAL Pays de Vannes a prévu deux instances, un comité de programmation de 27 membres, 13 publics et 14 privés, réuni pour approuver ou non les projets présentés sur la base des avis proposés par le comité technique, lui-même composé de 16 membres, administratifs et convoqué avant chaque comité de programmation.

négocier avec les gouvernements supra-territoriaux, bousculant ainsi la traditionnelle hiérarchie Etat/gouvernements locaux. LEADER participe à la mise en place d'une nouvelle gouvernance territoriale, où les gouvernements locaux s'engagent par contrats avec différents niveaux de gouvernements, depuis le département jusqu'à l'Europe. Les règles du jeu se trouvent ainsi modifiées.

D'une part, lors de la réalisation de nos entretiens, nous avons constaté une grande similitude des propos des acteurs publics, témoignant d'une transition dans la conduite de l'action publique locale d'une logique de guichet à une logique de projet, et d'une volonté de participation de la société civile. L'action publique à tous les niveaux, de l'Europe aux territoires infranationaux, s'homogénéise, peu compatible avec la singularité des projets de territoires définis par et pour les acteurs, basés sur la valorisation des ressources locales sociales, culturelles et naturelles et promus par le programme LEADER. Ainsi d'un GAL à l'autre, sont soutenus des projets écotouristiques, la mise en place de circuits agro-alimentaires, la valorisation du patrimoine… Cette homogénéisation est attribuée, selon certains auteurs, au processus d'européanisation[46], pour faire référence à la diffusion des règles formelles et informelles, des paradigmes des politiques publiques, des croyances et des normes définis au niveau européen et ensuite incorporés dans les discours, les identités, les structures politiques et les politiques publiques des niveaux nationaux et infranationaux. L'Union européenne devient une « *plate-forme de diffusion, ou d'agent de socialisation* » [47] auprès des gouvernements locaux. Techniques de *benchmarking*, pour comparer différents projets, repérage de « *bonnes pratiques* » ou de « *success stories* », contribuent à la mise en place d'une « *soft law* »[48], règles non contraignantes mais appropriées par les acteurs infra-européens.

D'autre part, l'exigence d'un cofinancement public pour bénéficier de LEADER, a conduit à une sélection des projets, conformes aux deux politiques, européenne et locale, comme en témoigne un président du GAL (enquête 2013) : *« Le problème c'est ces 45 % d'engagement de fonds publics dans les projets. C'est un vrai frein aux acteurs, autres que publics. C'est-à-dire que pour exister dans LEADER, il faut trouver les 45 % de co-financements publics. Ce qui fait que cela restreint. Il faut exister dans le*

[46] RADAELLI C.M., « Européanisation », *in* BOUSSAGUET L., JACQUOT S., RAVINET P., *Dictionnaire des politiques publiques*, 2010, p. 247-248.
[47] *Ibid.*, p. 248.
[48] Traduction de "rules of conduct which, in principle, have no legally binding force but which nevertheless may have practical effects". SNYDER F.G., *Soft Law and Institutional Practice in the European Community*, European University Institute, Florence, Department of Law, 1993, p. 198.

système public. [...] Cela veut dire que si vous êtes un acteur associatif, et que vous n'avez pas l'aval des politiques locaux, ou que vous n'avez pas les financements locaux, cela veut dire que vous n'avez aucune chance. »

Ainsi, politiques locales et politique européenne tendent à s'harmoniser, avec un impact sur les bénéficiaires, en premier lieu les acteurs publics, en second lieu les acteurs privés insérés dans le réseau d'action publique locale (cf. Annexe 2).

Les résultats de mars 2013 du GAL ouest Cornouaille montrent que 23 projets publics et 27 privés sont soutenus. Mais parmi les privés, 10 sont portés par le GAL lui-même, une association portée par les intercommunalités du territoire, et 10 autres sont portés par deux associations culturelles, l'une ayant en charge la mission culturelle de l'intercommunalité [49] de son territoire, l'autre étant une fédération d'associations culturelles très en lien avec les structures publiques. Au final, le GAL ouest Cornouaille finance majoritairement des acteurs publics, institués, ou « hébergés par des associations ».

A la même date, le constat est différent au sein du GAL Pays de Vannes, avec le soutien de 76 projets avec une répartition 42 publics et 34 privés, dont 22 projets associatifs concernant 22 associations, 9 agriculteurs et 3 entreprises privées. Plusieurs explications peuvent justifier ces écarts : la richesse du Pays de Vannes facilite le montage des projets sur ce territoire, le fait d'être un Pays offre un cofinancement public des projets, via le contrat de Pays du Conseil régional ou l'enveloppe fournie par le Conseil général.

La recherche de cofinancements se révèle une difficulté majeure, plus ou moins forte selon les porteurs de projets. Certains sont rompus à ce genre d'exercice, tandis que d'autres se trouvent désarmés face « *au véritable parcours du combattant* » imposé, comme en témoigne un fonctionnaire de l'autorité de gestion (enquête 2013) : *« [LEADER] n'est pas un guichet. [...] A chaque projet, des spécificités. Déjà il faut trouver qui il faut aller convaincre pour trouver la contrepartie. Et une fois qu'on a trouvé, il faut que cela soit éligible [...]. Après il faut aller le convaincre. Donc ce n'est pas forcément évident.*

[49] Certaines communes ou intercommunalités font parfois le choix d'organiser leurs services éducatifs et culturels sous forme associative pour accéder à des fonds inaccessibles en tant que structures publiques. C'est le cas de l'association qui porte 7 projets. Elle prend en charge l'organisation de services culturels sur l'intercommunalité, de services éducatifs en direction de la jeunesse... Son directeur travaille en étroite collaboration avec les élus de l'intercommunalité.

Ancienneté ou imbrication du programme LEADER dans les autres territoires conduiront à une sélection plus ou moins forte des porteurs de projets, selon leurs ressources en ingénierie, en ressources financières (pour le pré-financement), en ressources sociales (pour réussir à convaincre le cofinanceur du projet). Ce constat vient conforter l'analyse critique des politiques de projet menée antérieurement.[50]

4) Absence de modification de l'orientation générale de la politique publique

L'absence de modification de l'orientation générale de la politique publique en faveur du développement rural se manifeste tant du point de vue des montants financiers engagés que des thématiques des projets soutenus. En effet, les montants alloués au programme LEADER sont finalement peu importants, 1,4 million d'euros pour le GAL ouest Cornouaille et presque 2 millions d'euros pour le GAL du Pays de Vannes pour une période de 5 ans.[51]

Rappelons que les établissements publics de coopération intercommunale (EPCI) dont sont constitués les GAL (ici communautés de communes ou communauté d'agglomération), disposent d'une fiscalité propre qui leur apporte des ressources pour exercer leurs compétences. En ouest Cornouaille, les dépenses de fonctionnement annuelles des communautés de communes oscillent autour de 10 millions d'euros. Dans le Pays de Vannes, elles sont très variables selon la taille de l'EPCI, de 5 millions à plus de 70 millions d'euros.

Le faible soutien dédié à LEADER, avec 5 % de l'enveloppe du fonds européen pour le développement rural (FEADER), conduit à relativiser l'ambition affichée dans les discours. La politique agricole commune (PAC) poursuit essentiellement un soutien sectoriel à l'agriculture, constat déjà souligné par certains auteurs[52]. Pour reprendre les propos d'un président de GAL (enquête 2013), LEADER représente des « *sommes dérisoires* », dévolues aux territoires pauvres : « *on se baisse pour ramasser la pièce que d'autres n'auraient même pas ramassée* ».

---

[50] BERRIET-SOLLIEC M. et TROUVÉ A., « Développement des territoires de projet : quels enjeux pour les politiques rurales ? », working paper CESAER, Dijon, 2012.

[51] Les montants indiqués ici correspondent aux montants attribués de fonds européens. Ils sont complétés par les cofinancements.

[52] BERRIET-SOLLIEC M., SCHMITT B., TROUVÉ A. et AUBERT F., « Chapitre 7 - Deuxième pilier de la Pac et développement rural : le RDR est-il vraiment rural ? », in *AUBERT F., PIVETEAU V. et SCHMITT B. Politiques agricoles et territoires*, Editions Quæ | Update Sciences & Technologies., 2009, p. 165-182.

Par ailleurs, dans les deux GAL, LEADER finance principalement des projets liés à la qualité de vie et à la diversification de l'économie rurale et peu de projets agricoles. La ruralisation de l'agriculture n'a pas eu lieu, contrairement à l'annonce faite lors de l'intégration de l'approche territoriale européenne au sein de la PAC.

Conclusion

Promulgué laboratoire du développement rural, LEADER demeure 20 ans après sa mise en place, un instrument pionnier pour le développement des territoires ruraux. Si LEADER constitue un levier financier pour quelques projets du territoire et reste un outil stimulant de médiation territoriale, initiatrice de partenariats et de projets intersectoriels, il demeure toutefois un « récit »[53] ambitieux, de portée modeste.

Le programme LEADER participe au polycentrisme de l'action publique des territoires ruraux. « *L'Europe au local* »[54] des territoires ruraux se combine et s'articule avec l'action « *au local* » de l'Etat, de la Région et du Département, mais aussi avec celle des collectivités et intercommunalités porteuses du programme. LEADER renouvelle ainsi les modes d'actions des élus locaux en valorisant les démarches participatives, le partenariat public-privé et l'intégration des socioprofessionnels dans les arènes locales.

Avec les autres politiques de développement territorial, il favorise aussi de nouvelles formes de leadership politique. Il offre aux présidents de GAL, une visibilité auprès des autres élus, une source d'autorité auprès des élus des communes rurales ou intercommunalités, une reconnaissance auprès des élus départementaux, régionaux ou nationaux, mais aussi de nouvelles ressources pour ces territoires. Assis finalement sur des territoires d'élection, LEADER participe au développement d'une « *logique de guichet territorial* »[55].

Différents facteurs favorisent ou freinent le déroulement du programme LEADER. Le multi-positionnement de certains élus locaux permet la mobilisation d'un réseau d'acteurs pour s'engager dans le programme LEADER et en soutenir les actions. La superposition des limites des territoires est un autre facteur facilitant. Le GAL Pays de Vannes reconnu

---

[53] RADAELLI C.M., « Récits (Policy narrative) », in *BOUSSAGUET L., JACQUOT S., RAVINET P., Dictionnaire des politiques publiques*, 2010, p. 548-554.

[54] PASQUIER R. et WEISBEIN J., « L'europe au microscope du local. Manifeste pour une sociologie politique de l'intégration communautaire. », *Politique européenne*, 1 avril 2004, n° 12, n° 1, p. 5-21.

[55] DOUILLET A.-C., « Les élus ruraux face à la territorialisation de l'action publique », *Revue française de science politique*, 2003, vol. 53, n° 4, p. 603.

par la Région et le Département reçoit leur soutien. A contrario, l'échelle territoriale du GAL Ouest Cornouaille, différente de celles d'interventions du Département et de la Région, freine considérablement le déploiement du programme.

Si l'appel à la participation citoyenne au processus de décision politique est devenu un lieu commun, il entre en pleine contradiction avec la nécessité, pour les acteurs de l'action publique d'une maîtrise des procédures administratives et juridiques, d'un accès aux finances publiques et d'une insertion dans les réseaux sociaux de l'action publique. L'approche ascendante est ainsi limitée par la sélection des acteurs au sein de l'arène publique

Finalement, le jeu d'acteurs donne lieu à une « *gouvernance territoriale* »[56] qui prend en charge la construction et la gestion du territoire et sa représentation. Il s'organise autour d'un polycentrisme institutionnel avec plusieurs lieux de pouvoir, de décision et d'exécution. Sur les territoires étudiés, les cadres institutionnels prolifèrent, imposés par l'Europe, l'État, la Région, les Départements, etc... Chacun génère des procédures et impose aux acteurs des adaptations constantes et des apprentissages sans cesse renouvelés. La gouvernance territoriale « *se réduit à bien des égards à une gestion territoriale* »[57], du fait du caractère extrêmement technique des cadres et instruments et d'une volonté générale de dépolitisation.

Les règles du jeu de l'action publique ne sont donc pas modifiées. Avec des moyens très limités, les stratégies locales de développement de LEADER sont de faible envergure et permettent peu de changements structurels de l'action publique. LEADER devient alors le plus petit dénominateur commun entre les politiques conduites par les gouvernements locaux et le cadre européen proposé. Il renforce ainsi l'homogénéisation et la standardisation des politiques publiques. Le soutien aux innovations est freiné du fait des difficultés pour trouver les cofinancements de LEADER dans les politiques sectorielles des collectivités territoriales. Par ailleurs, le partenariat public privé est réduit bien souvent à la participation d'institutions, insérées dans les réseaux d'action publique, et représentantes de pouvoirs professionnels, de groupes d'intérêts, mais rarement des citoyens ordinaires.

[56] ARNAUD A.-J. et SIMOULIN V., « Gouvernance territoriale », *in* PASQUIER *et al*, *Dictionnaires des politiques territoriales*, 2011, p. 265-270.
[57] *Ibid.*

Enfin, LEADER finance essentiellement des projets de qualité de vie en milieu rural et a échoué à « ruraliser l'agriculture »[58]. Les politiques sectorielles agricoles demeurent prédominantes sur la scène publique des territoires ruraux. La division de travail interne aux gouvernements reste puissante et freine considérablement les approches territoriales et transversales.

Bibliographie

ARNAUD A.-J. et V. SIMOULIN, « Gouvernance territoriale », *in PASQUIER R., GUIGNER S. et COLE A., Dictionnaires des politiques territoriales*, 2011, p. 265-270.

BERRIET-SOLLIEC M., B. SCHMITT, A. TROUVÉ, et F. AUBERT, « Chapitre 7 - Deuxième pilier de la Pac et développement rural : le RDR est-il vraiment rural ? », i*n AUBERT F., PIVETEAU V. et SCHMITT B., Politiques agricoles et territoires*, Editions Quæ | Update Sciences & Technologies., 2009, p. 165-182.

BERRIET-SOLLIEC M. et A. TROUVÉ, « Développement des territoires de projet », *Économie rurale*, 1 avril 2013, n° 335, p. 7-19.

BERRIET-SOLLIEC M. et A. TROUVÉ, « Développement des territoires de projet : quels enjeux pour les politiques rurales ? », working paper CESAER, Dijon, 2012.

COMMISSION EUROPÉENNE (dir.), *L'Avenir du monde rural*, Bruxelles, Belgique, 1988, vol. 1/.

DOUILLET A.-C., « Les élus ruraux face à la territorialisation de l'action publique », *Revue française de science politique*, 2003, vol. 53, n° 4, p. 583.

HASSENTEUFEL P., *Sociologie politique : l'action publique*, 2e édition., Paris, Armand Colin, 2011.

LASCOUMES P. et P. LE GALÈS, *Sociologie de l'action publique: Domaines et approches*, 2e édition., Armand Colin, 2012.

LASCOUMES P. et P. LE GALÈS, *Sociologie de l'action publique*, 2ème édition., Paris, Armand Colin, 2012.

LASCOUMES P. et P. LE GALÈS, *Gouverner par les instruments*, Paris, Sciences Po, 2004.

PASQUIER R. et J. WEISBEIN, « L'Europe au quotidien », *Nouveau manuel de science politique*, La découverte., Paris, coll.« Manuels - Grands repères », 2009, p. 651-664.

PASQUIER R. et J. WEISBEIN, « L'europe au microscope du local. Manifeste pour une sociologie politique de l'intégration communautaire. », *Politique européenne*, 1 avril 2004, n° 12, n° 1, p. 5-21.

[58] BERRIET-SOLLIEC M., B. SCHMITT, A. TROUVE, et F. AUBERT, « Chapitre 7 - Deuxième pilier de la Pac et développement rural », *op. cit.*

RADAELLI C.M., « Européanisation », in *BOUSSAGUET L., JACQUOT S., RAVINET P. Dictionnaire des politiques publiques*, 2010, p. 247-257.
RADAELLI C.M., « Récits (Policy narrative) », in *BOUSSAGUET L., JACQUOT S., RAVINET P. Dictionnaire des politiques publiques*, 2010, p. 548-554.
SHUCKSMITH M., « Rural areas creating value », European Policies for Rural Areas into the 21st Century, Seminar, Brussels, 2013.
SNYDER F.G., *Soft Law and Institutional Practice in the European Community*, European University Institute, Florence, Department of Law, 1993.

Glossaire

EPCI : établissements publics de coopération intercommunale
FEADER : fonds européen pour le développement rural
GAL : groupe d'action locale
GIP : Groupement d'intérêt public
LEADER : Liaison entre les actions du développement rural
PAC : Politique agricole commune

Annexe 1 Carte des acteurs

Figure 1 : en ouest Cornouaille

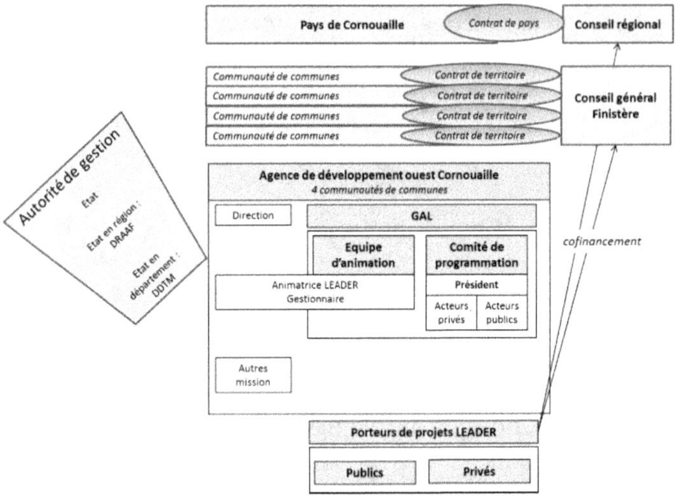

Source : Enquêtes 2013

Figure 2 : en Pays de Vannes

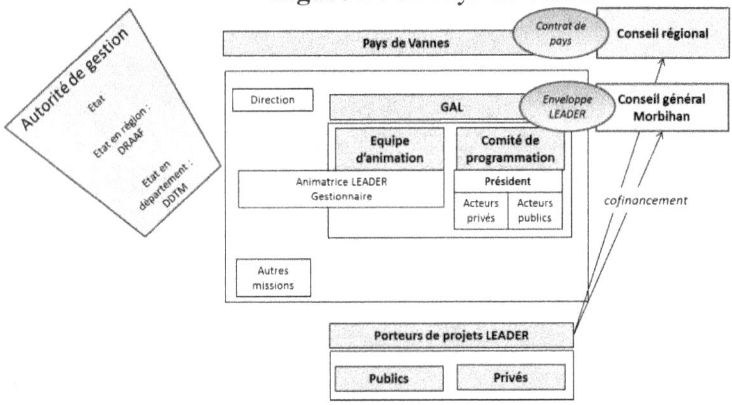

Source : Enquêtes 2013

Annexe 2 : Etat des lieux des programmations des GAL ouest Cornouaille et Pays de Vannes

Tableau 5 : Projets programmés GAL ouest Cornouaille LEADER à la date du 13 mars 2013

			Projets		EMPLOIS				RESSOURCES			
					Dépenses totales				Dont montant FEADER			
			nb	%	Montant total	% budget total	% Σ PP	moy/ projet	Montant total	% budget total	% Σ PP	moy FEADER/ projet
Public	Communes		7		254 867			36 410	95 624			13 661
Public	intercommunalités	Communautés de communes	10		300 991			30 099	138 042			13 804
Public	intercommunalités	Syndicats publics	4		142 016			35 504	50 355			12 589
Public	EPIC		1		13 743			13 743	7 560			7 560
Public	Organisme consulaire		1		23 921			23 921	13 156			13 156
Public	**Sous-total porteurs de projets publics**		**23**	**47 %**	**735 538**		**47 %**	**31 980**	**304 737**		**46 %**	**13 249**
Privé	AOCD Porteur de projet*		10	19 %	369 113		24 %	36 911	188 898		29 %	18 890
Privé	Entreprises		0	0 %	0		0 %	0	0		0 %	0
Privé	Associations		17	30 %	455 038		29 %	26 767	163 628		25 %	9 625
Privé	**Sous-total porteurs de projets privés**		**27**	**53 %**	**824 151**		**53 %**	**30 524**	**352 526**		**54 %**	**13 057**
Sous-total porteurs de projets			**49**	**100 %**	**1 559 689**	**76 %**	**100 %**	**31 194**	**657 263**	**71 %**	**100 %**	**13 145**
Assistance technique			5	/	492 300	24 %	/	98 460	267 915	29 %	/	53 583
TOTAL			**55**	/	**2 051 989**	**100 %**	/	**37 309**	**925 178**		/	**16 821**

NB : L'AOCD au statut associatif a été inclus dans les porteurs de projets privés, mais l'agence de développement est créée par les 4 communautés de communes du territoire. Si elle avait été constituée en groupement d'intérêt public, elle aurait été un acteur public.
Montant en euros sauf pourcentages. PP : porteur de projet moy : moyenne Source : Laidin, 2013.

Tableau 6 : Projets programmés GAL Pays de Vannes LEADER à la date du 19 mars 2013

		Projets		EMPLOIS				RESSOURCES			
				Dépenses totales				Dont montant FEADER			
		nb	%	Montant total	% budget total	% Σ PP	moy / projet	Montant total	% budget total	% Σ PP	moy FEADER / Projet
Public	Communes	14	18 %	3 302 274			235 877	431 890			33 222
Public	Intercommunalités – Communautés de communes	19	25 %	886 006			43 632	338 883			17 836
Public	Intercommunalités – Syndicats publics	5	7 %	236 184			47 237	94 582			23 646
Public	GIP Pays de Vannes PP	3	4 %	202 000			67 333	85 600			28 533
Public	Organisme consulaire	1	1 %	41 664			41 664	22 915			22 915
Public	**Sous-total porteurs de projets publics**	**42**	**55 %**	**4 668 128**		**74 %**	**111 146**	**973 870**		**70 %**	**23 187**
Privé	Agriculteurs	9	12 %	615 667			68 407	46 879			5 209
Privé	Autres entreprises privées	3	4 %				89 189	43 856			15 503
Privé	Associations	22	29 %				36 819	330 484			15 022
Privé	**Sous-total porteurs de projets privés**	**34**	**45 %**	**1 645 052**		**26 %**	**48 384**	**421 219**		**30 %**	**12 389**
Sous-total porteurs de projets		**76**	**100 %**	**6 313 180**	**92 %**	**100 %**	**83 068**	**1 395 089**	**100 %**	**100 %**	**18 356**
Assistance technique		7	/	569 748	8%	/	95 771	313 362	18 %	/	52 674
TOTAL		**83**		**6 882 928**	**100 %**		**86 200**	**1 708 451**	**100 %**		**21 851**

Montant en euros sauf pourcentages. PP : porteur de projet Source : Laidin, 2013.

Instrumentation et gestion intégrée des zones côtières : une lecture de la conflictualité par l'étude du cas des Îles-de-la-Madeleine (Québec)

Anne Fauré[59]

Les zones côtières des mers et océans sont des interfaces complexes et dynamiques dont les ressources sont hautement convoitées. Au cours des dernières décennies, les écosystèmes de ces dernières se sont retrouvés exposés à différentes menaces (érosions côtières, risques de submersion, pressions sur les ressources halieutiques) dont celles liées à l'exploration et l'exploitation des hydrocarbures.

Les instruments de gestion intégrée des zones côtières (GIZC) ont été pensés dans une optique de mise en œuvre du développement durable à l'échelle locale (Rey-Valette et Antona, 2009 et Billé, 2009) en prenant en compte de l'ensemble des acteurs et usagers des communautés côtières.

Les instruments de GIZC répondent à une nouvelle pratique d'action publique destinée à assurer la participation du public, en rassemblant le plus grand nombre d'acteurs, dans le but de réduire les conflits, de renforcer l'intégration de l'ensemble des initiatives tournées vers le littoral, de répondre aux changements des écosystèmes côtiers et de renouveler, d'une certaine manière, la façon d'exercer le pouvoir (Prieur, 2009). Ce sont des instruments de types consultatifs/informatifs (Hood, 1990) qui entraînent des reconfigurations des rapports gouvernants/gouvernés pouvant être déterminantes pour l'avenir des territoires côtiers. En effet, derrière une neutralité apparente (Lascoumes et Le Galès, 2004), les instruments de GIZC posent des questions de pouvoir, d'autorité, voire de ressources, si bien que, dans chaque instrument de GIZC, la question du conflit est inévitable. Toutefois, la littérature sur les instruments de GIZC a pris du temps à intégrer la dimension politique et conflictuelle que l'on retrouve dans les instruments de GIZC. Pourtant, ces aspects méritent d'être analysés pour comprendre leur portée en termes de développement durable. C'est pourquoi, une prise en compte de la conflictualité permet de mieux comprendre les instruments participatifs (Bobbio et Melé, 2015).

Après une phase enthousiaste, liée à l'effervescence des premières démarches de GIZC mettant l'emphase sur les processus d'un point de vue managérial (Hazel et *al.*, 2006), une deuxième phase a pris le pas en proposant une réflexion sur l'efficacité de ces dispositifs du point de vue de la mise en œuvre du développement durable (Gareau, 2000 et 2013 ; Gareau

---

[59] J'aimerais remercier ma directrice de thèse et mon co-directeur pour les nombreux conseils qu'ils m'ont prodigués durant ce travail.

et Lepage, 2005). Cette dernière a permis d'explorer le rôle des acteurs locaux dans ces nouveaux mécanismes de gouvernance locale (Plante *et al.*, 2006). De notre côté, nous adhérons à une troisième phase, plus récente et critique de la littérature, qui cherche à prendre du recul par rapport à ces instruments en examinant les questions de pouvoir, d'autorité et de ressources nécessaires pour mettre en œuvre la GIZC, puisque la GIZC, en tant que dynamique sociale, modifie les rapports de force (Nichols, 1999, Billé 2006, Rey Valette et Antona, 2009) et peut, par le fait même, constituer une source additionnelle de conflits et de dégradation environnementale, alors même que l'instrument est censé servir à s'en prémunir. Par conséquent, nous questionnons le rôle et le place des conflits dans les instruments de GIZC.

Ceci est d'ailleurs rendu possible par un cadrage théorique sur l'instrumentation de l'action publique (Lascoumes et Le Galès, 2004) qui permet d'examiner les résistances dans, autour et envers les instruments (Le Bourhis et Lascoumes, 2014) et de saisir les effets impensés de ces derniers. En effet, les instruments portent des valeurs, une conception des rapports gouvernants/gouvernés et des représentations des enjeux traités (Lascoumes et Le Galès, 2006, p. 269) qui sont intéressantes à examiner pour mieux comprendre les dynamiques territoriales. De plus, nous considérons la conflictualité comme un processus continu, non pathologique (Simmel, 1995), constitutif des territoires (Fortin et Fournis, 2015 ; Torre et *al.*, 2006) et essentiel à la vie en société. En tant que sources de sociabilité, les conflits favorisent l'expression des populations locales et ils permettent aux débats et aux revendications de créer des moments et des lieux où du commun peut émerger. Ceci dit, des efforts sont mis en place pour contenir le plus possible le conflit dans sa dimension agonistique (Freund, 1983) afin de maintenir l'ordre et la capacité de vivre ensemble. Ainsi, le conflit évolue en demi-teinte (Freund, 1983) et il peut se camper dans des états agonistiques en privilégiant les confrontations, des concurrences et des rivalités non violentes. Parfois, le conflit peut également glisser vers des formes de contestations plus violentes pouvant entrainer le conflit dans des états polémiques. Il est alors pertinent d'examiner la place accordée à la conflictualité et examiner si, par exemple, « le conflit a été dépassé ou étouffé, si la solution a été créative ou répressive, si les positions des opposants ont été écoutées et considérées ou si l'on a cherché à les manipuler » (Bobbio et Melé, 2015).

Nous proposons dans une première partie d'exposer notre stratégie de recherche, plusieurs éléments méthodologiques et l'intérêt heuristique de notre cas d'étude. Dans une deuxième partie, nous présenterons quelques mécanismes d'instrumentation ainsi qu'une grille de lecture de la conflictualité issue de notre processus de réflexion inductif. Nous terminerons avec un bilan sur le rôle et la place de la conflictualité en présentant quelques apprentissages et compétences qui vont se construire aux cours des moments de résistances.

I- Précisions sur la stratégie de recherche, les éléments méthodologiques et l'intérêt heuristique de notre cas d'étude

Nous avons choisi une approche qualitative pour mener ce travail. C'est pourquoi, nous avons privilégié une posture inductive pour notre examen de la conflictualité et une posture compréhensive pour l'exploration des effets non pensés par les instruments. A partir de cette posture inductive, et après un travail fouillé sur le terrain, nous avons pu construire une grille d'analyse de la conflictualité (voir section II- 4).

Nous avons mis en place une stratégie de recherche qualitative en choisissant l'étude de cas (Yin, 1989) nous permettant de mettre en place un travail d'analyse en profondeur tout en tenant compte du contexte. Ainsi, à l'aide d'un travail de description dense (Geertz, 1998) et une approche diachronique, nous avons pu saisir les mouvements de la conflictualité dans les instruments de GIZC.

Nous avons pour cela choisi l'étude du cas de l'archipel québécois des Iles-de-la-Madeleine[60] situé au cœur du golfe du Saint-Laurent. Ce territoire insulaire dispose d'un historique en ce qui a trait aux instruments de GIZC et s'est retrouvé confronté à des projets controversés liés à l'industrie des hydrocarbures [61] . Il s'agit notamment d'un projet d'exploration d'hydrocarbures en mer situé à 80 km des Îles-de-la-Madeleine (le dossier « Old Harry [62] »). Nous avons fait le choix d'entrer sur le terrain au moment

---

[60] Parmi les avantages de ce cas, notons que le territoire des Îles-de-la-Madeleine est essentiellement défini par ses zones côtières en raison de son insularité. Les Îles-de-la-Madeleine disposent de leur propre niveau de gouvernance : l'Agglomération des Îles-de-la-Madeleine. De plus, elles se situent au cœur d'un mode de gouvernance multiniveaux en ce qui concerne la gestion de ses zones côtières avec les compétences respectives des paliers fédéraux et provinciaux. Les Îles-de-la-Madeleine forment un archipel constitué d'une quinzaine d'îles et d'îlots, s'étendant sur un axe sud-ouest nord-est (62oW – 47oN30) sur environ 60 km de long avec environ 12 500 habitants sur 200 km^2. Elles sont bordées par cinq provinces canadiennes. L'économie des îles est saisonnière et dépend fortement de l'industrie de la pêche et du tourisme.

[61] Notons qu'il y a eu aussi un projet d'exploration de gaz naturel terrestre annoncé par la société Gastem en 2008. Dans un effort de synthèse, nous n'aborderons pas ce dossier dans le présent article.

[62] « Old Harry » est le nom donné par Corridor Resources (le promoteur) à la structure géologique en faisant référence au village de pêcheurs le plus près des Îles-de-la-Madeleine du même nom. Dans notre étude, nous parlerons du dossier « Old Harry » pour faire référence à l'ensemble des problématiques relatives au projet d'exploration et d'exploitation des hydrocarbures. Les deux-tiers du prospect se situent en territoire québécois.

où l'avancement de ce projet devenait critique pour les Madelinots (printemps 2011) et ce, afin de nous donner la possibilité d'observer une conflictualité qui, dans la vie quotidienne, aurait été beaucoup moins visible sans ces enjeux. Par le fait même, ces futures activités nous offraient un fort potentiel heuristique.

En résumé, la controverse autour du dossier « Old Harry » s'explique par l'ensemble des risques (de déversement, de contamination par les boues de forages, de multiplication des conflits d'usages, etc.) liés au projet d'exploration en mer de la firme Corridor Resources sur la qualité de vie des communautés côtières, ainsi que par les retombées économiques incertaines et possiblement surévaluées. En effet, ces catastrophes potentielles, en plus d'affecter l'équilibre des écosystèmes marins et de contribuer à l'augmentation des gaz à effet de serre, pourraient fragiliser les deux pans majeurs de l'économie madelinienne, à savoir l'économie des pêches[63] et celle du tourisme. Aussi, le peu de connaissances des impacts réels d'une telle industrie sur les ressources halieutiques, l'environnement et la faune marine est problématique, d'autant plus que le fonctionnement de l'écosystème du Golfe est encore mal connu. Par ailleurs, le cadre institutionnel permettant d'encadrer et réguler ces activités se trouve en construction (loi sur les hydrocarbures pour la province du Québec, négociations fédérales-provinciales pour l'obtention d'un Office Canada-Québec sur les hydrocarbures extracôtiers pour réguler les activités de l'industrie).

Nous avons donc pu examiner des instruments de GIZC permanents et évoluant sur le territoire madelinot tout en observant parallèlement des instruments ponctuels mobilisés autour de ces projets. Il s'agit notamment du Comité Zone d'intervention prioritaire (Comité ZIP[64]), un organisme à but

---

[63] Le territoire marin du golfe dans lequel baignent les Îles-de-la-Madeleine regroupe près de 200 zones de pêches qui se chevauchent (Landry, 2015) pour l'ensemble des pêcheries confondues et les cinq provinces.

[64] Le Saint-Laurent a connu de graves épisodes de pollution au début des années 70. Suite à la mobilisation de groupes environnementaux, une véritable histoire de collaboration s'est établie entre le gouvernement du Canada et du Québec, notamment par la mise en œuvre du Plan d'action Saint-Laurent (PASL). C'est ainsi que des organismes à but non lucratif ont été créés à travers le PASL pour tenir compte du point de vue des habitants des zones côtières et de l'ensemble des usagers du milieu. Ces organismes connus sous le nom de comités Zone d'intervention Prioritaire (ZIP) sont financés par un programme d'Environnement Canada mais s'insèrent dans le cadre des ententes du PASL. Ils sont disposés sur les pourtours du Saint-Laurent jusque dans le golfe. Par la concertation et la participation du public, ces organismes favorisent « la réalisation d'initiatives locales en matière de protection, de restauration, de conservation et de mise en valeur des usages et des ressources du Saint-Laurent dans une perspective de développement durable » (Stratégies Saint-Laurent, 2011).

non lucratif permanent voué à la réhabilitation du Saint-Laurent ainsi que de la Table de concertation sur les hydrocarbures (TCR) de la Municipalité des Îles-de-la-Madeleine. Nous avons également suivi, en marge de l'évolution de ces projets, des instruments participatifs ponctuels tels que ceux portés par le Bureau d'audiences publiques sur l'environnement (BAPE), ceux portés par les Évaluations environnementales stratégiques (EES) et aussi différents Forums.

Pour chacun de ces instruments, nous avons analysé les procès-verbaux, communiqués de presses, documents disponibles en lignes, enregistrements vidéo et mémoires déposés... Nous avons de plus effectué près 45 heures d'entrevues semi-dirigées avec les fonctionnaires, élus, citoyens, représentants de groupes d'intérêts et représentants de groupes environnementaux impliqués dans ces différents instruments. Nous nous sommes tournés vers plusieurs méthodes pour notre collecte de données (observations, entrevues, analyses documentaires). En faisant appel à ces différentes sources de données, nous avons cherché à nous ouvrir à la pluralité des points de vue afin de saisir toute la complexité de notre cas d'étude et, de là, tenter de comprendre les subtiles nuances relatives à la conflictualité.

II- Instrumentation et proposition d'une grille de lecture de la conflictualité

Dans le contexte de l'arrivée de futures activités d'exploration et d'exploitation dans le golfe du Saint-Laurent, il est intéressant d'examiner des instruments de GIZC permanents et les différents instruments consultatifs/informatifs ponctuels mis en place pour assurer la concertation et le dialogue concernant ces futurs activités, et cela à différentes échelles de gouvernance.

Rappelons que, selon l'approche de l'instrumentation de l'action publique, les instruments ne disposent pas « d'une neutralité axiologique parfaite » (Lascoumes et Le Galès, 2006, p. 269) et engendrent parfois des effets inattendus. À la lumière de ce qui précède, ce cadrage permet d'aller plus loin qu'une approche fonctionnaliste, qui présente les instruments comme répondant à une rationalité unique affichée par les pouvoirs publics. Ce cadrage ouvre la voie à une réflexion critique et montre que chaque instrument, quel qu'il soit, est d'abord « une forme condensée de savoir sur le pouvoir social et les façons de l'exercer » (Lascoumes et Le Galès, 2006, p. 271). Ainsi, les instruments peuvent légitimer certains acteurs et en laisser d'autres de côté.

De cette façon, nous proposons d'examiner différentes formes d'instrumentations à partir de trois instruments (deux instruments permanents et un instrument ponctuel)[65]. Nous raccrocherons ces analyses à une grille de lecture de la conflictualité plus tard.

1) Le Comité de travail sur les hydrocarbures (CTH)

La municipalité des Îles-de-la-Madeleine relance[66] en 2008 le Comité de travail sur les Hydrocarbures (CTH). Cet instrument représente les différents organismes du milieu dans un esprit de concertation et est présidé par le maire des Îles-de-la-Madeleine. Très rapidement, des tensions se dessinent dans l'instrument, notamment à propos de sa capacité à pouvoir servir de leviers communs pour des prises de position plus politiques. Certains membres du CTH sont à la recherche d'une « efficacité politique, c'est-à-dire d'effets directs sur la décision » (Seguin, 2015, p. 78). Toutefois, l'instrument est plutôt construit comme vecteur d'information et c'est ce mandat qui est retenu par la municipalité des Îles comme mode de fonctionnement : « [Le maire des Îles-de-la-Madeleine] spécifie le mandat du présent comité, qui n'en est pas un d'action, mais bien de partage et de diffusion d'information, dans le contexte actuel [...]; le maire rappelle que le mandat du comité n'est pas *a priori* politique, mais basé sur l'échange d'information » (Procès-verbal du CTH, 22 octobre 2008). Cet instrument cherche à compenser les inégalités observées dans l'accès à l'expertise technique et bureaucratique en donnant à toute la population madelinienne un niveau commun minimum de connaissances. Le CTH n'est donc ni une instance décisionnelle ni une instance de participation citoyenne, cela a pour effet de créer de la confusion pour ceux qui cherchaient à influencer les cadres de prises de décisions. Certains membres du comité reviennent régulièrement sur l'idée de revoir le mandat du groupe de travail pour lui donner la capacité de prendre position de manière plus rapide.

D'ailleurs, nous avons remarqué que cette volonté de centrer l'instrument sur la mise en valeur de l'information et des connaissances a tendance à légitimer le discours des experts, discours qui sont hautement techniques, mais qui favorisent tout de même les discussions apaisées (Blondiaux, 2008). Cette expertise est nécessaire au vu de la complexité des enjeux liés au développement d'une telle filière et permet aux acteurs autour de la table de se familiariser avec le « langage légitimé dans les arènes de

---

[65] Nous avons dans le cas de notre travail doctoral examiné une dizaine d'instruments, mais nous choisissons ici de nous limiter à trois instruments pour maintenir notre effort de synthèse.

[66] C'est en 2004 sous l'impulsion d'un groupe de citoyens que le premier comité avait été créé sous le nom de Comité de travail de la municipalité des Îles-de-la-Madeleine sur l'exploration gazière et pétrolière dans le golfe du Saint-Laurent.

décision » (Seguin, 2015, p.80) et également de développer une crédibilité en maitrisant l'information (Fortin et Fournis, 2015, p.130). Cependant, les aspects techniques et scientifiques prennent toute la place au sein de l'instrument et il arrive que la mise en débats et les discussions de fond soient ainsi contournées, évitant du même coup l'engagement vers une prise de position.

Effectivement, plusieurs des rencontres avec les promoteurs, les technocrates et le CTH ont reposé largement sur des aspects techniques. Un des acteurs présents nous a expliqué son point de vue à ce sujet : « Le reste, ça a été [d'] écouter ce que venait... la salade que venaient nous livrer les promoteurs ou les responsables, comme la garde-côtière. De leur faire des recommandations okay, leur dire – Ben y pourraient peut-être faire ça. [...] Moi, en tout cas, les années où j'ai été là, il y a eu... des petits échanges, mais... plus des échanges d'informations. Pas des positions parce que... la plupart des organismes qui sont là évitent de prendre position. Ne veulent pas (Citoyen Madelinot, 2011) ».

Néanmoins, notons que le CTH prendra position dans le contexte de l'accident de la plateforme Deepwater Horizon de BP au printemps 2010 dans le golfe du Mexique. Les membres du CTH se sont entendus pour unir leur voix et exprimer une demande de moratoire sur les activités pétrolières en mer. C'est un exemple d'ouverture de l'instrument à une prise de décision commune qui n'est pas trop controversée.

2) Le Comité zone d'intervention prioritaire (ZIP)

Le comité ZIP des Îles-de-la-Madeleine est un instrument permanent de concertation environnementale en territoire madelinot. Il dispose de son propre Conseil d'administration (C.A.) qui est de nature multisectorielle. Les 14 secteurs représentés au sein du C.A. doivent s'entendre pour dégager une vision commune par voie de concertation afin de se prononcer sur un enjeu. En revanche, nous avons pu constater que le Comité ZIP jouait un rôle relativement discret dans le dossier des hydrocarbures. Pourtant, ce comité siège sur le CTH en tant qu'organisme en environnement. D'ailleurs, le mandat originel de l'organisme est la réhabilitation et la mise en valeur du milieu côtier. Petit à petit, au fil des changements promus par les bailleurs de fonds, l'organisme a adapté son mandat. La concertation est devenue plus qu'un moyen mais une fin en soi pour assurer le développement durable des territoires côtiers de l'île. L'organisme veut agir de façon neutre et transparente pour être fidèle à sa philosophie. On comprend alors que la philosophie du comité ZIP des Îles-de-la-Madeleine est marquée par un cheminement continu vers la concertation et la neutralité. L'organisme pourrait même perdre son identité si des forces internes en venaient à s'affronter en son sein et à imposer certaines prises de position tranchées. D'ailleurs, Gareau (2013, p. 101 et p. 120) souligne que, pour les comités ZIP, « aucun projet relié à une problématique environnementale « trop politique » ou « trop chaude » n'a été réalisé jusqu'à maintenant ». De plus, Gareau (2000, p. 101) explique, en citant Hamel (1997), que « la plupart des organismes qui bénéficient d'un financement gouvernemental ont atténué considérablement la portée contestataire et subversive de leurs actions. Ce phénomène est particulièrement marqué chez les groupes environnementaux locaux qui sont aux prises avec un sous-financement ». Ainsi, le comité ZIP ne peut jouir de la même indépendance que des organismes de pression environnementaux, c'est pourquoi l'instrument permet une prise de position discrète sans opposition frontale. Cette posture n'empêche pas l'organisme de déposer systématiquement des mémoires à chacune des consultations publiques portant sur le dossier des hydrocarbures. Ces mémoires comportent des discussions sur les conditions de production de la décision plutôt que des critiques frontales sur l'annonce et la mise en place des projets.

3) L'évaluation environnementale stratégique (EES)

Du côté des instruments ponctuels mobilisés par le gouvernement québécois nous avons observé des tentatives de dépolitisation des instruments en vue d'imposer une vision du développement du territoire qui passe par la filière des hydrocarbures.

Par exemple, nous avons étudié l'« Évaluation environnementale stratégique sur la mise en valeur des hydrocarbures dans les bassins d'Anticosti, de Madeleine et de la Baie-des-Chaleurs » (EES 2, 2011). C'est un instrument commandé par le ministère des Ressources naturelles et de la faune (MRNF) qui devait normalement permettre aux différents acteurs de contribuer à la prise de décision stratégique en ce qui concerne les plans, les programmes et les politiques, en tenant compte des principes du développement durable appliqués au secteur des hydrocarbures marins[67].

Nous avons observé trois effets induits par l'instrument qui inscrivent les processus portés par l'instrument dans une logique de politisation-dépolitisation et qui posent problème.

Le premier de ces effets est que l'instrument (EES 2) a construit une problématisation particulière des enjeux qui a limité la portée de la réflexion.

---

[67] Le processus comprenait l'étape de dépôt du rapport préliminaire suivie de celle des consultations publiques et finalement du dépôt du rapport final en 2013.

En effet, le cadrage offert par l'instrument était très restreint par son objectif de « la mise en valeur » des hydrocarbures. La problématique ne portait pas sur le « pourquoi » il serait intéressant ou non de développer la filière des hydrocarbures, mais plutôt sur le « comment ». Ce type de questionnement forçait à mener la réflexion strictement en termes d'expertise scientifique et d'ingénierie et ne laissait pas la place à une réflexion sur l'opportunité ou non de développer cette filière. Le cadrage de cette EES a été établi à l'interne par le MRNF, avec l'aide d'un comité interministériel restreint et sans aucune consultation auprès de la société civile, ce qui contribue au verrouillage de sa problématique. Cela constitue également une façon de « nommer le débat », donc de désigner « ce qui est et aussi ce qui n'est pas en débat », (Blatrix, 2010, p. 230). Le choix de morceler le territoire en différents blocs pour conduire les études a également conduit à une problématisation particulière des enjeux qui empêchait de poser un regard global sur le territoire.

Le deuxième effet observé est que le choix du chargé de projet a délégitimé l'instrument et sa portée objective d'aide à la décision. Le fait que le gouvernement confie le processus d'EES à une organisation (MRNF) dont la mission comporte la mise en valeur de ressources naturelles telles que les hydrocarbures marins peut être critiqué. En plus, le fait que ces consultations et l'étude soient menées par une entreprise privée (GENIVAR) soulève également des critiques à propos de la neutralité et de la transparence d'un tel processus. Cela est d'autant plus problématique que « la pratique de l'évaluation environnementale stratégique demeure embryonnaire et expérimentale » au Québec (Gauthier et Simard, 2011, p. 57), ce qui laisse la porte ouverte à des pratiques pouvant donner lieu à de possibles conflits d'intérêts. Cette façon de procéder à renforcé les résistances dans l'instrument et à l'extérieur de ce dernier.

Le troisième et dernier effet concerne le fait que l'aspect technologique et restrictif des consultations publiques a limité la capacité des parties prenantes à réagir. Par exemple, c'est par l'entremise d'un questionnaire en ligne qu'il a été proposé aux populations côtières d'être consultées et de réagir à un rapport préliminaire d'environ 600 p. Ce questionnaire, en raison de sa très grande complexité et de sa très grande longueur, ne répondait pas aux attentes qu'ont les citoyens envers une véritable consultation publique où il aurait été possible d'entendre les différents points de vue de façon transparente. Un peu plus d'un mois a été accordé aux participants pour répondre à ce questionnaire et de s'approprier le rapport préliminaire (du 3 octobre au 18 novembre 2011). Suite à des revendications faites par des coalitions d'acteurs et organismes de pression lors des séances d'information, la période de consultation a finalement été prolongée de deux mois. Comme les citoyens ne disposent pas tous de temps, des informations suffisantes et de l'expertise nécessaire pour pouvoir donner un avis éclairé sur un tel rapport, certains d'entre eux ont pu être, de fait, exclus du processus de consultation. De plus, les citoyens ne sont pas tous outillés pour analyser et synthétiser de l'information si pointue en si peu de temps. Nous pensons que ces mécanismes tendent à automatiser le processus porté par l'EES, qu'ils dépolitisent l'action publique et qu'ils limitent l'apport d'arguments opposés au développement de ces filières[68].

4) Proposition d'une grille de lecture de la conflictualité

C'est à partir de ces mécanismes d'instrumentation que nous avons cherché à retracer l'évolution et les mouvements de la conflictualité de façon inductive. Rappelons que notre design de recherche souple a privilégié une approche diachronique et itérative (Deslauriers et Kérisit, 1997) avec des allers-retours entre notre cadre théorique et les éléments découverts sur le terrain, ce qui nous a conduit à élaborer cette grille de lecture dans un second temps.

A travers les trois instruments que nous avons analysés, nous avons pu constater que la conflictualité avait du mal à se déployer dans les instruments et qu'elle se trouvait même parfois expulsée de ces derniers. Cette conflictualité a été notamment portée par des coalitions regroupant plusieurs groupes environnementaux qui ont d'ailleurs choisi des mécanismes de résistance dans les instruments et à l'extérieur de ces derniers pour faire entendre leurs revendications. Ainsi, à la lumière des travaux de Le Bourhis et Lascoumes (2014) sur les résistances dans les instruments et aux formes, nous avons également opté pour une adaptation du modèle « exit, voice, loyalty » de Hirschman (1970). Comme l'explique Le Bourhis et Lascoumes (2014, p. 506) « Hirschman distingue trois types de comportements (exit, voice, loyalty)[[69]] dans les relations entre des usagers et des entreprises (fournitures de biens et services), modèle qui a été étendu depuis aux relations entre les usagers et les services publics ». Ce modèle a également été utilisé par Desse, Pierre et Lucien (2012) pour apporter une lecture des enjeux territoriaux suite au séisme qui a ravagé Port-au-Prince en 2010. Vu Pham et Torre (2012) ont eux aussi tiré profit du modèle de Hirschman pour mener à terme leurs analyses sur l'intégration des conflits à la décision publique. Ces derniers se sont également permis d'apporter quelques

[68] Notons toutefois que suite aux pressions exercées par les acteurs engagés, le rapport final rend compte de l'absence d'acceptabilité sociale, de la fragilité des milieux marins et du manque de connaissances actuelles sur le fonctionnement de cet écosystème.
[69] L'*exit* correspond à un détournement (un « vote avec les pieds »), le *voice* représente une prise de parole (ou protestation) et le *loyalty* correspond à un comportement loyal.

adaptations à la grille de Hirschman afin qu'elle soit plus proche de la réalité observée en proposant par exemple les notions de « voice de concertation » et de « voice de confrontation ». C'est dans cet esprit que nous avons choisi une adaption de la grille de Hirschman à la manière de Desse, Pierre et Lucien (2012). C'est à partir des instruments étudiés que nous avons pu mettre en évidence différentes manière de participer à la conflictualité. Par exemple, le CTH a permis l'expression d'un « voice concerté » c'est-à-dire, la prise de position commune à travers la demande d'un moratoire sur l'ensemble du territoire maritime du golfe du Saint-Laurent. Il s'agit d'une résistance qui se fait par l'instrument mais en douceur dans un état pré-agonistique. C'est également une position qui permet l'élargissement des espaces de « concernement » (Torre *et al.*, 2010, p. 9) en étendant la notion de moratoire au domaine maritime.

Du côté du Comité ZIP, nous avons remarqué que l'engagement dans la conflictualité s'est fait de façon plus discrète à certains moments pour exprimer un point de vue concerté mais peu agonistique. Il s'agit de trouver le juste milieu pour participer à la conflictualité, sans pour autant bousculer la philosophie de l'organisme basée sur la concertation, la neutralité, qui le place dans une posture de « loyalty ». Il s'agit d'un « voice existentiel » qui permet tout de même de participer solidairement au débat sans mettre non plus en péril les sources de financement de l'organisme.

Finalement, dans le cas de l'EES, l'instrument ne permettait pas de participer à la conflictualité, particulièrement en bloquant l'expression de points de vue divergents par le cadrage de l'instrument. Des modes de résistances se sont déployés dans l'instrument pour le faire évoluer afin que l'instrument rende compte de prises de parole plus agonistiques. Plusieurs groupes environnementaux ont tenté de faire évoluer l'instrument en utilisant des mécanismes d' « exit de détournement », c'est-à-dire en s'appropriant l'instrument et en modifiant son cadrage ou en tentant d'élargir sa portée. La conflictualité s'est aussi tournée vers l'instrument alors que plusieurs acteurs ont dénoncé la nature des EES et sa portée limitée.

Nous constatons donc que la conflictualité a du mal à se déployer dans les instruments, elle est plutôt ballottée d'un instrument à l'autre, voire étouffée. Ce sont, par exemple, les règles de fonctionnement de l'instrument (voir cas de l'EES) ou encore la manière dont les enjeux sont problématisés qui vont tenter d'évacuer la conflictualité. Toutefois, même si la plupart des instruments examinés sont peu propices à la prise en charge de la conflictualité, plusieurs mouvements populaires et coalitions d'acteurs vont continuellement se saisir de ces instruments pour les transformer en « tournois » (Lascoumes et Le Bourhis, 1998) en neutralisant l'instrument pour y réintroduire de la conflictualité. Les « tournois » sont des processus hétérogènes d'opposition (Lascoumes et le Bouhris, 1998, p. 52) qui donnent la possibilité aux acteurs d'exposer leurs arguments les uns aux autres en mettant en discussion les enjeux sous-jacents aux projets. Nous avons observé des changements relationnels tout au long de ces « tournois » avec des élargissements du réseau d'acteurs, tels que ceux mis en place sur le pourtour du golfe du Saint-Laurent. Ce travail, mené entre autres par la Coalition Saint-Laurent, aura permis de considérer le golfe du Saint-Laurent et ses ressources comme un bien commun. Ainsi, en choisissant des modes d'expressions entre « voice concerté » et « voice agonistique », la Coalition Saint-Laurent, accompagnée du réseau d'acteurs qu'elle mobilise, redessine les contours d'une gouvernance imposée. Il faut aussi noter que ces coalitions d'acteurs vont utiliser la conflictualité pour gagner des instruments plus ouverts à la participation du public et dont les règles du jeu sont connues et encadrées. C'est ainsi qu'un BAPE a été obtenu en 2004 grâce aux demandes des citoyens sur la question des levés sismiques dans le golfe du Saint-Laurent. Aujourd'hui, ils essaient de mettre en place une Commission d'examen, soit un instrument fédéral d'évaluation environnementale, qui permettrait d'évaluer les risques sur l'ensemble du golfe et de consulter toutes les provinces concernées.

III- Bilan sur le rôle et la place de la conflictualité

Ce travail nous a permis de montrer les décalages qui existent entre les cadres normatifs d'action qui préconisent un mode de gouvernance partagé et durable des milieux côtiers et une gestion effective qui favorise les intérêts du secteur privé (pétrolier) et le pilotage à distance des territoires par des instruments d'action publique ne facilitant pas le débat ou le contournant. Par ailleurs, notre analyse par l'instrumentation démontre deux tendances fortes pour évacuer la conflictualité et ainsi conduire des projets controversés. Il s'agit de mécanismes de politisation et de dépolitisation des instruments.

Dans le cas d'instrument ponctuel, le cadrage partiel des instruments (exemple de l'EES) conduit à une forme de politisation à outrance de l'instrument. Les règles du jeu de nombreux instruments ont aussi contribué à limiter la participation des acteurs ayant le potentiel de générer de la conflictualité (EES). Ces manipulations de l'instrument visent à neutraliser la conflictualité qui pourrait bloquer l'avancement des projets. La conflictualité se retrouve évacuée de l'instrument et renforcée au niveau agonistique.

En ce qui concerne les instruments permanents de concertation, le CTH a maintenu ses membres dans une position pré-agonistique. Par ailleurs, la dépolitisation peut aussi provenir de la nature même de l'instrument, qui évite la conflictualité. En effet, le comité ZIP a tenté de maintenir un état de neutralité sans parti pris. D'ailleurs, un peu comme l'explique Gareau (2013, p. 207), les processus portés par ces instruments conduisent « facilement à une impasse et mène[nt] souvent au « statu quo » ». Cet instrument a du mal à porter la conflictualité dans des états très agonistiques. Il permet toutefois de maintenir le dialogue de façon constante et identifie les moments où un « voice concerté » peut se déployer, il permet aux acteurs impliqués dans l'instrument de maintenir une posture « d'adhésion distanciée » (Rui, Villechaise-Dupont, 2005 cité par Seguin, 2015, p. 82) sans tomber dans une posture trop agonistique, voire polémique.

Ainsi donc, en politisant/dépolitisant les instruments, la conflictualité est poussée à l'extérieur des instruments, dans l'espace public. La résistance des publics cibles s'est poursuivie à l'extérieur des instruments par des « voices » de plus en plus agonistiques, voire polémiques.

Notons également que l'engagement dans la conflictualité a permis aux acteurs de développer de nombreuses connaissances et compétences en raison de l'intérêt qu'ils ont manifesté pour les différents projets, et ce, sur de multiples scènes. Un des premiers apprentissages concerne la maîtrise du vocabulaire technique ainsi que le « langage des acteurs publics » (Seguin, 2015) lié à la filière des hydrocarbures, maîtrise qui nécessite un travail complexe de vulgarisation de l'information disponible et de construction d'un savoir valide (Batellier et Sauvé, 2011, p. 55). Ce travail a permis l'élargissement des espaces de concernement en favorisant l'utilisation d'un langage entendable et crédible pour les acteurs publics et avec une efficacité politique (Seguin, 2015, p. 80 ; Fortin et Fournis, 2015, p. 130). Les acteurs ont également appris à développer des systèmes de veille informationnelle et de partage des connaissances, notamment sur les réseaux sociaux, mais aussi avec l'aide des instruments de concertation permanent (CTH). Ces efforts permettent aux acteurs d'une part « de se distinguer de posture Nimby » (Seguin, 2015, p.80) et d'autre part de développer une expertise qui devient une ressource stratégique leur permettant de faire entendre leur « voice agonistique ».

Conclusion

Notre cas nous a permis de constater que les résistances qui se sont mises en place dans, autour et envers les instruments ont donné lieu à la construction d'un bien commun territorialisé visant à reconnaitre le territoire du golfe du Saint-Laurent comme une entité unique assurant la pérennité des communautés côtières des cinq provinces qui l'entourent. Le développement de la filière des hydrocarbures est présenté comme un problème public dans le contexte des changements climatiques et ces résistances visent à revoir les modalités d'une gouvernance peu participative. Ce cas nous a également permis de confirmer l'intérêt de considérer la conflictualité comme un processus qui se construit d'un instrument à l'autre. Par ailleurs, notre grille d'analyse de la conflictualité adaptée du modèle de Hirschman nous a permis de confirmer l'intérêt de considérer la conflictualité comme un processus qui évolue en des moments plus ou moins agonistiques et de façon nuancée. Finalement, ce travail montre l'intérêt de contribuer à la recherche critique sur la GIZC afin de mieux comprendre la nature des rapports gouvernants/gouvernés sur les territoires côtiers. La GIZC peut ainsi devenir un enjeu du développement durable des territoires côtiers en favorisant ou non des usages agonistiques de la participation.

Bibliographie

Batellier, P. et Sauvé, L. (2011). La mobilisation des citoyens autour du gaz de schiste au Québec: les leçons à tirer. *Gestion, 36*(2), p. 49-58.

Billé, R. (2006). Gestion Intégrée des zones côtières: quatre illusions bien ancrées. *VertigO-La revue en sciences de l'environnement, 7*(3). Repéré à http://vertigo.revues.org/1555

Billé, R. (2009). Vers une GIL à la française ? La place la France dans le (tout petit) monde de la GIL, entre acculturation et adaptation. Dans X. Lafon et S. Treyer (dir.), *Agir ensemble pour le littoral: mobilisations scientifiques pour le renouvellement des politiques publiques,* Paris, France: La Documentation française, p. 235-253.

Blatrix, C. (2010). Chapitre 8: Concertation et débat public. Dans O. Borraz et V. Guiraudon (dir.), *Politiques publiques 2, Changer la société*, Paris, France: Presses de Sciences Po, Vol. 2, p. 213-242.

Blondiaux, L. (2008). Démocratie délibérative vs. Démocratie agonistique ?, *Raisons politiques* (2), p. 131-147.

Bobbio, L. et Melé, P. (2015). Introduction. Les relations paradoxales entre conflit et participation. *Participations, 13*(3), p. 7-33

Comité de travail sur les hydrocarbures (CTH) (22 octobre 2008). *Procès-verbal du Comité de travail sur les hydrocarbures du 22 octobre*.

Deslauriers, J. -P. et Kérisit, M. (1997). Le devis de recherche qualitative. Dans J. Poupart, L.-H. Groulx, J.-P. Deslauriers, R. Laperrière, R. Mayer et A. Pires (dir.), *La recherche qualitative: enjeux épistémologiques et méthodologiques,* Montréal, Canada: Gaëtan Morin, 3e éd., p. 85-112.

Desse, M., Pierre, J. -P. et Lucien, G. E. (2012). Trajectoires et adaptations à une crise multiple: Port-au-Prince depuis le séisme du 12 janvier 2010 au travers des concepts d'exit, voice, loyalty et apathie. *VertigO - la revue électronique en sciences de l'environnement, 12*(3). Repéré à http://vertigo.revues.org/13006

Fortin, M.-J. et Fournis, Y. (2015). Une participation conflictuelle : la trajectoire territoriale des mobilisations contre le gaz de schiste au Québec. *Participations, 13*(3), p. 119-144.
Freund, J. (1983). *Sociologie du conflit.* Paris, France, Presses : Universitaires de France.
Gareau, P. (2000). *Analyse organisationnelle d'une expérience de gestion intégrée de l'eau et de participation publique : le programme zones d'intervention prioritaire (ZIP).* (Mémoire de maîtrise), Université du Québec à Montréal, Montréal, Canada. Repéré à Météopolitique : http://meteopolitique.com/Fiches/eau/privatisation/Thematique/eau/thematiques/bassins/doc/a001.pdf
Gareau, P. (2013). *Analyse stratégique d'un type de gestion intégrée de l'eau au Québec.* Saarbrücken, Allemagne: Presses Académiques Francophones.
Gareau, P. et Lepage, L. (2005). Vers la gestion intégrée du fleuve Saint-Laurent: les défis d'une action collective. *Nouvelles pratiques sociales, 18*(1), p. 104-116.
Gauthier, M. et Simard, L. (2011). Le Bureau d'audiences publiques sur l'environnement du Québec: genèse et développement d'un instrument voué à la participation publique. *Télescope, 17*(1), 39-67. Repéré à http://uqo.ca/sites/default/files/fichiers-uqo/medias/nouvelles/article_mario_gauthier_telescope.pdf
Geertz, C. (1998) « La description dense », *Enquête* [En ligne], 6. Repéré à : http://enquete.revues.org/1443
Grima, F. et Glaymann, D. (2012). Une analyse renouvelée du modèle Exit, Voice, Loyalty, Neglect: apports d'une approche longitudinale et conceptuellement élargie. *M@n@gement, 15*(1), p. 2-41.
Hazel, F., Dorion, D., Morisset, J. et Pereira, S. (2006). La gestion intégrée de la zone côtière au Québec: un regard sur 10 ans de pratique. *VertigO-la revue électronique en sciences de l'environnement, 7*(3). Repéré à http://vertigo.revues.org/2505
Hirschman, A. O. (1970). *Exit, voice, and loyalty: Responses to decline in firms, organizations, and states.* Londres, Royaume-Uni: Harvard University Press.
Hood, C. (1990). The tools of government (public policy and politics). London: Macmillan. (1ère édition 1983).
Landry, A. (2015). Îles-de-la-Madeleine. La pêche vaut mieux que Old Harry. *Possibles*, 39(2). Repéré à http://redtac.org/possibles/files/2015/09/Petrole_vol39no2_oct2015.pdf
Lascoumes, P. et Le Galès, P. (2004). Introduction: L'action publique saisie par ses instruments, dans P. Lascoumes & P. Le Galès (dir.), *Gouverner par les instruments,* p. 11-44.
Lascoumes, P. et Le Galès, P. (2006). Instrument. Dans Boussaguet L., Jacquot, S. et Ravinet, P. (dir,), Paris, France : Presses de Sciences Po, 2e éd, p. 269-277.

Le Bourhis, J. -P. et Lascoumes, P. (2014). En guise de conclusion/Les résistances aux instruments de gouvernement: essai d'inventaire et de typologie des pratiques. Lascoumes, P., et Le Galès, P. (dir.), *L'instrumentation de l'action publique: Controverses, résistances, effets.* (p. 493-520). Paris, France: Presses de Sciences Po.
Nichols, K. (1999). Coming to terms with “integrated coastal management”: problems of meaning and method in a new arena of resource regulation. *The Professional Geographer, 51*(3), p. 388-399.
Plante, S., Boisjoly, J. et Guillemot, J. (2006). Gestion intégrée des îles habitées de l’estuaire du Saint-Laurent (Québec) et développement territorial: l’expérience de la mise en œuvre d’un comité de gestion intégrée à l’Isle-aux-Coudres. *VertigO-la revue électronique en sciences de l'environnement, 7*(3). Repéré à https://vertigo.revues.org/209
Prieur, M. (2009). Conclusion: Rapport de synthèse sur la gestion intégrée des zones côtières. *VertigO-la revue électronique en sciences de l'environnement*, (Hors-série 5). Repéré à http://vertigo.revues.org/8428
Rey-Valette, H. et Antona, M. (2009). Gouvernance et gestion intégrée du littoral: l’exemple des recherches françaises. *VertigO-la revue électronique en sciences de l'environnement,* 9(1). Repéré à http://vertigo.revues.org/8455
Seguin, L. (2015). Entre conflit et participation : double apprentissage dans un mini-public et un mouvement de contestation. *Participations, 13*(3), p. 63-88.
Simmel, G. (1995, [1908]). *Le conflit.* (Traduit par S. Muller). Paris, France : Circé.
Stratégies Saint-Laurent, (2011). Les comités ZIP. Repéré à http:// www.strategiessl.qc.ca/les-organismes/les-comites-zip
Torre, A., Aznar, O., Bonin, M., Caron, A., Chia, E., Galman, M., Kirat, T. (2006). Conflits et tensions autour des usages de l'espace dans les territoires ruraux et périurbains. Le cas de six zones géographiques françaises. *Revue d'Économie Régionale & Urbaine, août*(3), p. 415-453.
Torre, A., Melot, R., Bossuet, L., Cadoret, A., Caron, A., Darly, S., Pham, H. V. (2010). Comment évaluer et mesurer la conflictualité liée aux usages de l’espace? Éléments de méthode et de repérage. *VertigO-la revue électronique en sciences de l'environnement, 10*(1). Repéré à http:// vertigo.revues.org/9590
Yin, R. K. (1989). *Case study research: Design and methods.* Newbury Park, États-Unis: Sage Publications.

Acteurs publics et stations de moyenne montagne : regards croisés sur la mise en œuvre de politiques de diversification[70]

Coralie Achin et Emmanuelle George-Marcelpoil

Implantées en montagne depuis le début du XXe siècle, ce sont aujourd'hui environ trois cent stations de sports d'hiver qui structurent les différents massifs français. Ayant permis de redynamiser des territoires jusqu'alors confrontés à d'importantes difficultés socio-économiques, ces stations sont aujourd'hui encore présentées comme les principaux moteurs économiques de leur territoire. Cependant, l'avenir de la majeure partie d'entre elles se trouve aujourd'hui questionné, au regard de différentes évolutions conjoncturelles. Ainsi, si le tourisme hivernal a été porteur de tous les espoirs durant une trentaine d'années, la survenance d'aléas météorologiques comme l'évolution des attentes des clientèles dès le début des années 1990 tendent à estomper le mythe de l'or blanc, tout particulièrement pour certaines stations pour l'occasion qualifiées de « stations de moyenne montagne ». Pour parvenir à endiguer cette crise traversée par les communes et leurs stations, un accompagnement dédié se met en place à cette même période, co-porté par l'Etat, les régions et les départements. Jusqu'à présent systématiquement reconduits, ces dispositifs s'affranchissent toutefois progressivement d'une mise en œuvre sous la forme de « guichets », ayant conduit, dans le courant des années 1990, à l'octroi d'un soutien financier massif aux stations en vue de la pérennisation de leur activité. Bien davantage, les modalités d'intervention se renouvellent, jusqu'à voir l'adoption dans le courant des années 2000 des premières politiques de projet. Dans la continuité des lois de décentralisation de 1982-1983 en effet, ainsi que de la loi Montagne du 9 janvier 1985 et des différentes lois dites « de développement du territoire » adoptées dans le courant des années 1990, mais également sous l'influence de l'Union Européenne depuis 2006, de nouveaux instruments d'action publique sont mis en place. Entendus comme des dispositifs techniques et sociaux qui organisent les rapports sociaux spécifiques entre la puissance publique et ses destinataires en fonction de la représentation dont il sont porteurs (Lascoumes & Le Galès, 2012), ces nouveaux instruments intègrent notamment une double logique de territoire et de projet. Par là-même, il s'agit alors de renouveler les rapports entre l'Etat et les bénéficiaires des politiques d'accompagnement, en recherchant notamment un engagement direct de ces mêmes acteurs. De portée nationale, ces nouveaux principes d'action publique se transposent progressivement à l'échelon local, non sans

[70] Ces travaux sont issus d'une recherche doctorale menée dans le cadre d'une bourse CIFRE (février 2012 -février 2015) conclue avec la CCI des Vosges et ayant bénéficié d'un encadrement IRSTEA-PACTE.

de multiples adaptations et spécifications, conduisant à observer une grande diversité des modalités de mise en œuvre. Dans cette contribution, nous proposons de revenir dans un premier temps sur l'évolution des instruments de l'action publique mis en place depuis les années 1990 à destination des stations de sports d'hiver avant de questionner, dans un second temps, les effets que ces instruments entrainent sur les territoires et acteurs bénéficiaires. Pour cela, nous nous appuierons sur une analyse empirique de la mise en œuvre de la diversification dans trois stations de moyenne montagne ayant conduit à la réalisation d'une soixantaine d'entretiens semi-directifs dans trois stations de sports d'hiver : les stations de la Bresse (Vosges), du Dévoluy (Alpes) et du Sancy (Massif Central).

I- Vers une territorialisation de l'accompagnement des territoires de montagne

Traditionnellement structurée autour de l'activité agricole entraînant une occupation équilibrée de l'espace, la France connaît avec la révolution industrielle un bouleversement de son organisation : le charbon, l'acier ou encore les transports modernes apparaissent comme autant de facteurs de déséquilibre (Monod & Castelbajac, 1971) entre les régions industrialisées et celles restées en marge de cette évolution. Aussi, dès les années 1950, la nécessité de mettre en place une politique d'aménagement du territoire pour rééquilibrer la répartition des activités économiques se fait sentir. S'inscrivant dans une logique «de décentralisation d'une industrie de masse» (Angeon & Bertrand, 2009), l'Etat conduit alors une politique de valorisation des « pôles de croissance » (Perroux, 1955), appréhendés comme des moteurs du rééquilibrage économique entre Paris et le reste du territoire. Rapidement cependant, les premières limites des pôles de croissance sont observées et un glissement s'opère : désormais, le « développement des territoires » et la préservation des spécificités régionales (Guigou, 1995) deviennent le nouvel enjeu de l'aménagement du territoire.

1) Les nouveaux principes de l'action publique : d'une logique de guichet à une logique de projet

Décidée au niveau national, la politique d'aménagement du territoire trouve, avec la décentralisation, un écho particulier. En effet, si les premiers dispositifs d'accompagnement public ont, dans un premier temps, pris la forme de « guichets de subvention » (Gaudin, 2007), ceux-ci cèdent peu à peu leur place à une logique contractuelle faisant des « territoires » les cibles privilégiées à accompagner. En effet, tout autant la loi sur l'administration territoriale de la République du 6 février 1992, la loi Pasqua d'orientation d'aménagement du territoire du 4 février 1995 modifiée par la loi Voynet du 25 juin 1999, que la loi Chevènement du 12 juillet 1999 relative au renforcement et à la simplification de la coopération intercommunale, toutes instituent progressivement une logique de projet de territoire et de territoire de projet (Offner, 2006) fondée sur la coopération intercommunale et dont les pays constituent l'une des principales expressions. Témoignant de l'assouplissement des relations entre les acteurs publics et privés, les territoires sont alors présentés comme un ensemble d'acteurs publics, privés, politiques ou encore issus de la sphère civile, rassemblés par la volonté de parvenir à mettre en place des réponses à une problématique commune mais devant composer avec la pluralité des visions propres à chacun d'entre eux et l'absence de liens hiérarchiques imposant, pour leur fonctionnement, de s'appuyer sur des volontés communes. Edictés au niveau national, ces nouveaux principes d'accompagnement se diffusent progressivement vers les dispositifs d'accompagnement locaux. Ainsi, s'appropriant tout à la fois les nouveaux principes d'intervention publique et ceux relevant du développement durable, les Commissariats de massifs, les Conseils régionaux tout comme les Conseils généraux/ départementaux renouvellent leurs dispositifs d'accompagnement des stations.

Ces « nouveaux modes d'action publique » fondés sur la globalité, le partenariat et la participation (Douillet, 2003) sont par ailleurs contraints de se conformer aux principes portées par l'émergence de nouvelles préoccupations sociétales. Parmi eux, le développement durable, popularisé par le rapport Brundtland (1987), irrigue progressivement les différents secteurs d'activités. Consacré par la Conférence mondiale de Lanzarote en 1995, le tourisme durable emporte ainsi avec lui une injonction de renouveau dans les stations de sports d'hiver, dont l'une des traductions conduira au développement de pratiques d'exploitation et de gestion des stations plus respectueuses de l'environnement. Ainsi, s'appropriant tout à la fois les évolutions des instruments, celle des modalités de mise en œuvre de l'action publique ainsi que celle des principes issus du développement durable, les Commissariats de massifs, les Conseils régionaux tout comme les Conseils généraux/ départementaux renouvellent leurs dispositifs d'accompagnement des stations. Logique de territorialisation oblige, désormais ce seront des territoires plus ou moins vastes sur lesquels sont implantées une ou plusieurs stations qui feront l'objet d'une contractualisation pluriannuelle et non plus uniquement, comme cela était le cas auparavant, les stations elles-mêmes. De même, la page du renforcement de l'offre touristique hivernale est tournée et les stations sont davantage encouragées à s'inscrire dans une dynamique de diversification de leurs activités, appelant alors sans conteste une évolution des pratiques et des comportements dans les stations.

2) La montagne, une confirmation de ces objectifs de territorialisation

A l'aube des années 1990, l'accompagnement des stations de moyenne montagne par l'acteur supra-local devient une condition essentielle de leur survie. Rapidement mis en place, celui-ci s'inscrit en continuité du soutien accordé par les différents acteurs publics en faveur du développement des sports d'hiver. En effet, dans le courant des années 1960 et aux côtés du « Plan Neige » porté par l'Etat et ayant contribué au développement des plus grandes stations savoyardes, de nombreux départements et communes s'engagent dans cette aventure de l'or blanc, en prenant notamment en charge la création des voies d'accès.

Alors que la phase de construction des stations s'achève, les hivers « sans neige » 1989-90 et 1990-91 (Richard, George-Marcelpoil, & Boudières, 2010) apportent avec eux les premières difficultés de gestion. Devant l'incapacité des communes à équilibrer leurs budgets déjà lourdement endettés par le financement des infrastructures touristiques, les collectivités territoriales, au premier rang desquelles le Conseil régional de Rhône-Alpes qui fait figure de pionnier, se mobilisent, afin d'apporter leur soutien aux stations de sports d'hiver (Achin & George-Marcelpoil, 2013). S'inscrivant dans une logique de politiques de guichet ouvrant droit à un accompagnement à toutes les stations de moyenne montagne de la région, ces dispositifs ont essentiellement conduit à la fiabilisation des domaines skiables par le financement de réseaux d'enneigement artificiel, celui des retenues d'altitude ou encore certaines opérations de reprofilage des pistes visant à une gestion de la neige moins coûteuse. Mise en œuvre sur une période de six ans, cette « première » génération de politique dédiée a depuis été reconduite à deux reprises. Cette reconduction s'accompagne cependant d'une évolution des modalités d'intervention en faveur notamment de la territorialisation, tandis que les enjeux d'accès à la ressource et de préservation de l'environnement conduisent quant à eux à privilégier d'autres activités touristiques que la seule activité hivernale des domaines skiables.

Aussi, à ces politiques de guichet succèdent dans le courant des années 2000 des politiques d'une toute autre nature imposant, pour la majeure partie d'entre elles, la définition d'un territoire de projet et d'un projet de territoire. Pouvant prendre la qualification « d'Espace Valléen » dans les Alpes, de « Pôles station nature » dans le Massif Central, de « Pôles touristiques » dans les Pyrénées ou encore de « Station-vallée » dans les Vosges, ces nouveaux territoires touristiques traduisent l'impératif de s'affranchir des contours stricts des domaines skiables. En effet, longtemps restés cibles exclusives de l'accompagnement public dédié, l'heure est désormais à la réintégration des stations au sein d'un ensemble territorial plus large, intégrant a minima la ou les communes sur lesquelles se développent les domaines skiables. Cependant, si ces nouveaux principes d'intervention apparaissent transversaux aux différents contextes territoriaux, leur mise en œuvre donne lieu à une grande hétérogénéité. Certains territoires touristiques s'organisent ainsi autour d'un nombre très faible de communes tandis que d'autres se structurent à l'échelle de pays pouvant de fait inclure plus d'une vingtaine de communes. Le deuxième élément de renouveau apporté par ces nouvelles politiques vise quant à lui à s'affranchir de la mono-activité hivernale : alors que la fiabilité de l'enneigement tout comme sa durabilité sont sans cesse davantage questionnées, il s'agit désormais d'initier une réflexion autour d'une diversification des « stations de moyenne montagne », pouvant prendre la forme d'une diversification de l'offre touristique ou d'une diversification des saisons touristiques voire, dans quelques rares stations, d'une diversification de l'économie touristique conduisant à la revalorisation autour de l'activité touristique principale d'autres secteurs économiques tels l'agriculture, l'artisanat ou encore l'industrie.

De politiques de « guichet » octroyant un soutien financier en vue de la pérennisation de l'activité principale à des politiques de projet plus ou moins contraignantes en fonction des contextes territoriaux concernés et valorisant la diversification touristique, la montagne et ses stations sont ainsi confrontés depuis les années 2000 à l'évolution des instruments de l'action publique. Bien loin d'être neutres, ceux-ci contraignent au contraire les territoires et leurs acteurs à s'adapter.

II- Les effets de l'action publique : une gouvernance territoriale à renouveler

Constituant la nouvelle norme de l'action publique, les projets de territoire et territoires de projet impactent fortement les stations et territoires bénéficiaires. La gouvernance locale est alors contrainte d'évoluer, sous l'effet de l'élargissement du cercle des acteurs intervenant dans la construction d'une offre touristique diversifiée mais également du périmètre touristique de référence. Ainsi, alors que certains dispositifs vont jusqu'à faire de l'accompagnement au renouvellement de la gouvernance une priorité, il n'en demeure pas moins que l'apprentissage collectif et la prise en compte du temps long demeurent des clés essentielles de cette transition organisationnelle.

1) La gouvernance au cœur des dispositifs d'action publique

Constituant l'une des composantes des nouveaux instruments des dispositifs d'accompagnement aux stations, le projet touristique intervient comme un levier du renouvellement de la gouvernance locale. L'action de celui-ci est cependant indirecte, et découle de l'encouragement à rassembler, lors de sa formalisation puis lors des différents comités de pilotage réunis durant la période de la programmation, des acteurs intervenant tout autant dans les sphères politiques qu'économiques.

Si la dynamique insufflée se révèle, en fonction des territoires, d'intensité variable, les acteurs du Dévoluy affirment avoir tiré profit de ce qui constitua, à l'origine, une contrainte. Désormais en effet, chaque nouveau projet touristique s'accompagne de la constitution d'un comité de pilotage interne au territoire, auquel sont invités à prendre part les acteurs concernés par la thématique souhaitant être développée. Ainsi, le renforcement des liens entre les acteurs économiques, au premier rang desquels l'office de tourisme, et la collectivité témoigne d'un mode de fonctionnement renouvelé, favorisant l'implication et l'appropriation de la stratégie touristique par les différents acteurs. Si un renforcement des liens entre les acteurs s'observe véritablement, il est toutefois à noter que les réseaux d'acteurs actifs ne comportent bien souvent qu'un nombre d'acteurs limité, tenant par là-même à l'écart des réflexions de nombreux acteurs pourtant parties prenantes à l'activité touristique. Cela se ressent ainsi particulièrement à la Bresse, où certains acteurs économiques font part de leur frustration d'être tenus à l'écart de décisions orientant la stratégie de l'office de tourisme. Celles-ci apparaissent ainsi le fruit d'initiatives de la municipalité, soumises davantage à fins d'information que de validation aux différents acteurs économiques concernés. Ce renouvellement de la gouvernance par la mise en place de politiques de projet doit toutefois s'appréhender avec précaution, tant la mise en œuvre de celles-ci diffère selon les territoires. Dans le Sancy en effet, sous couvert de la mise en place d'une politique de projet, l'approche privilégiée demeure assimilable à une politique de guichet. Ainsi, alors même qu'une stratégie touristique a été réalisée à l'échelle du massif du Sancy, les référentiels communaux peinent à être dépassés et les cloisonnements perdurent. L'absence de constitution d'instances dédiées n'a en effet pas permis de consolider les premières démarches de planification touristique réalisées à l'échelle du massif.

Devant la forte variabilité des résultats obtenus par le seul recours à des politiques de projets, une intervention directe en faveur du renouvellement de la gouvernance s'affiche désormais au cœur de nombreux dispositifs d'accompagnement public. Les schémas et conventions interrégionaux de massif[71] (respectivement SIM et CIM) font ainsi de l'accompagnement des territoires à « se doter de moyens d'organisation et de gouvernance plus performants » (CIM Alpes, 2006-2013) un objectif prioritaire. La satisfaction de celui-ci s'articule autour de trois résultats escomptés : « la mobilisation de tous, une interaction entre les différents échelons et une visibilité améliorée » (SIM Vosges 2014). Malgré tout, si la gouvernance constitue ici un objectif central de ces politiques d'accompagnement aux stations, force est de constater que celle-ci ne se voit en pratique attribuer qu'une fraction marginale des budgets totaux alloués (Figure 1). En effet, la majeure partie d'entre eux a conduit au financement d'opérations de développement et d'aménagement touristiques, tandis que les interventions dématérialisées peinent à s'imposer.

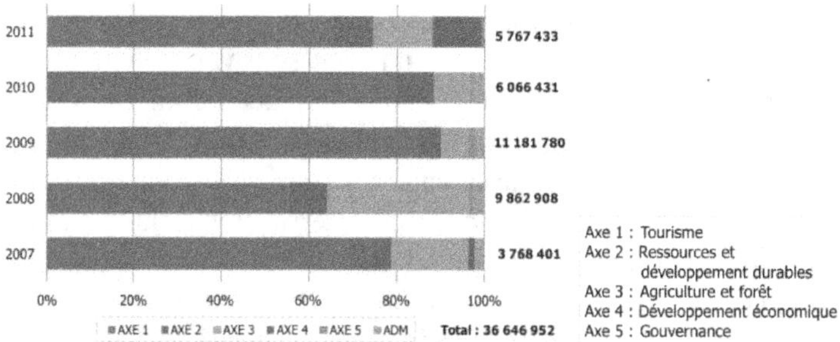

Figure 1, Evolution de la répartition des financements octroyés dans le cadre de la CIM Vosges 2007-2011. Source : Commissariat de massif des Vosges – Katalyse.

Ces difficultés, conduisant à faire du renouvellement de la gouvernance un objectif parfois secondaire, témoignent plus largement du bouleversement engendré par la territorialisation de l'action publique. Loin d'être automatique, le renouvellement organisationnel induit se heurte en effet à différentes limites que seule l'appropriation de cette territorialisation par les territoires permet de dépasser.

2) Limites et enjeux de la territorialisation des dispositifs d'accompagnement public

Se structurant théoriquement autour des principes de projet et de territoire, certaines appropriations locales de ces nouvelles politiques d'accompagnement posent question. Il n'est pas rare en effet que les acteurs supra-locaux demeurent appréhendés comme de simples financeurs

71 Rendus obligatoires par la loi du 23 février 2005 relative au développement des territoires ruraux (loi n°2005-157), les schémas interrégionaux de massif visent à élaborer une vision prospective du massif, que les conventions interrégionales de massif permettront ensuite de mettre en œuvre.

d'opérations touristiques locales. Dès lors, la question de l'opportunisme et de l'effet d'aubaine se pose, conduisant à transformer les exigences de projet et de territoire en de simples formalités préalables. A titre d'exemple, la maîtrise d'ouvrage des projets touristiques revient dans le Sancy à la communauté de communes « parce que le département comme la région nous imposent ça » avant que ceux-ci ne deviennent, dès l'achèvement de leur réalisation, des équipements communaux dont seule la commune concernée supporte alors les bénéfices tout comme les risques de l'exploitation.

Pourtant, dans le cadre d'une diversification des stations de sports d'hiver supposée valoriser d'autres ressources, le territoire de projet apparaît aisément comme une opportunité, notamment en termes de mutualisation des ressources dans les territoires concernés. Cependant, pour que les bénéfices de cette réflexion menée à une échelle territoriale puissent véritablement être ressentis, cela suppose avant tout la mise en place d'un processus d'apprentissage collectif entre les différents acteurs. En effet, fréquemment perçus comme chronophages et techniquement complexes, ces nouveaux procédés d'accompagnement public imposent aux territoires de questionner leur organisation traditionnelle ayant conduit à faire de la commune l'échelon administratif de référence. Clé du succès, la prise en compte des bénéfices du temps long apparaît alors fondamentale. Ainsi, si le Dévoluy apparaît avoir aujourd'hui intégré ces dynamiques de projet et de territoire, cela doit être mis en perspective d'une longue tradition intercommunale : alors même que le Dévoluy semble s'être aujourd'hui pleinement approprié cette modalité d'accompagnement public fondée sur les notions de projet et de territoire, allant jusqu'à créer le 1.01.2013 une commune nouvelle résultant de la fusion des quatre communes qui composaient originellement le massif géographique du Dévoluy, cela s'inscrit en continuité d'une dynamique intercommunale débutée à l'aube des années 1980. A la Bresse comme dans le Sancy en revanche, l'intercommunalité plus récente peine à dépasser les clivages et querelles ancestrales entre les communes. Aussi, bien davantage que de chercher à évaluer les effets des politiques d'accompagnement à un instant déterminé, il apparaît nécessaire de spécifier les trajectoires d'évolution de chacune des stations en mettant en parallèle dispositifs d'accompagnement public et renouvellement organisationnels locaux.

Conclusion

L'accompagnement des stations de moyenne montagne a conduit à la mise en place d'instruments d'action publique faisant la part belle à la participation et l'implication des acteurs tant publics que privés locaux. S'insérant dans un contexte d'amoindrissement des relations hiérarchiques verticales et de réduction des dépenses publiques, ces modalités nouvelles d'intervention tendent à conférer un rôle central aux acteurs locaux. Cependant, le bouleversement induit est tel que les résultats escomptés ne sont atteints qu'au prix d'une longue période d'appropriation. En effet, ces dispositifs qui se prévalent d'être plus souples que d'autres dispositifs normatifs contraignent pourtant les acteurs des territoires à construire territoire et projet touristiques. Pour ce faire, les acteurs locaux doivent se détacher de la vision court-termiste tendant à faire de la neige et de la station les uniques cibles d'attention. Cela ne se fait néanmoins pas sans résistances ni tentatives de contournements des objectifs initiaux des politiques, mais peut conduire, comme le laisse à penser l'exemple du Dévoluy, à un profond renouvellement du tissu organisationnel local.

Bibliographie

Achin, C., & George-Marcelpoil, E. (2013). Sorties de piste pour la performance touristique des stations de sports d'hiver. Tourisme & Territoires/Territories & Tourism, 3(1).

Angeon, V., & Bertrand, N. (2009). Les dispositifs français de développement rural: quelles proximités mobilisées? Géographie, économie, société, 11(2), p. 93-114.

Bruntland, H.G. (1987). Report for the World Commission on Environnement and Development - Our common future (p. 318): Rep. n° A/42/427, Rapport pour le PNUE.

Douillet, A.C. (2003). Les élus ruraux face à la territorialisation de l'action publique. Revue française de science politique, 53, p. 583-606.

Gaudin, J.P. (2007). Gouverner par contrat. Presses de Sc. Po.

Guigou, J.L. (1995). Une ambition pour le territoire : aménager l'espace et le temps. La Tour d'Aigues: Editions de l'Aube - DATAR.

Lascoumes, P., & Le Galès, P. (2012). Sociologie de l'action publique: domaines et approches: Armand Colin.

Monod, J., & De Castelbajac, P. (1971). L'aménagement du territoire. Paris: Presses Universitaires de France.

Offner, J.M. (2006). Les territoires de l'action publique locale. Revue française de science politique, 56, p. 27-47.

Perroux, F. (1955). Note sur la notion de pôle de croissance. Economie appliquée, 8, p. 307-320.

Richard, D, George-Marcelpoil, E., & Boudières, V. (2010). Changement climatique et développement des territoires de montagne : quelles connaissances pour quelles pistes d'action ? Revue de Géographie Alpine-Journal of Alpine Research, 4(98), 12.

Troisième Partie

Approches sectorielles

L'approche territoriale au service de l'action locale et régionale en matière de persévérance et de réussite scolaires au Québec[72]

Jean-Guillaume Simard, Isabelle Morin, Michel Perron, Michaël Gaudreault et Suzanne Veillette

De par leur incidence économique, sociale et sanitaire, la réussite et la persévérance scolaires des jeunes constituent des facteurs clés du développement des collectivités. Cette prise de conscience s'est effectuée au cours des années 1990, le décrochage scolaire s'affirmant progressivement non seulement comme une problématique scolaire mais également comme un problème social et un enjeu de développement territorial (Perron, Veillette et al., 1996 ; Lyson, 2005 ; Groupe d'action sur la réussite et la persévérance scolaires au Québec, 2009 ; Demi, Coleman-Jensen et al., 2010; Perron et Veillette, 2012).

Par ailleurs, de multiples composantes d'un territoire peuvent influencer les parcours scolaires des jeunes qui y résident. En effet, même si les travaux portant sur la persévérance et la réussite scolaires restent fortement associés au triptyque « élève-famille-école » (Hattie, 2009), un nombre croissant d'études, influencées par l'approche écologique (Bronfenbrenner, 1979 ; Bronfenbrenner et Morris, 2006), s'intéressent aux contextes dans lesquels les jeunes évoluent : la famille, l'école, la communauté (Ellen et Turner, 1997 ; Demi, Coleman-Jensen et al., 2010 ; Dupéré, Leventhal et al., 2010 ; Anderson, Leventhal et al., 2014). Les théories du développement des enfants soulignent d'ailleurs l'influence directe et indirecte de ces contextes dans la dynamique de la persévérance et de la réussite scolaires, en ciblant le quartier de résidence des jeunes (Caro, 2009 ; Sastry et Pebley, 2010).

Toutefois, la notion de quartier est souvent réduite aux caractéristiques socioéconomiques des familles : revenu, emploi occupé, statut matrimonial et ethnicité (Brooks-Gunn, Duncan et al., 1993 ; Sastry et Pebley, 2010). La diversité des sphères de vie des jeunes et la dynamique complexe qui les lie appellent pourtant une lecture davantage multidimensionnelle et globale du milieu de vie, ce que sous-tend le concept de territoire. L'intérêt d'une approche territoriale est d'ailleurs confirmé par certains travaux qui identifient la dotation différenciée dans l'espace comme facteur d'influence de la persévérance scolaire, notamment en lien avec l'offre scolaire (Dupéré, Leventhal et al., 2010 ; Anderson, Leventhal et al., 2014) et avec

[72] Les auteurs remercient Isabelle Tremblay et Pascal Lévesque, deux professionnels du Conseil régional de prévention de l'abandon scolaire du Saguenay–Lac-Saint-Jean (CRÉPAS), pour leur précieux travail de relecture.

l'éloignement géographique (Veillette, Perron et al., 1993 ; Chenoweth et Galliher, 2004).

L'objectif du présent chapitre est de poser un regard renouvelé sur la dynamique complexe de la persévérance et de la réussite scolaires selon un cadre d'analyse territorial, à partir d'une étude de cas illustrant les conditions et les effets de l'action locale et régionale. Dans la première section, une revue des écrits cible le rôle de l'espace en matière de persévérance et de réussite scolaires. Le concept de territoire et son intérêt afin de mieux comprendre la dynamique complexe de la persévérance scolaire sont présentés dans la deuxième section. Enfin, dans la troisième section, l'analyse territoriale sert de cadrage pour scruter à rebours un cas spécifique d'action locale et régionale en matière de persévérance et de réussite scolaires, soit celui d'un projet mené dans le secteur nord de la Commission scolaire du Lac-Saint-Jean (Québec, Canada).

I- Quartier et scolarisation : comment l'espace influence la réussite et la persévérance scolaires

L'analyse de la persévérance et de la réussite scolaires des jeunes en formation initiale en lien avec l'espace n'est pas nouvelle en soi. Plusieurs travaux se sont intéressés aux effets du quartier de résidence sur le développement des enfants et des adolescents qui y évoluent (Brooks-Gunn, Duncan et al., 1993 ; Ellen et Turner 1997 ; Leventhal, Dupéré et al., 2009). Certaines études spécifiques ont notamment montré un lien entre le quartier de résidence des jeunes et leur santé mentale (Kiff, Cortes et al., 2012), leur criminalité (Ellen et Turner, 1997), leur sexualité (Leventhal, Dupéré et al., 2009) et leur réussite scolaire (Crowder et South, 2003).

Il a été établi que l'influence du quartier sur le développement des jeunes peut être directe ou indirecte. Chez les adolescents, le quartier agit directement comme lieu de socialisation (Anderson, Leventhal et al., 2014). Chez les jeunes enfants, il agit de manière indirecte à travers les parents, l'environnement de la maison et les services leur étant destinés comme les services de garde (Ellen et Turner, 1997 ; Sastry et Pebley, 2010).

Ces recherches s'inscrivent dans une approche écologique (Bronfenbrenner, 1979; Bronfenbrenner et Morris, 2006) qui se structure autour de la reconnaissance de l'influence mutuelle des différents contextes dans lesquels interagissent les jeunes (la famille, l'école, la communauté). Ce type d'approche souligne en outre l'importance de structures sociales plus larges qui émergent au sein des quartiers et influent sur le développement des jeunes (Dupéré, Leventhal et al., 2010).

Crowder et South (2003) identifient plus spécifiquement trois mécanismes sociaux pouvant expliquer l'influence du quartier sur le développement des jeunes. Le capital social se structure autour des réseaux sociaux et culturels institués par les familles et les individus (Ellen et Turner 1997 ; Crowder et South 2003 ; Sastry et Pebley, 2010). C'est à travers ces réseaux que s'effectuent la transmission des normes sociales et la circulation de l'information, notamment à propos des possibilités de formation et d'emploi. La socialisation collective repose quant à elle sur l'hypothèse selon laquelle les normes sociales, les valeurs, les aspirations personnelles et ultimement les comportements des adolescents sont influencés par les interactions avec les adultes du quartier autres que leurs parents (Crowder et South, 2003). Ces adultes représentent ainsi des modèles de comportement en ce qui a trait aux aspirations scolaires, à la situation d'emploi ou encore aux patterns familiaux. Enfin, le contrôle social implique que, dans un quartier donné, les résidents assurent une surveillance bienveillante des comportements des adolescents. Dans les quartiers défavorisés par exemple, cette surveillance serait défaillante. De tels mécanismes sociaux à l'œuvre dans les quartiers peuvent avoir une incidence majeure sur le développement des jeunes qui y vivent et sont eux-mêmes fortement tributaires de certaines caractéristiques socioéconomiques ou culturelles des quartiers.

Certaines caractéristiques relativement bien connues des quartiers pouvant influencer le développement des jeunes et leurs parcours de vie puisent à même la notion de statut socioéconomique (SSE) (Brooks-Gunn, Duncan et al., 1993 ; Ellen et Turner, 1997 ; Leventhal, Dupéré et al., 2009 ; Sastry et Pebley, 2010). Le SSE d'un quartier fait référence à la hiérarchie sociale des individus et des familles qui l'habitent et le composent. Il est mesuré par des indicateurs socioéconomiques comme le niveau d'éducation, l'emploi occupé et le revenu familial (Caro, 2009). Mais plus encore que le SSE, c'est la dualité opposant quartier favorisé et quartier défavorisé qui sert le plus souvent de cadrage à l'analyse ; les jeunes habitant le premier type étant avantagés comparativement à ceux habitant le second, que ce soit en termes d'accès aux diverses ressources ou encore d'exposition aux divers styles parentaux (Sastry et Pebley, 2010).

La composition socioéconomique du quartier de résidence influe à divers degrés sur la réussite et la persévérance scolaires des jeunes (Brooks-Gunn, Duncan et al., 1993 ; Crowder et South, 2003 ; Sirin, 2005). Les adolescents exposés très jeunes à un faible SSE sont plus susceptibles de décrocher (Janosz, LeBlanc et al., 1997 ; Rumberger et Lim 2008) et moins enclins à poursuivre des études supérieures (Kerckhoff, Raudenbush et al., 2001). Toutefois, il importe de mentionner que les conditions socioéconomiques d'un quartier ne vont pas affecter les jeunes de la même façon : les effets sur les élèves du primaire sont plus marqués que ceux observés chez les enfants d'âge préscolaire (Leventhal, Dupéré et al., 2009). D'autres recherches soulignent qu'à ce titre, ce sont les adolescents qui sont les plus sensibles à l'effet du quartier (Steinberg et Morris, 2001 ; Anderson, Leventhal et al., 2014).

Les variables utilisées pour mesurer le SSE d'un quartier s'organisent généralement autour de quatre grands thèmes ayant un lien avec la persévérance et la réussite des jeunes : l'emploi, la scolarité des adultes, la composition des familles et l'ethnicité. En ce qui concerne l'emploi, les mesures utilisées réfèrent aux catégories d'emplois permettant de témoigner (ou non) à la fois d'un statut social élevé, d'un niveau de scolarité élevé et, par extension, d'une propension à valoriser l'éducation. À ce titre, le pourcentage de personnes qui occupent un emploi de professionnel ou de gestionnaire (Crane, 1991 ; Anderson, Leventhal et al., 2014), le revenu et les sources de revenu (Brooks-Gunn, Duncan et al., 1993 ; Sastry et Pebley, 2010) ainsi que le niveau de pauvreté (Ensminger, Lamkin et al., 1996) sont les indicateurs les plus fréquemment utilisés. La scolarité des adultes constitue un indicateur de la position sociale, de l'emploi occupé, de l'importance accordée aux études, mais également des habiletés des parents à encadrer leurs enfants dans leur cheminement scolaire. La proportion d'adultes possédant un diplôme universitaire ou encore le niveau de scolarité de la mère (Brooks-Gunn, Duncan et al., 1993 ; Anderson, Leventhal et al., 2014) sont d'utiles mesures souvent disponibles attestant du niveau de scolarisation d'un quartier donné. La composition des familles est également un indicateur des ressources disponibles en faveur du développement des jeunes, notamment en lien avec l'accompagnement et le suivi de leurs études. Les indicateurs se référant à la monoparentalité et identifiant les familles dirigées par une femme seule en sont des exemples (Brooks-Gunn, Duncan et al., 1993). Enfin, l'ethnicité est considérée comme un déterminant socioculturel étant donné les corrélations observées entre certaines communautés (hispanophones et afroaméricaines) et de faibles revenus, des taux de scolarisation moindres et des taux de criminalité plus élevés. Ainsi, les indicateurs se référant à la diversité ethnique ainsi qu'à l'immigration sont souvent mobilisés dans diverses études (Brooks-Gunn, Duncan et al., 1993; Sastry et Pebley, 2010).

Au regard des effets du cadre de vie des jeunes, les caractéristiques socioéconomiques du milieu où ils évoluent sont-elles les seules à avoir une influence sur leur développement ou leur parcours scolaire ? Le concept multidimensionnel de territoire peut-il constituer une piste pour identifier une plus grande diversité de facteurs associés à la persévérance et à la réussite scolaires supportant la démonstration de l'ancrage des comportements des jeunes dans leur milieu de vie ?

II- Le concept de territoire : un cadre d'analyse

Comme le souligne Giraut (2008, p. 57), le terme territoire est un « [...] incontournable pour toute réflexion qui porte sur l'espace, ses usages et ses dynamiques. »

Cependant, le concept de territoire est polysémique. Pour certains, il s'agit d'une surface terrestre, plus ou moins délimitée et considérée comme homogène (Lussault, 2007; Giraut, 2008). Pour d'autres, c'est un espace « local » en lien avec le paradigme du développement endogène et opposé au « global » (Lévy, 2003). Le courant de la géopolitique (principalement issu de pays anglo-saxons) emploie quant à lui le terme territoire dans un contexte politicojuridique en s'intéressant notamment au cadre administratif des institutions publiques (le découpage du territoire) et aux politiques elles-mêmes (Lussault, 2007 ; Painter, 2010), le territoire renvoyant alors, selon Giraut (2008, p. 60), « [...] à l'espace borné de l'exercice de la souveraineté [...]. » Enfin, le territoire fait référence, pour certains, à une forme d'appropriation de l'espace et évoque l'identité qui y est rattachée (Lévy, 2003). Ainsi, le territoire renfermerait une couche profonde faisant référence à la fois à son histoire, à son nom et aux revendications qui ont structuré les mécanismes de représentation de la population à son égard (Gagnon, 2005).

Quant à elle, la géographie sociale propose une définition autre du territoire : « [il] témoigne d'une appropriation à la fois économique, idéologique et politique de l'espace par des groupes qui se donnent une représentation particulière d'eux-mêmes, de leur histoire, de leur singularité. » (Di Méo, 1998) C'est cette définition du concept de territoire, applicable à une diversité de milieux de vie et d'échelles (quartier urbain, village rural, MRC périurbaine, etc.) qui a été retenue dans le cadre du présent chapitre en raison de son caractère multidimensionnel (Laganier, Villalba et al., 2002 ; Simard, 2013).

Le concept de territoire permet donc d'explorer de nombreuses facettes du milieu de vie des jeunes regroupées par les auteurs en six dimensions complémentaires, interdépendantes, dynamiques et évolutives. La dimension population s'attarde aux caractéristiques individuelles et sociales : variation de la population, scolarité, diversité ethnique, linguistique et religieuse, santé physique et mentale, criminalité, culture, loisirs, sports, bénévolat, égalité entre les genres, etc. L'environnement bâti permet de caractériser l'ensemble des ouvrages et des éléments construits par l'être humain : réseau de transport en commun, style architectural, infrastructures de communication, type de milieu (urbain, périurbain, rural), équipements publics, services, etc. Pour sa part, l'environnement naturel est composé de tous les éléments, vivants ou non, qui ne sont pas créés par l'être humain mais peuvent avoir été modifiés ou dégradés par celui-ci : topographie, cours d'eau, minéraux, flore, faune, etc. Quant à l'identité collective, elle fait référence aux éléments constitutifs du sentiment d'appartenance : représentations, valeurs, croyances, histoire, patrimoine culturel, etc., alors que l'économie concerne la production, la distribution et la consommation des ressources intellectuelles, matérielles et naturelles : revenus, secteurs économiques, emplois, dynamique économique, etc. Enfin, la gouvernance renvoie aux mécanismes mis en place pour assurer la réalisation des projets collectifs : lois, règles, politiques d'ensemble ou sectorielles, planification, jeux de pouvoir, pratiques de gestion, concertation, mobilisation, etc. Jusqu'à présent, les recherches ayant démontré l'influence du SSE des quartiers sur le développement et les parcours des jeunes se sont concentrées principalement sur deux des six dimensions du territoire : la population et l'économie. Toutefois, des travaux ont mis en évidence l'incidence d'autres facettes du milieu de vie des jeunes sur leur persévérance et leur réussite scolaires.

La dimension de l'environnement bâti peut être explorée via l'accessibilité des services, notamment les commerces, les services éducatifs ou de soutien aux parents (Ellen et Turner, 1997 ; Leventhal, Dupéré et al., 2009 ; Dupéré, Leventhal et al., 2010). Plusieurs soulignent une qualité moindre des services comme les commerces locaux et les bibliothèques dans les quartiers défavorisés (Neuman et Celano, 2001), ceux-ci étant déjà associés à une plus faible scolarisation. Dans un contexte rural, Chenoweth et Galliher (2004) soulignent que l'éloignement constitue un frein à l'accès aux études postsecondaires qui peut s'expliquer par un accès limité à l'information scolaire, notamment concernant les programmes d'études supérieures. Veillette, Perron et al. (1993) mentionnent pour leur part que l'éloignement des institutions d'enseignement et l'absence de transport organisé apparaissent comme des facteurs contribuant à diminuer les chances d'accéder aux études postsecondaires.

L'environnement naturel est une autre dimension à avoir été liée, de façon indirecte cette fois, à la réussite et à la persévérance scolaires (Chenoweth et Galliher, 2004). En effet, la dotation différenciée en capital environnemental (attraits paysagers, ressources exploitables, voies naturelles de transport) structure l'économie régionale qui à son tour influe sur la densité d'occupation des sols et sur le tissu urbain d'un milieu. Cette dotation différenciée des territoires en matière de capital environnemental influence ensuite la distribution de l'offre scolaire de formation (Lyson, 2005; Perron et Veillette, 2012).

La relation entre la dimension identitaire, la persévérance et la réussite scolaires a aussi été explorée à travers *le rôle joué par l'école dans son milieu*. En effet, dans certains milieux, l'école joue un important rôle social et culturel, devenant par exemple un lieu privilégié de rassemblement lors de la tenue d'activités sportives, culturelles et sociales (Demi, Coleman-Jensen et al., 2010). Partenaire à part entière de la communauté, l'école est alors perçue comme un outil de développement permettant de contrer le cycle de la déstructuration (Lyson, 2005; Perron et Veillette, 2012).

La gouvernance a également une influence sur la persévérance et la réussite scolaires des jeunes via, entre autres, les *politiques publiques*. En effet, lorsqu'elles sont en adéquation avec les dernières avancées scientifiques, les politiques publiques mises en place dans les domaines de la famille, de l'éducation, de l'emploi, etc. ont une influence positive sur le développement des jeunes (Odden, 1991). La fin des années 2000 a vu se développer au Québec un nouveau mode de gouvernance en matière d'éducation. Un groupe de 27 représentants de la société civile (scientifiques, gens d'affaires, enseignants, etc.) réunis au sein du Groupe d'action sur la persévérance et la réussite scolaires au Québec a alors proposé, dans le rapport *Savoir pour pouvoir* (2009), une cible de diplomation et des recommandations qui ont inspiré la politique éducative provinciale *L'école j'y tiens* (Ministère de l'Éducation, du Loisir et du Sport, 2009) rendue publique quelques mois plus tard (Doray, Prévost et al., 2011 ; Perron, 2015).

Ainsi, ces études soulignent l'intérêt d'une approche territoriale dans l'analyse de la dynamique de la persévérance et de la réussite scolaires, une approche encore très peu explorée (Hattie, 2009). Le regard territorial ouvre la porte à une analyse globale et multidimensionnelle, sans éliminer le bien-fondé de recourir dans certains cas à une analyse sectorielle ciblant une seule dimension.

III- L'approche territoriale : un regard complémentaire pour cerner l'importance de l'action locale en matière de persévérance scolaire

Pour illustrer concrètement comment l'ancrage territorial peut être un déterminant de la persévérance et de la réussite scolaires, il sera fait référence maintenant à un projet de mobilisation mené dans la région du Saguenay–Lac-Saint-Jean au début de la décennie 2000. Cette étude de cas aurait pu servir à illustrer aisément l'influence, sur la persévérance et la réussite scolaires, de plusieurs des six dimensions du territoire énoncées précédemment. C'est toutefois plus spécifiquement l'une d'elles, la gouvernance, qui retient ici l'attention, le projet illustrant le développement d'une gouvernance locale partagée et innovante en matière de soutien à la persévérance scolaire des jeunes.

1) Le projet d'action locale en bref

Initié par le Conseil régional de prévention de l'abandon scolaire du Saguenay–Lac-Saint-Jean (CRÉPAS – SLSJ)[73] à l'automne 2000, le projet Écoles-milieu s'est déroulé dans le secteur Nord de la Commission scolaire du Lac-Saint-Jean (CSLSJ) au Québec, Canada (figure 1). Ce projet est né à la suite d'une réflexion que le CRÉPAS avait entreprise quelques années plus tôt sur les liens entre les milieux à risque et l'abandon scolaire (CRÉPAS, 2001). Cette réflexion avait mené cette organisation à souhaiter mettre en place un projet-pilote afin de confirmer l'hypothèse selon laquelle l'abandon scolaire est un problème de société qui requiert des actions de prévention multisectorielles et inter-ordres d'enseignement (CRÉPAS, 2005). Le projet visait donc à soutenir un milieu à risque de la région du SLSJ dans l'élaboration et la mise en place d'actions concertées de prévention de l'abandon scolaire. Le projet Écoles-milieu s'est déroulé de 2000 à 2005, en six phases menant au développement d'une gouvernance renouvelée.

Figure 1 : Localisation du secteur Nord de la Commission scolaire du lac-Sain-Jean, Québec, Canada

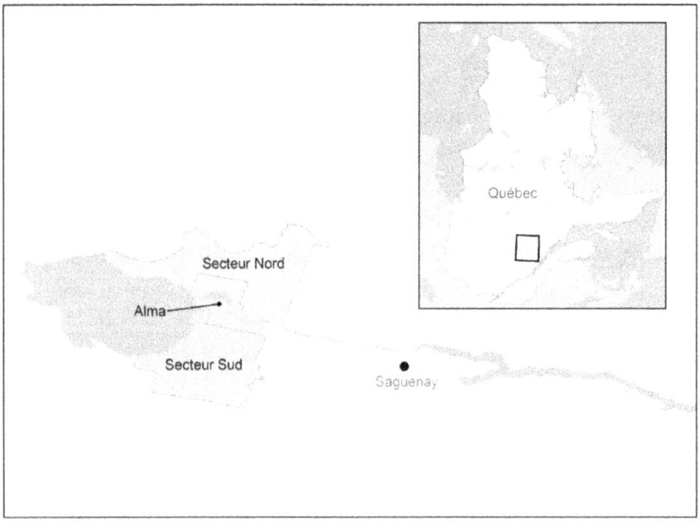

La première phase est celle du diagnostic. Elle visait à établir, au plan de la persévérance scolaire, le portrait le plus juste possible du Saguenay–Lac-

[73] Fondé en 1996, le CRÉPAS a pour mission de prévenir l'abandon des études chez les jeunes du Saguenay–Lac-Saint-Jean au secondaire, au Cégep et à l'université, par des actions concertées tant au plan local que régional. Le travail du CRÉPAS s'inscrit dans un partenariat avec la communauté ayant pour but de maintenir une vision commune de la problématique et de soutenir des actions de prévention concertées, structurantes et efficaces.

Saint-Jean. Ce travail de diagnostic a été confié au Groupe ÉCOBES[74], qui l'a réalisé en étroite collaboration avec le ministère de l'Éducation du Québec. Parmi tous les indicateurs produits par ce dernier pour témoigner du degré de scolarisation des jeunes, le Groupe ÉCOBES a choisi de dresser le portrait de situation à partir du taux de diplomation et de qualification après sept ans au secondaire, soit deux années de plus que la durée prescrite. Il fut demandé au ministère de compiler les données de cet indicateur non pas selon l'école secondaire fréquentée par le jeune comme c'était habituellement le cas à cette époque, mais plutôt selon sa municipalité de résidence lors de sa première inscription en 1re secondaire. L'extraction des données a porté sur la période de diplomation 1996-1998 qui correspond aux élèves des cohortes inscrits une première fois au secondaire de 1989 à 1991 à qui on laisse un délai de sept ans pour obtenir un premier diplôme ou une qualification. Ces trois cohortes ont été regroupées afin que les résultats soient disponibles et signifiants pour les municipalités de petite taille qui auraient autrement été privées de leur diagnostic respectif pour des raisons de-confidentialité. En effet, les règles en vigueur au ministère à cette époque ne permettaient pas de diffuser les taux de diplomation lorsque l'effectif scolaire[75] était inférieur à cinq. À la demande du Groupe ÉCOBES, les données ont été compilées pour chaque municipalité du territoire visé, et ce, pour les garçons, pour les filles et pour les deux sexes réunis.

La deuxième phase du projet est celle de l'analyse. L'objectif était alors de cibler les municipalités de la région où les taux de diplomation étaient les plus faibles. Un groupe de volontaires du CRÉPAS, le comité des priorités, a alors mandaté le Groupe ÉCOBES pour la réalisation de cartes géographiques illustrant les données du diagnostic afin de soutenir ce travail d'analyse. Les cartes régionales ainsi produites identifiaient clairement les municipalités où les taux de diplomation étaient les plus faibles. C'est ainsi que le secteur Nord[76] de la CSLSJ a été rapidement identifié, le taux de diplomation de chaque municipalité étant parmi les plus faibles du SLSJ, mais également nettement inférieurs à celui de l'ensemble du Québec (tableau 1).

---

[74] Fondé en 1982, le Groupe ÉCOBES est un organisme dédié à la recherche en sciences sociales appliquées rattaché au Cégep de Jonquière. Reconnu à titre de Centre collégial de transfert de technologie dans le domaine des pratiques sociales novatrices (CCTT-PSN) depuis 2009, ÉCOBES œuvre à l'échelle québécoise dans le domaine du développement socio-organisationnel en santé et en éducation.

[75] Les normes actuelles requièrent de masquer une donnée si l'effectif scolaire est inférieur à quinze ou si le numérateur, dans le calcul du taux, est inférieur à cinq.

[76] Le secteur Nord comprend 6 municipalités rurales à vocation forestière : Labrecque, Lamarche, L'Ascension-de-Notre-Seigneur, Saint-Henri-Taillon, Saint-Nazaire et Sainte-Monique. Au début du projet, le recensement de 2001 a dénombré 7 482 habitants dans ce secteur. Il est à noter qu'au début du projet, le territoire d'intervention comprenait également la municipalité de Delisle qui a été fusionnée à la ville d'Alma en 2001.

Tableau 1 : Taux de diplomation après 7 ans au secondaire selon le lieu de résidence des jeunes lors de leur première inscription en 1re secondaire, cohortes 1989-1991 (période d'observation de 1996 à 1998)

	Taux en %		
	Garçons	Filles	Sexes réunis
Secteur Nord	48,8	68,8	57,7
Saguenay–Lac-Saint-Jean	67,3	80,4	73,6
Ensemble du Québec	66,0	79,6	72,6

La troisième phase est celle de la sensibilisation et du développement d'une vision commune. Cette étape avait pour but de conscientiser quelques intervenants scolaires clés locaux (directeurs d'écoles et cadres de la commission scolaire) à la gravité du problème de diplomation dans le secteur Nord de la CSLSJ. Encore une fois, les cartes géographiques de diplomation ont été de précieux outils de communication et d'aide à la prise de décision. C'était aussi l'occasion de sensibiliser ces acteurs au fait que les sources du problème de l'abandon scolaire dépassent les murs de l'école et concernent l'ensemble de la communauté. Conséquemment, les solutions au décrochage scolaire doivent avoir des ancrages partout sur le territoire concerné et non seulement à l'école. Cette étape de sensibilisation a aussi permis de susciter un intérêt pour le développement d'une démarche concertée de prévention de l'abandon scolaire dans ce secteur.

La quatrième phase est celle de la planification concertée. Elle visait l'élaboration collective d'un plan d'action ayant pour but de réduire les risques d'abandon scolaire dans le secteur Nord de la CSLSJ. Une première ébauche du plan d'action a été réalisée par un comité local d'orientations en mai 2001. Cette ébauche était fondée sur une série de consultations des principaux acteurs du milieu (élèves, parents, enseignants, représentants de groupes communautaires et économiques, décideurs politiques) visant à mieux connaître leurs perceptions face à l'école et à la communauté. Ce même comité était chargé de coordonner et de planifier l'élaboration et la réalisation du plan d'action final, puis de mettre sur pied une table de concertation écoles-milieu chargée de valider et de soutenir la réalisation des actions du plan.

La cinquième phase est celle du pilotage des actions et du maintien de la mobilisation. Elle s'est déroulée au cours des années 2002 et 2003. Le plan d'action contenait 35 priorités dont la rénovation de l'école secondaire, la création d'un parc de planche à roulettes, l'embellissement d'espaces verts à proximité de l'école et la refonte des bassins scolaires. Afin de s'assurer que les actions posées répondaient adéquatement aux besoins et produisaient les résultats escomptés, mais aussi pour maintenir le niveau de mobilisation des acteurs, plusieurs comités ont été créés. Une place particulière était accordée à la concertation écoles-parents-milieu.

Enfin, la sixième et dernière phase est celle de l'évaluation. En 2005, le CRÉPAS a donné le mandat au Groupe ÉCOBES d'effectuer un bilan du projet afin de mesurer la pertinence de la démarche au regard des objectifs du projet (CRÉPAS, 2005). Ces derniers visaient le regroupement des intervenants du milieu, la mobilisation autour de la prévention de l'abandon scolaire, le soutien des intervenants face à la prévention de l'abandon scolaire et l'élaboration d'un plan d'action concerté. Le bilan souligne dans l'ensemble l'atteinte de ces principaux objectifs.

2) L'influence du projet d'action locale sur la dynamique de la persévérance et de la réussite scolaires

Le projet Écoles-milieu est rapidement devenu une vaste action locale dont les principales phases de développement prenaient ancrage dans les différentes composantes de la gouvernance : diagnostic, analyse, sensibilisation, mobilisation, planification concertée, évaluation, etc. Il reste à voir en quoi cette démarche a pu avoir une incidence directe ou indirecte sur la dynamique complexe de la persévérance et de la réussite scolaires du milieu ciblé. Certains points d'analyse sont maintenant proposés pour répondre à cette question.

Un premier élément renvoie à l'évolution du taux de diplomation avant et pendant le projet. Pour y parvenir, une analyse évolutive du taux de diplomation après 7 ans au secondaire a été réalisée. Le choix de cibler davantage les garçons s'explique par l'exacerbation de la problématique de l'abandon scolaire chez ces derniers dans le secteur Nord de la CSLSJ. Considérant le contexte économique particulier de ce territoire où prédominent des types d'emplois traditionnellement associés aux hommes dans le domaine de la foresterie, la diplomation des garçons constitue un enjeu de structuration de l'économie rurale.

L'évolution a été mesurée pour les trois milieux distincts de la CSLSJ afin de permettre les comparaisons. Il s'agit du secteur Nord où le projet a été mené, du centre urbain d'Alma et du secteur Sud[77].

[77] Le secteur Sud de la CSLSJ comprend les six municipalités à vocation agricole prédominante suivantes : Desbiens, Hébervillle, Héberville-Station, Métabétchouan-Lac-à-la-Croix, Saint-Bruno et Saint-Gédéon.

La figure 2 permet de suivre l'évolution du taux de diplomation après 7 ans au secondaire chez les garçons pour 3 périodes en particulier. Pour la première période (T1), soit celle qui prévalait avant le projet-pilote (cohortes ayant débuté leur secondaire entre 1996 et 1998), le secteur Nord affichait un taux de diplomation de 48,0 %, bien en deçà de ceux d'Alma (64,9 %) et du secteur Sud (65,5 %). La seconde période (T2), qui correspond à la phase d'intensification de l'action locale (cohortes ayant débuté leur secondaire entre 1999 et 2003), est marquée par une amélioration notable du taux de diplomation dans le secteur Nord. Celui-ci grimpe à 67,5 %, présentant un gain de près de 20 points de pourcentage. Une amélioration s'observe également dans les secteurs d'Alma et Sud pour la même période mais celle-ci est nettement moins substantielle. Pour ce qui est de la troisième période (T3), qui est associée à la fin du projet-pilote et au retrait progressif des actions de mobilisation du CRÉPAS dans le secteur Nord (cohortes ayant débuté leur secondaire entre 2006 et 2008), une baisse du taux de diplomation est observée dans le secteur Nord mais le taux surpasse tout de même celui de la première période de 7 points de pourcentage. La variation des taux de diplomation semble suivre l'intensité de l'action locale en matière de prévention de l'abandon scolaire. Mais il importe de souligner que la taille relativement restreinte des effectifs scolaires en cause peut aussi expliquer une certaine part de la variabilité des taux observée.

Figure 2 : Évolution du taux de diplomation après 7 ans au secondaire chez les garçons, pour les secteurs Nord, d'Alma et Sud de la Commission scolaire du Lac-Saint-Jean, avant (T1), pendant (T2) et après (T3) le projet

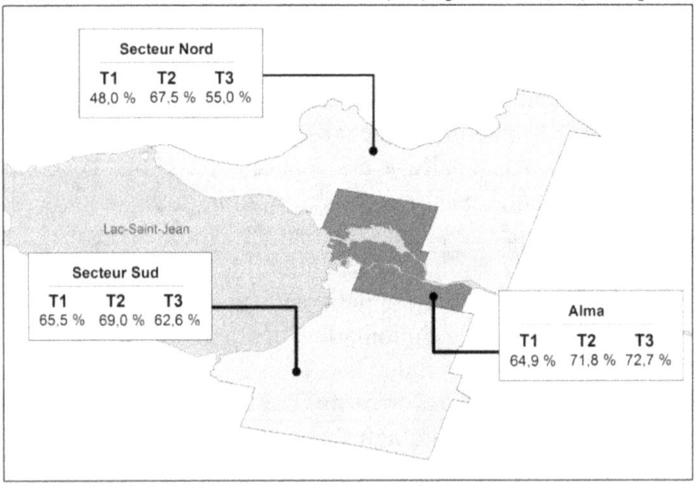

Source des données : Ministère de l'Éducation du Québec

Outre l'évolution du taux de diplomation, un autre élément d'analyse à considérer est le changement dans les perceptions de la population concernant l'école. Le bilan du projet fait état d'un changement notable des perceptions au sein de la population lié, notamment, aux travaux d'embellissement et de rénovation de l'école secondaire. Ces travaux ont participé à forger une perception positive de l'école et à développer un sentiment de fierté (CRÉPAS, 2005). Ces changements au plan des perceptions semblent avoir facilité la mobilisation au sein du milieu.

Le dernier élément d'analyse concerne une modification dans les habitudes de collaboration. Le bilan du projet souligne un renforcement du lien unissant l'école, les parents et la communauté (CRÉPAS, 2005). Ce rapprochement s'est observé tout au long du projet et s'est matérialisé en une collaboration plus forte lors de la mise en œuvre des différentes actions.

Il est impossible d'établir un lien formel de cause à effet entre le projet Écoles-milieu et l'augmentation spectaculaire du taux de diplomation pour le territoire ciblé. Cependant, les changements que le projet a apportés dans le renforcement des capacités de gouvernance locale par ses actions de mobilisation et de concertation ont eu des effets bien réels sur les perceptions des citoyens envers l'école et sur les habitudes de collaboration école-famille-communauté, deux déterminants de la persévérance et de la réussite scolaires. Ceci laisse penser que l'implantation du projet a contribué, directement ou indirectement, à l'amélioration de la diplomation dans le secteur Nord de la CSLSJ.

Conclusion

En raison de son caractère multidimensionnel, l'approche territoriale permet de multiplier les points de vue afin de mieux entrevoir toute la complexité de la persévérance scolaire. Comme souligné lors de l'analyse du projet Écoles-milieu, l'une des six dimensions territoriales à prendre en compte dans l'analyse des facteurs de persévérance scolaire est la gouvernance qui, à travers les modes décisionnels, la mobilisation et la concertation, contribue à la prévention de l'abandon scolaire.

Le modèle de gouvernance partagée axé sur la mobilisation intersectorielle et inter-ordres d'enseignement expérimenté dans le secteur Nord de la CSLSJ a été appliqué à l'ensemble de la région par le CRÉPAS qui est rapidement devenu une instance de mobilisation, de sensibilisation et de concertation régionale en matière de persévérance scolaire. Les retombées de son approche territoriale ont tôt fait d'inspirer les autres régions du Québec qui, petit à petit jusqu'en 2013, se sont toutes dotées d'instances similaires de concertation de formes et de structures variables. Les acteurs traditionnels et non traditionnels s'unissent désormais pour lutter contre l'abandon scolaire dans un vaste mouvement social québécois (Doray, Prévost et al., 2011 ; Perron, 2015).

Comme les disparités spatiales de persévérance et de réussite scolaires peuvent être liées aux modes de gouvernance en vigueur au sein des territoires, il importe désormais de trouver des façons pour mesurer adéquatement le niveau de mobilisation et de concertation des collectivités, son évolution et sa répartition dans l'espace. À ce titre, la diffusion d'informations géolocalisées et la cartographie d'indicateurs apparaissent désormais comme des instruments à privilégier en matière de gouvernance et de pilotage des interventions locales et régionales visant l'amélioration de la persévérance scolaire.

Bibliographie

Anderson, S., et al. (2014). "Exposure to Neighborhood Affluence and Poverty in Childhood and Adolescence and Academic Achievement and Behavior." Applied Developmental Science 18(3): p. 123-138.

Bronfenbrenner, U. (1979). The Ecology of Human Development : experiments by nature and design. Cambridge Harvard University Press.

Bronfenbrenner, U. and P. A. Morris (2006). The bioecological model of human development. Theoretical Models of Human Development. W. Damon and R. M. Lerner. Hoboken: p. 793-828.

Brooks-Gunn, J., et al. (1993). "Do Neighborhoods Influence Child and Adolescent Development?" American Journal of Sociology 99(2): p353-395.

Caro, D. H. (2009). "Socio-economic Status and Academic Achievement Trajectories from Childhood to Adolescence." Canadian journal of Education 32(3): p. 558-590.

Chenoweth, E. and R. V. Galliher (2004). "Factors Influencing College Aspirations of Rural West Virginia High School Students." Journal of Research in Rural Education 19(2): p1-14.

Crane, J. (1991). "The Epidemic Theory of Ghettos and Neighborhood Effects on Dropping Out and Teenage Childbearing." American Journal of Sociology 96(5): p. 1226-1259.

CRÉPAS (2001). Les milieux à risque d'abandon scolaire. Quand pauvreté, consitions de vie et décrochage vont de pair. Jonquière, Conseil régional de prévention de l'abandon scolaire du Saguenay–Lac-Saint-Jean: 22 p.

CRÉPAS (2005). Bilan des effets des intervention du CRÉPAS dans le secteur Nord de la Commission scolaire de Lac-Saint-Jean. Jonquière, Conseil régional de prévention de l'abandon scolaire du Saguenay–Lac-Saint-Jean: 37 p.

Crowder, K. and S. J. South (2003). "Neighborhood distress and school dropout: the variable significance of community context." Social Science Research 32(4): p. 659-698.

Demi, M. A., et al. (2010). "The Rural Context and Post-Secondary School Enrollment: An Ecological Systems Approach." Journal of Research in Rural Education 25(7): p. 1-26.

Di Méo, G. (1998). Géographie sociale et territoires. Paris, Éditions Nathan.
Doray, P., et al. (2011). "Usages des statistiques et actions publiques : les politiques de lutte contre le décrochage scolaire au Québec." Sociologie et sociétés 43(2): p. 201.
Dupere, V., et al. (2010). "Understanding the positive role of neighborhood socioeconomic advantage in achievement: the contribution of the home, child care, and school environments." Developmental Psychology 46(5): p. 1227-1244.
Ellen, I. G. and M. A. Turner (1997). "Does neighborhood matter? Assessing recent evidence." Housing Policy Debate 8(4): p. 833-866.
Ensminger, M., et al. (1996). "School leaving: a longitudinal perspective including neighborhood effect." Child Development 67(5): p. 2400–2416.
Gagnon, S. (2005). "Les conflits d'utilisation du sol en espace rural : un problème fondamental de différenciation régionale lié à l'occupation oisive du territoire." Territoires et fonctions - Des pratiques aux paradigmes : Les systèmes régionaux et les dynamiques d'innovation en débats. GRIDEQ et CRDT. Rimouski. 2: p. 205-216.
Giraut, F. (2008). "Conceptualiser le territoire." Historiens et géographes(403): p. 57-68.
Groupe d'action sur la persévérance et la réussite scolaires au Québec (2009). Savoir pour pouvoir : Entreprendre un chantier national pour la persévérance scolaire. Montréal, Groupe d'action sur la réussite et la persévérance scolaires au Québec: 80 p.
Hattie, J. A. C. (2009). Visible Learning : A synthesis of over 800 meta-analyses relating to achievement New York, Routledge.
Janosz, M., et al. (1997). "Disentangling the weight of school dropout predictors: A test on two longitudinal samples." Journal of Youth and Adolescence 26(6): p. 733-762.
Kerckhoff, A., et al. (2001). "Education, cognitive skill, and labor force outcomes." Sociology of Education 74(1): p. 1-24.
Kiff, C. J., et al. (2012). "Effects of Timing of Adversity on Adolescent and Young Adult Adjustment." J Res Adolesc 22(2): p. 284-300.
Laganier, R., et al. (2002). "Le développement durable face au territoire : éléments pour une recherche pluridisciplinaire." Développement durable et territoires (Dossier 1).
Leventhal, T., et al. (2009). Neighborhood influences on adolescent development Handbook of adolescent psychology J. W. Sons. Hoboken, N. J.: p. 411-443.
Lévy, J. (2003). "Territoire". Dictionnaire de la géographie et de l'espace des sociétés. J. Lévy and M. Lussault. Paris, Belin: p. 907-910.
Lussault, M. (2007). L'homme spatial. La construction sociale de l'espace humain. Paris, Le Seuil
Lyson, T. (2005). Importance of Schools to Rural Community Viability, Special report issued by the Southern Rural Development Center, in

partnership with the USDA Economic Research Service and the Rural School and Community Trust: p. 23-27.
Ministère de l'Éducation, du Loisir et du Sport (2009). L'école, j'y tiens. Tous ensemble pour la réussite scolaire. Québec, Ministère de l'Éducation, du Loisir et du Sport: 33 p.
Neuman, S. B. and D. Celano (2001). "Access to print in low-income and middle-income communities: An ecological study of four neighborhoods." Reading Research Quarterly 36(1): p. 8-26.
Odden, A. R. (1991). "New patterns of education policy implementation and challenges for the 1990s. " Education policy implementation. A. R. Odden. New York, University of New York Press: p. 297-327.
Painter, J. (2010). "Rethinking territory." Antipode 42(5): p. 1090-1118.
Perron, M. (2015). "La persévérance au Québec : enjeu de société renouvelé." Éducation Canada 55(2): p. 48-53.
Perron, M. and S. Veillette (2012). "Territorialité, mobilisation des communautés et persévérance scolaire : la diffusion d'une innovation sociale au Québec. " Les alliances éducatives pour lutter contre le décrochage scolaire. J.-L. Gilles, P. Potvin and C. T. Christinat. Berne, Peter Lang SA: p. 169-189.
Perron, M., et al. (1996). "L'inégalité d'accès aux études supérieures : des enjeux stratégiques pour le développement régional." Le Québec des régions : vers quel développement ? S. Côté, J.-L. Klein and M.-U. Proulx. Rimouski, GRIDEQ-GRIR: p. 215-238.
Rumberger, R. W. and S. A. Lim (2008). "Why Students Drop Out of School: A Review of 25 Years of Research. " California Dropout Research Project University of California (Santa Barbara). Report #15: 130 p.
Sastry, N. and A. R. Pebley (2010). "Family and neighborhood sources of socioeconomic inequality in children's achievement." Demography 47(3): p. 777-800.
Simard, J.-G. (2013). Intégration des dimensions du développement territorial durable et influence urbaine dans les municipalités rurales de deux régions du Québec. Chicoutimi, Université du Québec à Chicoutimi - Université du Québec à Rimouski. Thèse de doctorat: p. 283.
Sirin, S. R. (2005). "Socioeconomic status and academic achievement: A meta-analytic review of research." Review of Educational Research 75(3): p. 417-453.
Steinberg, L. and A. S. Morris (2001). "Adolescent development." Annual Review of Psychology 52(1): p. 83-110.
Veillette, S., Perron, M., Hébert, G., Munger, C. et J. thivierge (1993). Les disparités géographiques et sociales de l'accessibilité au collégial. Étude longitudinale au Saguenay-Lac-Saint-Jean. Jonquière, Groupe ÉCOBES du Cégep de Jonquière 163 p.

Aider les gazelles à se multiplier et se développer

Pierre-André Julien et Louis Jacques Filion

Parmi les politiques pour augmenter l'emploi et favoriser la modernisation de l'économie, une stratégie de plus en plus répandue consiste à multiplier et à soutenir les PME à forte croissance appelées aussi gazelles. Ces dernières sont à la source de la création de 45 % à 70 % des nouveaux emplois (Chanut-Guieu et Guieu, 2011). Elles contribuent fortement à l'amélioration de la compétitivité des entreprises. Elles constituent souvent des acteurs clefs dans le dynamisme des régions (Julien et St-Pierre, 2015).

L'OCDE définit les gazelles comme étant des entreprises créées depuis moins de cinq ans, qui emploient dix salariés et plus et ont cru en moyenne d'au moins 20 % par an durant trois années consécutives (OCDE-Eurostat, 2007). Leur nombre est restreint, soit entre 3 et 7 % des entreprises selon les pays et les périodes. Le besoin d'un emploi pour soi et sa famille, la recherche de l'indépendance, le statut social ou la contribution à l'économie de la région, une occasion d'affaires qui se présente et, évidemment, un meilleur revenu à moyen terme, sont toutes des raisons qui peuvent inciter des individus à créer une entreprise, et ce, sans vouloir nécessairement croître par la suite.

Ces entreprises sont en grande majorité jeunes et petites et évoluent dans tous les secteurs et non seulement dans la haute technologie (Henrekson et Johansson, 2010). Quand nous parlons de forte croissance, mentionnons que celle-ci peut être mesurée par le nombre de salariés ou par l'augmentation du chiffre d'affaires, ce qui entraîne généralement de nouveaux investissements, ce qu'on appelle la croissance organique. Mais elle peut aussi s'expliquer par l'achat ou la fusion d'une ou de plusieurs entreprises, soit la croissance externe. Nous n'aborderons pas cette dernière dimension dans ce chapitre.

Cette forte croissance est rarement continue plusieurs années de suite. Elle se produit le plus souvent par palier (Barringer, Jones et Neubaum, 2005). Une croissance rapide et soutenue requiert par la suite une période de digestion et de consolidation pour s'assurer que les résultats attendus soient au rendez-vous tout en étant contrôlés. Plusieurs autres facteurs, comme le temps nécessaire pour former une nouvelle main-d'œuvre spécialisée, ou encore la nécessité de trouver du nouveau financement, peuvent expliquer ces changements de rythme de croissance (Claveau, Perez et Prim-Allaz,, 2013).

Cette forte croissance requiert une bonne capacité à se distinguer de la concurrence par de l'innovation régulière basée sur une forte proximité avec les clients et ainsi la compréhension de leurs besoins changeants. Elle demande aussi de saisir ou de créer toutes sortes d'opportunités tout en favorisant l'ouverture de nouveaux marchés, notamment internationaux. Elle suppose des changements techniques et organisationnels successifs plus ou moins importants et ainsi toutes sortes d'ajustements dans les routines pour répondre à la clientèle nouvelle. Ce sont là les principales caractéristiques des gazelles (Moreno et Casillas, 2007).

Cette croissance accélérée demande aussi des ajustements dans l'organisation, la résolution de tensions sinon de conflits entre les anciens et nouveaux employés et la réorganisation régulière des équipes de travail. Elle demande de nouveaux équipements et du rodage de ces derniers. Elle exige aussi de l'astuce et du bricolage un peu partout dans l'organisation. Elle commande une gestion très particulière bien loin des comportements routiniers, soit une bonne orchestration des ressources pouvant ressembler à la métaphore du jazz d'improvisation, comme l'a montré Julien (2001). Elle requiert ainsi souvent une direction partagée, la délégation des tâches non critiques et une formation continue de tout le personnel de l'organisation, en somme une façon de gérer non donnée à toutes les directions d'entreprises.

Le présent chapitre a pour objectif de mieux comprendre ces gazelles ainsi que les modalités de leur croissance en vue de mieux concevoir des instruments d'action publique pour en soutenir leur développement. Nous commençons par préciser les trois freins à ce développement et à la multiplication de ces entreprises une fois qu'elles ont commencé à croître, soit d'abord la capabilité du ou des dirigeants à gérer une organisation complexe en changement rapide et soutenu, ensuite la capabilité de cette organisation à identifier et mettre en valeur régulièrement des opportunités, et enfin, le soutien du milieu et de l'écosystème pour favoriser l'innovation et la réussite de la mise en œuvre de ces opportunités. Nous aborderons ces trois éléments à partir de l'approche des ressources et compétences, soit ce concept de capabilité, c'est-à-dire non seulement la présence de ressources et de compétences nécessaires, mais aussi les capacités de les mettre en œuvre (Dosi, Nelson et Winter, 2000). Nous transposerons ces éléments en mesures pour cibler les entreprises pouvant devenir des gazelles ou ayant les capacités à croître plus rapidement. Nous terminerons par des commentaires au sujet des programmes de soutien en cours principalement dans les pays de l'OCDE (OCDE, 2010 et 2013) en mentionnant leurs limites, puisque c'est un des objectifs de cet ouvrage. Ce texte veut ainsi offrir des repères au lecteur afin d'être en mesure tant de concevoir que d'évaluer des instruments d'action publique pour mieux soutenir et consolider la croissance des gazelles.

I- Premier frein : la faible capabilité de la direction à gérer le complexe, le changement et le long terme

Ainsi, aux barrières psychologiques et économiques expliquant le faible ou le non-désir de croître pour des raisons personnelles ou familiales peut être ajoutée la perception plus ou moins claire par le dirigeant (ou les dirigeants) de l'insuffisance des ressources de son organisation pour affronter cette croissance. On trouve aussi la peur que cette croissance entraîne des réactions hostiles des concurrents susceptibles de venir affaiblir l'entreprise.

Mais le premier frein s'explique d'abord par les propres limites du dirigeant touchant ses compétences, son expérience et son leadership (Kruger et Dunning, 1999). Ce qui expliquerait qu'une équipe formée, par exemple, d'un gestionnaire et d'un ingénieur ou d'un commercial, serait plus à même de gérer une telle entreprise (Iacobucci et Rosa, 2010). Cette capabilité porte en particulier sur les difficultés à anticiper les incidents critiques pour réagir à temps ou même pour tirer des opportunités, à mesurer les risques de ces dernières, et finalement à bien anticiper le futur, notamment sur l'évolution du marché et de sa rentabilité potentielle à venir (Dowd, 2005). Elles touchent aussi les limites à diriger une organisation plus grande et en changement régulier et ainsi à gérer la complexité que celle-ci entraîne, mais aussi au pouvoir limité pour entraîner l'organisation à affronter les défis de cette croissance, capabilité non compensée par des forces au niveau de l'équipe de direction (Gruenberg-Bochard et Kreis-Hoyer, 2009).

La grande confiance qu'ont les salariés envers la direction ainsi que leur implication ont été bien notées dans les analyses sur les gazelles comme une condition pour croître rapidement. On parle aussi de partage d'une certaine passion portée par le dirigeant et ainsi pour les défis que cela apporte (Cardon et coll., 2009). Belliato et coll. (2010) expliquent que cette confiance renforcerait l'engagement et favoriserait, par conséquent, l'enthousiasme de l'organisation à soutenir la forte croissance. Chanut-Guieu et Guieu (2011) parlent de charisme, d'optimisme et de dynamisme qui seraient les traits psychologiques dominants de ces dirigeants. Barringer, Jones et Neubaum (2005) mesurent cette capabilité par un bon niveau d'éducation, soit avoir complété au moins les premières années universitaires, et par une forte expérience, notamment dans le secteur.

Une autre compétence qui paraît essentielle touche l'organisation de la recherche informationnelle, commerciale et technologique et sa transformation en connaissance conduisant aux opportunités (Grégoire, Corbett et McMullen, 2011). Elle porte aussi sur les relations avec le marché et sur les capacités à obtenir l'information tacite de clients plus à même de sentir l'évolution du marché (Pacitto, Bizeul et Julien, 2006). Ou encore, elle provient de la capacité à se garder du temps pour mobiliser ces réseaux et pour réfléchir sur le long terme afin de multiplier l'information conduisant à ces opportunités.

II- Deuxième frein : la faible capabilité de l'organisation à soutenir la recherche et la transformation de l'information en savoir et savoir-faire

La capabilité de l'organisation doit s'ajouter à celle de sa direction. Cette capabilité s'explique en premier lieu par un nombre minimal et complémentaire de ressources humaines de qualité, touchant autant l'aspect technique qu'heuristique, ce qui veut dire, à mesure que la firme grandit, de bien soigner le recrutement pour faire en sorte que les nouvelles compétences travaillent bien avec les anciennes en lien avec les équipements et dans le but de mieux répondre aux besoins changeants des clients actuels et futurs (Grimand, 2013). Le savoir et le savoir-faire du personnel doivent permettre d'obtenir l'information nécessaire à tous les niveaux de l'entreprise, de l'absorber et la transformer en innovation diffuse et en opportunités petites ou grandes pour ainsi maintenir la transformation graduelle de chaque partie de l'organisation. C'est ce qui est appelé la cognition de l'organisation (Mitchell et coll., 2007). Baron et Ward (2004) considèrent la qualité de cette cognition comme l'explication première permettant de distinguer ces entrepreneurs capables de reconnaître et de créer systématiquement les opportunités.

Cette cognition facilite l'innovation nécessaire à la croissance. Elle s'explique par la capacité de la direction à obtenir et à développer le savoir ainsi que le savoir-faire chez le personnel en favorisant les complémentarités et en accélérant l'intégration. Ainsi, ce n'est pas uniquement le nombre, les qualités et la variété des ressources humaines qui sont clefs pour distinguer les firmes capables de soutenir la croissance, mais leur combinaison particulière. C'est cette combinaison qui explique la distinction et ainsi l'intérêt des clients anciens et nouveaux pour l'entreprise qui croît, qui innove et qui saisit les opportunités. L'intégration de ces changements suppose des mécanismes de réallocation des tâches pour suivre la croissance et ainsi les changements systématiques qui s'ensuivent dans l'organisation (Séville et Wirtz, 2010). Même au-delà de la direction, la forte croissance exige la participation des équipes de salariés et, finalement, de toute l'organisation au développement de l'entreprise, selon le concept d'entreprises apprenantes et innovantes (Chell, 2001). Ceci suppose de la formation continue afin d'améliorer constamment les connaissances et la capacité de transformer celles-ci en biens et services distincts pour les clients.

Par conséquent, ce qui distingue sur le plan organisationnel les gazelles, c'est la forte capacité d'apprendre (Cope, 2005) et, par la suite, la responsabilisation de la plupart sinon de tout le personnel. La direction concentre ses efforts sur l'évaluation des facteurs qui constituent une menace pour la croissance de l'entreprise de même que sur les nouvelles opportunités de long terme (Smallbone, Leigh et North, 1995).

Cela suppose un partage avec tout le personnel de l'information sur la bonne marche de l'entreprise, sa transformation et les défis que présentent les changements dans le marché. Plusieurs actions doivent être envisagées pour maintenir cette responsabilisation bien vivante, dont la participation financière (boni ou participations diverses aux bénéfices).

Le manque de ressources peut toucher les éléments financiers, notamment au cours des premières années suivant la création, ce qui vient souvent contraindre la marge de manœuvre de la direction. Teyssier (2011) ajoute que cette question financière demande des capacités particulières pour établir cette marge, compte tenu de l'importance des investissements réguliers requis dans une entreprise qui croît rapidement.

III- Troisième frein : la faible capabilité de l'écosystème à fournir les ressources diverses et un environnement propice à cette croissance

Une bonne partie des ressources humaines de base et celles s'y ajoutant, à mesure que l'entreprise en forte croissance en a besoin, provient du milieu. Les institutions d'enseignement de la région ont donc un rôle important à jouer pour y répondre. Cette formation est d'ailleurs une des meilleures façons pour renforcer les capacités d'absorption de l'information (Hervas-Oliver et coll., 2012). Plus la direction et une partie des salariés améliorent leurs qualifications et leur expérience, plus elles profitent de formations tout au long du développement de l'entreprise, plus elles deviennent capables de trouver et de transformer l'information en innovation et en opportunité (Julien, 2003). Cette formation peut requérir une concertation entre plusieurs entreprises et diverses institutions pour répondre à leurs besoins, par la mise sur pied de programmes spécifiques. Il se peut que cette concertation soit impossible si le tissu industriel régional est trop hétérogène.

L'intervention régionale touche les ressources financières, mais aussi celles concernant la R-D. Dans le cas du capital de risque et encore plus du capital patient, surtout dans les régions qui détiennent peu de capitaux informels de proximité, le problème peut être crucial. Rappelons que ce ne sont toutefois pas les disponibilités financières qui attirent les bons projets d'entreprises dans une région, mais bien le contraire. Quant au soutien à la recherche, un tissu industriel trop disparate peut faire en sorte qu'il soit difficile de former des noyaux forts dans les centres de recherche, qu'ils soient publics ou privés, pour compléter les ressources en interne (Schmitt, 2008).

La réponse à ces besoins relève de la qualité des réseaux et des alliances formelles ou informelles entre les acteurs. Ces réseaux, notamment à signaux faibles, facilitent l'évolution et la compréhension des règles du jeu aidant à asseoir les réputations. Ils facilitent aussi la mobilisation des acteurs pour obtenir des ressources complémentaires de l'État, comme des incubateurs ou des parcs technologiques. Ils stimulent les capacités à faire face à l'incertitude par la confiance qu'ils renforcent et une certaine assurance d'obtenir l'information nécessaire chemin faisant, à mesure que l'action se déroule et que la réalité demande des ajustements. Ils favorisent le développement de regroupements d'entreprises dans les régions.

On sait que la diffusion de l'information, notamment nouvelle, et sa transformation en connaissance et en innovation augmentent généralement avec des contacts rapprochés puisqu'elle permet le développement de cette connaissance tacite. Cette dernière gagne à être partagée entre différentes entreprises en contact les unes avec les autres et avec des chercheurs et des conseillers en les amenant à travailler ensemble et à développer un langage commun ainsi que des objectifs partagés. De plus, ces interactions accélèrent l'évaluation de l'information partagée par la proximité et la confiance entre pairs, permettant d'obtenir les informations complémentaires nécessaires pour déboucher sur l'innovation et les opportunités. Sinon les connaissances ne migrent pas ou migrent mal, alors que le canal est trop étroit pour engendrer la créativité générant l'innovation.

Le réseautage et les regroupements d'entrepreneurs, et ainsi la multiplication de l'information dans les écosystèmes favorisent le développement d'une culture entrepreneuriale et du capital social permettant de multiplier les situations opportunes et de générer les ressources nécessaires pour les mettre en valeur (Molina-Morales et Martines-Fernandez, 2010). Il semble donc exister une dynamique entre les capacités créatives et innovantes du capital social dans une région et l'innovation suivie de la croissance dans les entreprises qui s'ensuit (Kwon, Heflin et Ruef, 2013). Les chercheurs ont aussi montré que la rencontre de personne à personne et la présence physique de personnes complémentaires dans des secteurs industriels à savoirs intensifs, phénomène appelé « propinquité », multiplient les effets sur l'innovation et la croissance (Whittington, Owen-Smith et Powell, 2009). Par contre, un capital social important, mais trop conservateur, peut être restrictif, comme on le voit dans certaines régions dont l'économie est axée sur les grandes entreprises offrant des postes de cadres à des entrepreneurs potentiels et des avantages pécuniaires aux salariés que les PME ne peuvent concurrencer, tout en créant des comportements de dépendance et en limitant le développement d'institutions favorables à l'essor des PME (Arbuthnott et coll., 2011).

IV- Quelques clefs pour identifier et soutenir les gazelles

La compréhension des trois freins dont nous venons de discuter permet non seulement d'identifier certaines entreprises pouvant devenir des gazelles, mais aussi de concevoir des instruments d'action publique favorisant une croissance soutenue et plus rapide des gazelles actuelles.

Dans le premier cas, pour s'assurer de ce choix, on ne peut que se baser sur le proche passé avec une croissance minimale, par exemple, de 3 à 8 % en moyenne, au cours des années précédentes (Hansen et Hamilton, 2011). On peut ajouter à ce critère l'existence d'un plan de moyen terme prévoyant comment et où se fera cette croissance, même si cette planification est plus ou moins formelle. En effet, des études ont montré que la formalisation n'apportait pas d'avantages supérieurs aux PME et pouvait même réduire leur flexibilité, celle-ci étant particulièrement nécessaire pour les changements qui pourront s'ensuivre dans des environnements qui évoluent rapidement (Johannisson, 2003).

Quant aux freins touchant la capabilité de la direction à gérer la complexité, d'abord de son organisation et ensuite de son marché et, d'autre part, la variété et la qualité du personnel pour appuyer son action, il faut retenir les entreprises comprenant un minimum de spécialités, différentes de celle du dirigeant, en plus d'un bon niveau d'expérience. La qualité du personnel de production peut être mesurée par la présence, par exemple, d'un certain nombre de techniciens et d'ingénieurs. Les formations continues suivies au cours des dernières années peuvent aussi fournir des indices. Ainsi, l'étude de Julien (2001) a montré que la masse monétaire touchant la formation chez les gazelles devait être d'au moins 3 % de la masse salariale par année pour soutenir un rythme permettant d'améliorer les connaissances dans une gazelle. Dans le second cas, on peut examiner le type de stratégie privilégiée et de marché desservi, pour voir si la production est suffisamment complexe pour attirer et satisfaire des clientèles nouvelles. Cette stratégie doit être basée sur une bonne distinction de l'entreprise, distinction qui doit toujours être renforcée. L'organisation doit être capable de répondre à des besoins spécifiques pour des clientèles disparates. Évidemment, cela est lié aux capacités à innover. Dans l'analyse de Julien (2001), une part déjà importante du chiffre d'affaires était ainsi prévue pour soutenir l'innovation, soit au minimum 2 à 3 % annuellement, en argent et en part de temps du personnel qui y participe.

Les questions doivent aussi porter sur le type de réseautage disponible et utilisé pour obtenir l'information complémentaire nécessaire au développement de l'entreprise et à la multiplication des opportunités (Gruenberg-Bochard et Kreis-Hoyer, 2009). Les questions peuvent démarrer avec la description d'une ou de quelques opportunités importantes appliquées au cours des années récentes, leur importance et les sources informationnelles qui les ont facilitées. Ceci devrait permettre de vérifier si les liens se limitent aux contacts à signaux forts tels les amis, les collègues, les clients, les fournisseurs et les équipementiers ou vont beaucoup plus loin.

Ceci doit permettre de retrouver des réseaux à signaux faibles, ou du moins d'évaluer si l'entreprise possède un minimum de contacts avec des sources d'information non traditionnelles en affaires, comme celles provenant des centres de recherche et de valorisation ou des collèges ou universités. De plus, un poids supplémentaire peut être accordé au fait que l'entreprise fait partie d'un groupement d'entreprises identifiées comme présentant un fort potentiel de croissance, démontrant ainsi qu'elle fait déjà l'objet d'un certain consensus sur son potentiel de croissance de la part des pairs. D'ailleurs, l'apprentissage par les pairs constitue un des meilleurs moyens pour se développer (Clifton et Bharadwaj Badal, 2014).

On peut aussi vérifier si l'entreprise possède une stratégie d'attraction et de rétention des ressources humaines actuelles et nécessaires à son développement (Fabi et coll., 2011). Surtout, on doit discuter avec la direction des possibilités de mieux s'associer avec des centres de recherche et universités pour parfaire leur veille technologique et soutenir leur innovation et leur recherche de situations opportunes afin d'augmenter leur distinction (Arvanitis, Sydow et Woerter, 2008).

V- Les instruments d'action publique ou de soutien à la croissance et leurs liens avec les critères de base

Dans un premier temps, nous présentons quelques commentaires généraux portant sur les programmes de soutien à la croissance, lesquels sont tirés des rapports de l'OCDE (2010 et 2013), ce dernier réalisé avec le soutien de la Danish Business Authority (OECD-DBA, 2013).). Par la suite, des instruments d'action spécifiques pour appuyer la forte croissance sont suggérés, dont certains peuvent être appliqués tant par le secteur public, semi-public que privé.

Ce rapport commente 72 programmes mis en place dans 20 pays, certains génériques et d'autres spécifiques. Deux questions majeures ont retenu l'attention des analystes : 1° La définition des critères pour sélectionner les entreprises éligibles, 2 ° L'efficacité de la conception de ces programmes. Lorsqu'il est question de rendre les programmes plus efficaces, deux moyens sont particulièrement mentionnés : a. Assurer une meilleure coordination interministérielle; b. Suggérer des réductions des fardeaux administratifs,

Parmi ces programmes, notons l'apport des *Growth Houses* au Danemark, des *Companies of Scale* en Écosse, des *Growth Accelerators* en Hollande et en Angleterre, des *Gazellensprong* ou *Sauts de gazelle*s en Flandre de même que des programmes spécifiques de soutien à la croissance des *Mittelstand* en Allemagne (Filion, 2015).

Commençons par les programmes génériques puisque certains pays comptent plus sur ces derniers que sur des politiques spécifiques pour soutenir les gazelles. Dans ces programmes, nous pouvons retenir ceux concernant le soutien à l'innovation et à l'exportation en plus de l'accès au financement, tout en les complétant parfois par des politiques spécifiques touchant la croissance selon le type d'entreprises ciblées (Bosma et Stam, 2012). Certains de ces programmes touchent l'aide à la commercialisation et à l'implantation de nouvelles opportunités de marché, ou encore l'aide pour recourir à des consultants afin de moderniser et dynamiser la gestion, en particulier du côté du marketing et des ressources humaines.

Dans le cas des stratégies orientées plus spécifiquement vers les gazelles, on peut retenir les programmes des pays nordiques (Napier et coll., 2012), telles les politiques finlandaises pour accélérer l'innovation ou encore le programme *Vinnova* suédois dont un des objectifs consiste à multiplier les liens entre les entreprises retenues et les universités.

Parmi les mesures publiques concrètes qui peuvent être offertes pour stimuler l'innovation, mentionnons le crédit d'impôt à la R-D industrielle ou au développement de nouveaux produits, l'aide à la participation à des colloques portant sur les nouvelles technologies et le développement de produits, une garantie de la marge de crédit qui, dans certains cas, pourra atteindre un pourcentage de 70 à 75 % des besoins, ou encore l'aide pour atténuer les frais à l'entrée sur le marché boursier.

Certains programmes spécifiques portent sur l'amélioration de la gestion des gazelles. Ainsi, le programme *Groeiversneller* néerlandais a pour objectif d'aider ces entreprises à mettre sur pied une planification stratégique pour mieux soutenir la croissance à long terme, tout en développant un plan de formation sur mesure visant à augmenter au sein de l'organisation les compétences nécessaires pour atteindre les objectifs tout au long des cinq années de participation au programme. Ces compétences touchent notamment la communication dans l'entreprise et l'appropriation d'une culture de changement par le personnel. On peut ajouter à ces compétences, le développement de capabilités à penser de façon projective, à gérer l'incertitude et le risque, à mieux planifier les nouveaux projets, à mieux déléguer la gestion courante dans l'organisation et à tenir compte du synchronisme entre ressources et objectifs.

Comme une des meilleures façons de former les entrepreneurs à la croissance consiste à les faire travailler en petits groupes composés de pairs, les programmes d'apprentissage pour certains pays sont liés à ces regroupements de dirigeants de firmes en croissance leur permettant d'interagir et d'échanger entre eux sur ce qu'ils font et veulent faire. C'est ce sur quoi s'appuient depuis longtemps les *Mittelstand* allemandes reconnues pour ce « maillage » d'apprentissages des dirigeants de ces entreprises.

Ces regroupements sont aussi prônés par les *startups boot camps*[78], provenant d'initiatives privées, lesquels fonctionnaient dans huit pays en 2015. Ils sont initiés et gérés par une organisation appelée *Global Innovation through Science and Technology*[79]. Ils ont comme objectif de faire travailler ensemble des groupes d'entrepreneurs non en concurrence tout en visant à développer de meilleurs réseaux d'affaires et de partages d'idées, notamment en ce qui a trait au développement international. Ces regroupements peuvent aussi porter sur la création d'alliances entre des entrepreneurs et des chercheurs (Ahuja, Polidoro et Mitchell, 2009), comme c'est le cas avec l'université canadienne de Waterloo (Nelles et Wolfe, 2008) ou encore avec les expériences universités/entreprises en France (Carré et Levrato, 2009).

Ces liens avec les universités touchent à l'importance de la recherche et du traitement de l'information, soit la question fondamentale que présente la cognition chez les gazelles. Par exemple, la philosophie *open source* qui se retrouve dans le mouvement des fab labs[80] initié au MIT dans les années 1990, a pour objectif de développer de meilleurs réseaux informationnels. Ces laboratoires implantés dans des communautés locales bénéficient d'innovations ouvertes produites en temps réel à travers un réseau international dans lequel la relation entre producteur et consommateur devient interchangeable, générant à la fois des innovations de plus en plus rapidement et des produits de plus en plus personnalisés pour chaque client. Un bon exemple de ces liens est le programme d'entrepreneur en résidence de l'Institut national d'optique (INO), situé à Québec, qui rend disponible

[78] http://www.startupbootcamp.org/sponsors.html

[79] http://gist.crdfglobal.org/gist-programs/gist-startup-boot-camp;http://gist.crdfglobal.org/about-gist ; http://www.crdfglobal.org/

[80] Un fab lab est un lieu ouvert mettant à la disposition des participants des outils de production leur permettant de mener à bien leur projet dans un esprit de communauté.

près de 200 brevets permettant de dénicher des technologies présentant d'excellentes possibilités de commercialisation ; depuis sa création en 1985, l'INO a essaimé 29 entreprises qui ont généré plus de 1 000 emplois[81].

Ces liens entre les réseaux et les gazelles passent aussi par les organismes locaux ou régionaux d'aide aux entreprises. Ces organismes peuvent fournir de l'information complémentaire et des ressources, tel du financement lorsque nécessaire pour passer à travers des périodes difficiles reliées à la forte croissance. Des fonds peuvent aussi être utilisés pour financer des projets conçus par des acteurs du milieu pour stimuler la croissance endogène systémique. C'est ce que font les *Regional Growth Funds* en Angleterre.

En terminant sur les échanges informationnels, il convient de mentionner l'apport d'experts-conseils auprès des gazelles (Angleterre et Mexique), l'aide au transfert de la R-D (Allemagne et Suède), le financement de la R-D (Chili et Brésil) ou encore la formation en gestion de l'innovation (Espagne et Belgique).

VI- Les instruments d'action publique et les soutiens aux gazelles

Que tirer de ces divers enseignements, une fois bien identifiés les gazelles à soutenir, pour l'action publique, afin de les renforcer et les multiplier ?

On peut distinguer trois types d'actions relevant tant du régional que du gouvernement central. Le premier type touche la formation, le second, l'information, et le troisième, les aides complémentaires pour leur permettre de mieux surmonter les obstacles importants qui surgissent lors de leur développement.
Du côté de la formation, les programmes dont nous venons de discuter insistent en particulier sur les nouvelles pratiques en matière de gestion, notamment pour mieux orienter celle-ci vers le moyen terme en déléguant le court terme et la gestion courante à l'organisation de façon à ainsi augmenter la participation de celle-ci à tous les niveaux de responsabilité. Cette formation doit venir tant de spécialistes invités que de l'accompagnement et des échanges entre les dirigeants avec la formation de regroupements régionaux des gazelles dans chaque région, afin qu'ils partagent leurs bons coups, en particulier quant aux meilleures façons d'appliquer les nouvelles technologies et les opportunités, ainsi que sur les moyens qu'ils ont utilisés pour mieux faire face aux obstacles.

---

81 www.ino.ca

Dans le cas de l'information, d'une part, nous avons parlé d'aider ces entreprises à se relier ou à mieux se relier à des réseaux à signaux faibles, notamment des équipes de recherches universitaires, tout en subventionnant ces équipes pour développer les moyens de favoriser le transfert de connaissance. C'est ce qui a été fait au Québec dans l'industrie de la transformation des produits de la mer (Trépanier et coll., 2013). D'autre part, nous avons insisté sur le besoin de courtage informationnel entre producteurs et utilisateurs en ce qui a trait à l'information à rendre disponible aux parties concernées. Ce courtage est géré par les intervenants gouvernementaux en régions afin d'améliorer le niveau qualitatif de l'information véhiculée : s'assurer qu'elle atteigne les clientèles visées, qu'elle soit compréhensible et comprise. Encore ici, les échanges d'expériences dans les regroupements d'entreprises peuvent être très efficace pour améliorer la veille technologique et commerciale.

Enfin, nous avons souligné deux périodes plus cruciales dans la vie des gazelles, soit celle touchant le manque de liquidité quand les nouveaux investissements prennent plus de temps que prévu pour générer un bon retour sur investissement, et celle portant sur l'ouverture internationale ou un développement important de ce côté (Bessière et coll., 2015). Il importe par ailleurs de retenir que la plupart des projets de développement international requièrent du temps, souvent beaucoup de temps, pour se rentabiliser. L'État doit donc prévoir de l'aide tant financière que l'apport des organismes nationaux (consulats, missions, etc.) installés dans les pays ciblés afin d'en atténuer les obstacles.

Conclusion

L'importance du milieu ou des systèmes régionaux de développement pour soutenir la croissance des firmes est considérée comme cruciale par plusieurs chercheurs, tels Phelps (2007) et Isenberg (2010). La forte croissance ne repose pas uniquement sur les épaules des entreprises, elle est grandement facilitée par l'appui de l'écosystème, en particulier par une complémentarité des compétences au sein de ces dernières, notamment en conseil, en R-D et en réseautage, ce que des chercheurs comme Napier, Rouvinen et Johansson (2012) ou encore Janssen (2011) appellent des écosystèmes dynamiques régionaux interentreprises. C'est ce sur quoi insistent aussi d'autres études, telles celles d'Henrekson et Johansson (2010), ainsi que de Mason et Brown (2013). Pour Isenberg (2010), il s'agirait là de l'orientation la plus prometteuse pour comprendre et intervenir sur le phénomène de la forte croissance. À ce titre, ce chercheur met en garde contre le fait d'agir à la pièce en ignorant les liens entre les différents éléments expliquant la forte croissance et l'importance du milieu dans lequel vivent ces entreprises. Ceci suppose, d'une part, une connaissance des ressources disponibles et de leur complémentarité dans les régions ou dans l'écosystème des entrepreneurs concernés, et d'autre part, la qualité des intervenants, qualité reposant sur leur connaissance des besoins de chaque firme, en reliant ces derniers selon leurs spécialités et affinités, les amenant à échanger leurs connaissances et leurs sources informationnelles.

Mais pour que ces interventions soient efficaces, elles ne peuvent toutefois se contenter de recourir aux seules sources locales ou régionales. Sachant qu'il arrive rarement sinon jamais que ces ressources recoupent tous les besoins des firmes locales, quels que soient leurs secteurs et leurs spécialisations. Elles doivent être alimentées par d'autres sources plus larges. Pour que cela fonctionne plus facilement, il faut mettre sur pied, par exemple, un système de recherche des sources d'information technologique et commerciale disponibles dans les centres et les équipes de recherche des collèges et des universités. De plus, il faut développer au niveau gouvernemental un groupe de courtage informationnel aidant à relier par extranet les intervenants et les entreprises aux meilleures sources disponibles pour finalement multiplier les liens entre les besoins des entreprises et les connaissances nouvelles (Lorentzen, 2008 ; Huggins, Johnston et Stride, 2012).

Pour conclure à propos des gazelles et du soutien public, il faut ajouter que les chercheurs ne s'entendent pas sur l'importance à donner tant aux politiques qu'aux programmes de formation génériques par rapport à ceux spécifiques, probablement à cause de la grande diversité des uns et des autres. Ainsi, Isenberg (2010), de même que Mason et Brown (2013), pense que les politiques entrepreneuriales génériques auraient à la longue un meilleur impact sur les PME à forte croissance que celles spécifiques. Henrekson & Johanson (2010) recommandent quant à eux que des efforts soient déployés au sein des écosystèmes régionaux afin de synchroniser les régimes institutionnels intervenant au niveau des phases de démarrage et d'expansion des jeunes entreprises, permettant ainsi une plus grande flexibilité ; ces écosystèmes seraient toutefois plus risqués et plus lents à se rentabiliser, en comparaison des régimes routiniers qui participent à leur stabilité.

Cette analyse explique finalement que la croissance est un phénomène complexe qui requiert un degré élevé de cohérence à l'égard d'une culture de forte croissance tant dans les régions que dans les écosystèmes des entrepreneurs concernés. Elle demande de respecter la philosophie et la trajectoire des dirigeants qui veulent croître en améliorant leur façon de penser de façon prospective tout en générant des apprentissages requis pour y parvenir. Ceux qui veulent vraiment croître arrivent à trouver les ressources de même que les appuis pour y parvenir. Mais c'est la pertinence, la profondeur ainsi que la vitesse de leur apprentissage qui fera la différence. Ces objectifs peuvent être soutenus, aidés et même stimulés par l'État. Tout cela demande toutefois du temps, des ressources, des expertises et la volonté de s'engager à long terme. Un tel environnement repose sur la coordination graduelle des entrepreneurs engagés dans des réseaux, mais aussi sur les appuis d'un large éventail d'organismes et d'institutions, tels que les intervenants régionaux ainsi que les institutions d'enseignements et les universités. Bref, l'intervention gouvernementale au profit des gazelles doit faire l'objet d'un contrat entre plusieurs instances, notamment dans une alliance tripartite entre l'État, le partenariat régional pour le développement économique (public ou privé), et les entreprises concernées.

Bibliographie

Ahuja, G., F. Polidoro Jr. et W. Mitchell (2009). Structural homophily or social asymmetry? The formation of alliances by poorly embedded firms. Strategic Management Journal, vol. 30, p. 941-958.

Arbuthnott, A., J. Eriksson, S. Thorgren et J. Wincent (2011). Reducened opportunity for regional renewal: The role of rigid threat responses among a region's established firms Entrepreneurship and Regional Development, vol. 23, n° 7-8, p. 603-635.

Arvanitis, S., N. Sydow et M. Woerter (2008). Do specific forms of university-industry knowledge transfer have different impacts on the performance of private enterprises? An empirical analysis based on Swiss firm data. Journal of Technology Transfer,vol. 33, no 5, p. 504-533

Baron, R. A., et T. B. Ward (2004). "Expanding entrepreneurial cognition's toolbox: Potential contributions from the field of cognitive science." Entrepreneurship Theory and Practice vol. 28, no 6, p. 553-573.

Barringer, B.R., F.F. Jones et D.O. Neubaum (2005). A quantitative content analysis of the characteristics of rapid-growth firms and their founders. Journal of Business Venturing, vol. 20, n° 4, p. 663-687.

Belliato E., C. Champagne, I. Prim-Allaz et M. Séville (2010). L'effet de levier de la confiance sur l'engagement dans l'hypercroissance durable des PME. Communication présentée au congrès de l'AIMS, Luxembourg.

Bessière, V., M. Gomez-Breysse, K. Messeghem, A. Ramaroson et S. Samut (2015). Les déterminants de la croissance des essaimages académiques, Revue Internationale PME, vol. 28, no 3-4, p. 37-64

Bosma, N., et E. Stam (2012). Local policies for high-employment growth enterprises. Rapport préparé pour le programme OCDE/DBA international workshop on « High-growth firms : local policies and local determinants », Copenhague, 28 mars 2012.

Cardon, M.S., J. Wincent, J. Singh et M. Drnovsek (2009). The nature and experience of entrepreneurial passion. Academy of Management Review, vol.34, no 3, p.511-532.
Carré, D. et N. Levrato (2009). Place et rôle des PME dans la dynamique de l'innovation. Ou quand les politiques de soutien aux entreprises font système. Revue internationale PME, vol. 22, n° 1, p. 47-79.
Chanut-Guieu C. et G. Guieu (2011). Stratégie et structuration des trajectoires d'hyper croissance des PME. Une étude de cas comparative. Management & Avenir, n° 43, 36-55.
Chell, E. (2001). Entrepreneurship: Globalization, Innovation and Development. Londres, Thompson Learning.
Claveau, N., M. Perez et I. Prim-Allaz, (2013). Vers une différenciation des trajectoires de forte croissance. Revue internationale PME, vol. 26, n° 3-4, p. 117-139.
Clifton, J. et S. Bharadwaj Badal (2014). Entrepreneurial Strenghts Finder. New York: Gallup Press.
Cope, J. (2005). Toward a dynamic learning perspective of entrepreneurship, Entrepreneurship Theory and Practice, vol. 29, n° 4, p. 373-397.
Dosi, G., R.R. Nelson, et S.G. Winter, (Eds.) (2000). The nature and dynamics of organizational capabilities. Oxford University Press.
Dowd, K. (2005). Measuring Market Risk. 2nd ed., West Sussez, England, Wiley and Sons Ltd.
Fabi, B., R. Lacoursière et L. Raymond (2011). Processus de fidélisation des employés : une analyse structurelle de certaines variables sous-jacentes. Dans P. Paillé (dir.), La fidélisation des ressources humaines : approches conceptuelles et recherches empiriques. Québec, Presses de l'Université Laval.
Filion, L.J. (collectif) (2015). Croissance et soutiens à la croissance d'entreprise. Montréal : JFD Éditions.
Grégoire, D.A., A.C. Corbett et J.S. McMullen (2011). The cognitive perspective in entrepreneurship: An agenda for future research, Journal of Management Studies, vol. 48, n° 6, p. 1443-1477.
Grimand, A. (2013). La gestion des ressources humaines dans les PME en hypercroissance: frein ou levier ? Revue internationale PME: vol. 26, n° 3-4, p. 89-115.
Gruenberg-Bochard, J., et P. Kreis-Hoyer (2009). "Knowledge-etworking capability in German SMEs: a model for empirical investigation." International Journal of Technology Management, vol. 45, n° 3-4, p. 364-379.
Hansen, B. et R.T. Hamilton (2011). Factors distinguishing small firm growers and non-growers. International Small Business Journal, vol. 29, n° 3, p. 278-294.

Henrekson, M. et D. Johansson (2010). Gazelles as job creators: a survey and interpretation of the evidence. Small Business Economics, vol. 35, no 2, p. 227-244.
Hervas-Oliver, J.L., J. Albors-Garrigos, B. de Miguel et A. Hodalgo (2012). The role of firm's absorptive capacity and the technology transfer process in cluster: How effective are technology centres in low-tech clusters? Entrepreneurship & Regional Development, vol. 24, n° 7-8, p. 503-522.
Huggins, R., A. Johnston et C. Stride, (2012). Knowledge networks and universities: Locational and organizational aspects of knowledge transfer interactions. Entrepreneurship & Regional Development, vol. 24, n° 7-8, p. 475-502.
Iacobucci, D., et P. Rosa (2010). The growth of business groups by habitual entrepreneurs: The role of entrepreneurial teams. Entrepreneurship Theory and Practice, vol. 34, n° 2, p. 351-377
Isenberg, D. J. (2010). How to start an entrepreneurial revolution. Harvard Business Review, vol. 88, n° 6, p. 40-50.
Janssen, F. (2011). La croissance de l'entreprise. Une obligation pour les PME ? Bruxelles, Éd. de Boeck.
Johannisson, B. (2003). « La modernisation des districts industriels. Rajeunissement ou colonisation managériale? », Revue internationale P.M.E., vol. 16, n° 1, p. 11-42.
Julien, P.A. (2001). Les PME à forte croissance et la métaphore du jazz. Comment gérer l'improvisation de façon cohérente. Revue internationale PME, vol. 14, no 3-4, p. 129-161.
Julien, P.A. (2003) Les PME à forte croissance : l'exemple de 17 gazelles dans 8 régions du Québec. Québec : Presses de l'Université du Québec.
Julien. P.A. et J. St-Pierre (2015), Dynamiser le développement régional par l'entrepreneuriat. Mesures et clefs pour agir, Québec, Presses de l'Université du Québec.
Kruger, J. et D. Dunning (1999). Unskilled and unaware of it. How difficulties in recognising one's own incompetence lead to inflated self-assessments. Journal of Personality and Social Psychology, vol. 77, n° 6, p. 1121-1134.
Kwon, S.W., C. Heflin et M. Ruef (2013). Community Social capital and entrepreneurship. American Sociological Review, vol 78, p. 980-1008.
Lorentzen, A. (2008). Knowledge networks in local and global space. Entrepreneurship & Regional Development, vol. 20, n° 6, p. 533-545
Mason, C. et R. Brown (2013). Creating good public policy to support high-growth firms. Small Business Economics, vol. 40, n° 2, p. 211-225.
Mitchell, R. K., L. W. Busenitz, B. Bird, C. M. Gaglio, J. S. McMullen, E. A. Morse et J. Brock-Smith (2007). The central question in entrepreneurial cognition research 2007. Entrepreneurship Theory and Practice, vol. 31, n° 1, p. 1-27.

Molina-Morales, F.X. et M.T. Martines-Fernandez (2010). Social network : effects of social capital on firm innovation. Journal of Small Business Management, vol. 48, n° 2, p. 258-279.
Moreno, A.M. et J.C. Casillas (2007). High-growth SMEs versus non-high-growth SMEs: a discriminant analysis. Entrepreneurhip and Regional Development, vol. 19, n° 1, p. 69-87.
Napier, G., P. Rouvinen et D. Johanson (2012). The Nordic growth entrepreneurship review. Nordic Innovation Report, n° 25.
Nelles, A.J. et D.A. Wolfe (2008). Knowledge, innovation and institutions: Global and local dimensions of the ICT cluster in Waterloo, Canada. Regional Studies, vol. 42, n° 1, p. 105-115.
OCDE (2010). High-Growth Enterprises: What Governments Can Do to Make a Difference, OECD Studies on SMEs and Entrepreneurship. Paris, OCDE.
OCDE (2013). Réformer les politiques relatives au secteur des entreprises pour récolter les fruits de la mondialisation, dans Études économiques de l'OCDE : Pays-Bas 2012, Éditions OCDE.
http://dx.doi.org/10.1787/eco_surveys-nld-2012-4-fr
OECD-DBA (2013). An international benchmarking analysis of public programmes for high-growth firms. Prepared by the OECD Local Economic and Employment Development Programme and Danish Business Authority.
Pacitto, J.C., P. Bizeul et P.-A. Julien (2006). Les moyennes entreprises pratiquent-elles le marketing ? Une exploration franco-québécoise. Management & Avenir, n° 11, p. 28-38.
Phelps, E.S. (2007). Macroeconomics for a modern economy. The American Economic Review, vol.97, n° 3, p.543-561.
Porter, J. (2008). Entrepreneurship and Higher Education. Paris, OCDE.
Schmitt, C. (dir.) (2008). Université et entrepreneuriat. Nancy, Presses de l'Université de Nancy.
Séville, M. et P. Wirtz (2010). Caractéristiques et dynamique de l'équipe dirigeante dans une jeune entreprise en hypercroissance. Revue internationale PME, vol. 23, n° 3-4, p. 43-70.
Smallbone, D., R. Leig, et D. North (1995). "The characteristics and strategies of high growth SMEs." International Journal of Entrepreneurial Behavior & Research, vol. 1, no 3, p. 44-62.
Teyssier, C. (2011). L'influence du dirigeant de PME sur les décisions financières en contexte d'hypercroissance. Revue de la littérature et illustrations. Revue internationale PME, vol. 24, n° 3-4, p. 11-48.
Trépanier, M., G. Abdul-Nour, J. St-Pierre et P,-A. Julien (2013), «Renforcement des capacités d'innovation des transformateurs des produits de la mer», Rapport d'analyse présenté au MAPAQ et à l'AQIP, juin, 45 p.
Whittington, K.B., J. Owen-Smith et W.W. Powell (2009). Networks, propinquity, and innovation in knowledge-intensive industries. Administrative Science Quarterly, 54, p. 90-122.

Renaissance culturelle d'un territoire industriel : Musée Louvre-Lens

Corinne Baujard

« Inimaginable ! », tel était le premier mot du président de la République, en décembre 2012, à son arrivée sur le site du nouveau musée Louvre-Lens situé à 200 kilomètres de Paris, à 40 kilomètres de Lille et à 20 kilomètres d'Arras. Ce musée bâti dans une région en crise a bénéficié de l'aménagement du bassin minier Nord-Pas de Calais. C'est un bâtiment de verre signé par l'agence japonaise Sanaa, construit autour de deux terrils, érigé avec les déchets pierreux de l'extraction. Depuis son ouverture, son directeur, qui espérait 500 000 entrées en moyenne par an, a accueilli plus de 1,4 million de visiteurs[82] ; « plus de la moitié sont de la région Nord Pas de Calais ». Ce faisant, le double objectif de démocratisation culturelle et d'appropriation par la population de cette nouvelle institution muséale contribue à modifier l'image de la ville et à dynamiser l'économie locale. L'exposition de plusieurs centaines d'œuvres lui permet également de renouveler le regard porté par le public sur ses collections, alors que le projet d'aménagement des réserves du Musée parisien du Louvre vers Lens doit consolider progressivement l'ancrage du musée national dans cette région.

Si les territoires misent sur les musées et l'attractivité touristique qu'ils suscitent pour se dynamiser, le développement économique peut aussi constituer un levier pour la restauration d'une image d'un lieu ou d'une région (Bosseboeuf, 2013). Les musées encouragent l'implication de la population (guide Louvre-Lens, 2014, p. 15). Le développement économique du territoire profite aussi de l'identité culturelle auprès de visiteurs qui apportent des ressources aux hôtels, aux restaurants ou d'autres lieux dans la région.

Si les objectifs de la politique culturelle sont tournés vers la protection du patrimoine, les instruments de l'action publique varient selon les régions. La décentralisation culturelle de l'Etat en faveur des régions concerne de plus en plus la création des antennes de musées nationaux.

Les modes de gestion de la culture peuvent prendre la forme d'un établissement public de coopération culturelle, d'un groupement d'intérêt public, d'une délégation de service public ou de contrats de partenariats. L'instrument d'action publique est un « dispositif à la fois technique et

---

82 Loi de Finances 2015, culture patrimoines, transmission des connaissances, le Louvre-Lens constitue la « colonne vertébrale de l'action territoriale » de l'établissement public, p. 23.

social qui organise des rapports sociaux spécifiques entre la puissance publique et ses destinataires en fonction des représentations des significations dont il est porteur » (Halpern, Lascourmes et Le Galès, 2014, p. 17). Cette approche en termes d'instruments de l'action publique relève de l'analyse des politiques publiques de leur influence sur les dispositifs territoriaux (Lascournes, 2004).

La RGPP (révision générale des politiques publiques), devenue la MAP en 2013 (modernisation de l'action publique) en 2013, puis la GBCP en 2016 (gestion budgétaire et comptable publique), permettra au ministère de la culture de confier le pilotage des finances publiques aux grands musées afin de faciliter l'évaluation de la mise en œuvre des grands projets. La reconfiguration des musées autour du statut d'établissement autonome contribue largement aux mesures décidées dans le cadre de la modernisation des objectifs stratégiques pour atteindre une plus grande efficacité des politiques culturelles. Si l'établissement public est doté de l'autonomie financière permettant un compromis entre la souplesse de gestion et le rattachement à une collectivité publique, c'est la catégorie d'établissement public de coopération culturelle (EPCC) qui répond le mieux à la volonté d'instituer un outil d'intervention adapté aux politiques culturelles afin d'organiser un partenariat entre l'Etat et les collectivités territoriales (loi 2006-723 du 22 juin 2006 autorisant les EPCC à créer un service public culturel).

La rénovation culturelle d'un territoire industriel trouve son origine dans la politique publique du territoire (Bodolec, Baujard & Spérandio)[83]. On observe une grande diversité de modalités qui sont fortement conditionnées par leur environnement géographique.

Après la loi du 17 janvier 2014 sur la modernisation de l'action publique territoriale, les métropoles (Rennes, Bordeaux, Toulouse, Nantes, Brest, Lille, Rouen, Grenoble, Strasbourg et Montpellier, Grand Paris, Aix Marseille) interviennent désormais dans la promotion internationale des territoires. La loi relative à la nouvelle organisation territoriale de la République réduit le nombre des régions de 22 à 13 et transforme l'architecture des compétences des différents échelons territoriaux afin d'assurer une meilleure prise en compte des besoins. Les pratiques territoriales envisageables au sein des activités culturelles peuvent modifier l'image de la ville. Les dispositifs territoriaux constituent des événements en matière de politiques culturelles. Les collectivités territoriales dépendent des

---

[83] Bodolec, Baujard, Sperando (2015), Proximité géographique et performance territoriale, *De nouvelles coopérations pour de nouvelles solidarités*, Colloque Arihme, Lille,, 26-27 novembre.

valeurs qui fondent leur implantation géographique (Baujard, 2013). La tendance est à la création de quartiers culturels ou de districts culturels qui consistent à rapprocher sur un même territoire des entreprises culturelles dans un projet d'extension du territoire (Greffe, 2003). On observe ainsi des dynamiques culturelles. Le rapport de l'inspection générale des finances (2013) montre la corrélation entre le musée et l'impact économique dans une nouvelle conception territoriale[84]. Les musées français sont devenus de véritables centres culturels conscients de ne plus être de simples espaces d'exposition.

A partir du Musée Louvre-Lens, nous étudierons la décentralisation culturelle. La région s'est mobilisée pour faire revivre le site minier donnant la priorité au public en exposant dans des espaces conviviaux qui ne sont pas reliés au fonds permanent. Le public connaît le musée selon différentes approches pour appréhender la visite. Il y a un renversement, puisque les collections ne constituent pas l'essentiel de la visite. C'est la fréquentation qui devient la question centrale, ce qui déséquilibre la recherche, la préservation : « C'est une chose d'accueillir le public, c'en est une autre de comprendre nos besoins et de tenter de dialoguer avec nous » (visiteur). En quoi le musée Louvre-Lens peut-il constituer un instrument de renaissance territoriale ? La culture peut-elle aider la reconversion du territoire industriel ? Quel est le rôle du musée dans la stratégie du territoire ?

Nous examinerons tout d'abord, l'héritage muséal au regard du développement culturel (I), la philosophie du projet Louvre-Lens sur un territoire industriel (II). Puis, à partir d'une démarche ethnographique, complétée par des observations participantes et de nombreux entretiens auprès des visiteurs (III), nous discuterons la transformation de la ville de Lens (IV).

I- Patrimoine et développement territorial

Les projets muséographiques se sont multipliés ces dernières années : Pompidou-Metz, Confluences-Lyon, Musée des civilisations de l'Europe et de la Méditerranée (Mucem-Marseille), Louvre-Lens ou Soulages-Rodez sont autant de chantiers culturels qui concernent les transformations du territoire. Dans toutes ces villes, l'investissement culturel est pensé comme un moyen non seulement de renouveler les ressources locales, mais aussi de revitaliser l'image de la ville. La loi du 27 janvier 2014 de modernisation de l'action publique territoriale et d'affirmation des métropoles définit l'équilibre du territoire autour des conditions du développement

[84] Rapport de l'Inspection Générale des Finances (2013), L'apport de la culture à l'économie, décembre, Documentation Française.

économique, culturel et social. La région conserve le développement économique, le département garde l'aménagement territorial. Le tourisme est une compétence partagée entre la région, le département et la commune. Ce programme ministériel de modernisation et de simplification intervient en réaction aux réserves sur la transformation statutaire déployée sans tenir compte de l'activité économique.

A Metz, le Centre Beaubourg inauguré en 2010 est un établissement public de coopération culturelle qui expose quelque 400 œuvres par roulement et présente au public des expositions artistiques de la création contemporaine. La communauté d'agglomération Metz-Métropole en a financé la construction, soit 70 millions d'euros, alors que le budget de fonctionnement (10 millions d'euros) est partagé entre la région Lorraine [désormais Grand Est] (4 millions d'euros), l'Etat (1 million d'euros), Metz-Métropole (4,6 millions d'euros) et la Ville de Metz (400 000 euros). Les recettes estimées sont de l'ordre de 1 million d'euros par an. La ville espère un changement d'image dans une région marquée par des restructurations industrielles et militaires. La publicité lancée au moment de l'ouverture de l'exposition « Picasso, Dali et Warhol » faisait la promotion de la ville, notamment à travers une affiche promotionnelle : « Je m'installe à Metz ». Elle annonçait clairement les principaux objectifs de l'opération : susciter un nouvel intérêt pour la ville, encourager les activités économiques et attirer de nouveaux habitants.

A Marseille, le Musée des Civilisations d'Europe et de la Méditerranée (MuCEM), inauguré en 2013, présente l'évolution de l'humain dans la société dont le budget est estimé à 175 millions d'euros (dont 130 à la charge de l'Etat), il constitue un élément majeur pour Marseille, capitale européenne de la culture. Installé dans le Fort Saint Jean depuis 2013, le musée s'inscrit dans une perspective de contacts autour des différents ports de la méditerranée, en France et à l'étranger.

A Rodez, le Grand Rodez inauguré le 30 mai 2014, est un musée de France qui se consacre au peintre-sculpteur et graveur Pierre Soulages, né à Rodez même en 1919 (21 millions d'euros, 80 000 visiteurs annuellement). Il devrait permettre de développer le tourisme aveyronnais. Le projet culturel et scientifique de la donation Pierre Soulages expose depuis mai 2014 les différentes peintures sur papier et vitraux de sa création.

A Lyon, le musée des Confluences, inauguré en 2014, est un musée de France, d'histoire naturelle et des sociétés, porté par le Conseil général [désormais départemental] du Rhône, il participe à une politique d'animation sociale dans cette ancienne zone industrielle. Le projet architectural, conçu par CoopHimmelb, s'articule entre cristal et nuage et interroge l'histoire de l'humanité. Depuis son ouverture au public, le musée met en œuvre des scénographies en collaboration avec des auteurs de spectacles musicaux et théâtraux.

A Lens, le musée du Louvre-Lens s'inscrit dans un paysage minier avec une ambition de transformer la ville industrielle en territoire culturel. C'est un établissement public de coopération culturelle à caractère administratif autonome lié au Louvre par une convention scientifique et culturelle. Les partenaires publics sont le conseil régional du Nord-Pas-de-Calais, le département du Pas-de-Calais, la communauté d'agglomération de Lens-Liévin, la ville de Lens et le musée du Louvre. Le Louvre-Lens s'inscrit dans une logique de redynamisation du passé industriel. Sa construction est évaluée à 150 millions d'euros, avec quelque 500 000 visiteurs attendus. Le projet se présente avec un cahier des charges, rédigé par le Louvre, alors que le maître d'ouvrage est la région Nord Pas de Calais qui a réussi à y associer le département et la ville de Lens. La communauté d'agglomération de Lens-Liévin a mis à disposition le terrain. Le musée a été intégré dans un projet global au sein de l'association Euralens, rassemblant tous les acteurs institutionnels et économiques de la région, afin de rénover les cités minières et d'intégrer davantage la métropole lilloise sur le territoire disposant d'une organisation localisée d'entreprises (Labourdette, 2014, p. 112).

Dès la Renaissance, les princes italiens collectionnaient des tableaux qu'ils présentaient aux voyageurs et aux artistes de leurs palais au sein de galeries. En France, dès le XVIe siècle, François 1er collectionne les œuvres qu'il expose au sein du cabinet des tableaux. Henri IV fait construire ensuite la grande galerie du Palais du Louvre. Dès la Révolution française, la conservation du patrimoine public avait inspiré la loi du 18 octobre 1792 qui ouvre à tous le Muséum central des Arts du Louvre destiné à recueillir les collections royales et les biens confisqués au clergé. Au XIXe siècle, le musée moderne s'est imposé en tant qu'espace public d'un lieu commun pour les visiteurs, participant à l'élaboration d'une représentation culturelle démocratique, enrichie des œuvres prélevées dans toute l'Europe par les armées révolutionnaires. L'exposition permanente de collections s'étendait à tous les arts, à l'histoire et aux sciences et techniques afin de témoigner du progrès et de la modernité.

Le musée moderne n'a pourtant été véritablement créé que par l'arrêté Chaptal du 14 fructidor de l'An IX (1er septembre 1801) qui privilégiait la conservation des œuvres. Dès cette époque, il bénéficie de soutiens privés de la part de collectionneurs passionnés d'art qui étaient soucieux de démocratiser l'accès aux collections royales. Nés de cabinets particuliers ou de trésors ecclésiastiques, les objets sont abrités au sein de châteaux, palais ou édifices culturels. Leur protection a longtemps relevé de dispositions législatives ou réglementaires éparses, à l'exception notable des collections des musées des Beaux-arts (1945) ou d'Histoire naturelle (1948).

En France, la IVe République a renforcé les possibilités de défendre le patrimoine muséal en prévoyant dans le préambule de la Constitution du 27 octobre 1946 (alinéa 9) que « tout bien, toute entreprise, dont l'exploitation a ou acquiert les caractères d'un service public national ou d'un monopole de fait, doit devenir la propriété de la collectivité ». La Ve République a précisé, dès le décret n° 59-889 du 24 juillet 1959 relatif à l'organisation du ministère chargé des Affaires Culturelles, qu'il s'agissait désormais de rendre accessibles les œuvres capitales de l'humanité au plus grand nombre possible de Français, d'assurer la plus vaste audience à notre patrimoine culturel (art. 1). La loi n° 2002-5 du 4 janvier 2002 précise que chaque musée doit « conserver, restaurer, étudier et enrichir ses collections, les rendre accessibles au plus large public, concevoir et mettre en œuvre des actions d'éducation et de diffusion visant à assurer l'égal accès de tous à la culture, et contribuer au progrès de la connaissance et de la recherche, ainsi qu'à leur diffusion » (art. 2). Le musée est un lieu de « témoignages matériels et immatériels des peuples et de leur environnement (visant à) rendre ce patrimoine culturel accessible au plus grand nombre et à porter la culture française au-delà des frontières » (ICOM statut adopté par International Council of Museums le 27 août 2007 à Vienne).

Aujourd'hui, le Conseil International des musées (ICOM-Unesco) définit le musée comme une « institution permanente, sans but lucratif, au service de la société et de son développement, ouverte au public et qui fait des recherches concernant les témoins matériels de l'homme et de son environnement, acquiert ceux-là, les conserve, les communique et notamment les expose à des fins d'études, d'éducation et de délectation ». L'Icom est une organisation internationale représentant les musées et les professionnels. Ce conseil se caractérise par une gouvernance mondiale hiérarchisée qui rassemble 35000 membres, organisé en comités qui représentent 136 pays et territoires[85].

En 2015, il existe 1 220 Musées de France[86] répartis sur l'ensemble du territoire. 5 % de ces musées appartiennent à l'Etat, 82 % relèvent des collectivités territoriales, 13 % de personnes morales de droit privé à but non lucratif. Les plus célèbres musées de France (Le Louvre, Orsay, Guimet,

---

[85] http://icom.museum/L/2, consulté le 5 janvier 2014.

[86] Il a fallu attendre la loi n° 2002-5 du 4 janvier 2002 (intégrée au Code du patrimoine en 2004), pour qu'un véritable statut des « Musées de France » voie le jour : « toute collection permanente composée de biens dont la conservation et la présentation revêtent un intérêt public et organisée en vue de la connaissance, de l'éducation et du plaisir du public ».

Versailles) figurent parmi la quarantaine de musées nationaux et sont sous la tutelle du ministère de la culture et de la communication. Ils ont souvent le statut d'établissement public administratif. Certains bénéficient d'un statut autonome comme le centre Pompidou ou les Arts premiers du quai Branly. Ils ont la responsabilité de leurs acquisitions, de leurs programmations d'exposition et de la gestion de leur personnel. Ils prennent la forme de service à compétence nationale et sont responsables du budget de fonctionnement que le ministère leur attribue chaque année (RMN-Grand Palais).

Selon le département des études de la Prospective et des Statistiques du ministère de la Culture et de la Communication, la part de la culture dans le PIB représente 2,7 % du PIB dans l'économie[87]. Le patrimoine génère 8,1 milliards, ce qui montre que l'Etat est le principal acteur de la culture qui a rapporté à l'économie française 57,8 milliards de valeur ajoutée par an. L'intervention de l'Etat compte pour 13,9 milliards et celle des collectivités territoriales pour 7,6 milliards d'euros en 2013[88]. L'Etat ne prend pas en considération les retombées économiques indirectes « afin de déployer une vision cohérente d'un ensemble d'activités qui participent de l'attractivité des territoires et de la capacité de notre société à mieux organiser le « vivre ensemble ». (Directeur du Louvre-Paris, 2012, AFP). En effet, un investissement culturel est un moyen d'attirer des investissements pour des chantiers de développement territorial. L'impact économique du Louvre-lens est estimé à 42 millions d'euros au cours des douze premiers mois. 61 % des restaurateurs et hôteliers déclarent avoir constaté un impact positif lors de l'implantation du musée et 42 % déclarent une hausse de leur chiffre d'affaires depuis l'ouverture du musée. Sur 100 visiteurs, un tiers passe une nuit dans la région, 56 % se restaurent sur place et 48 % profitent de leur déplacement pour visiter un autre musée. 175 emplois directs et 220 emplois touristiques ont été créés[89].

Il est toujours délicat de prendre la mesure des retombées économiques de la production de services des collectivités locales dans l'animation des activités patrimoniales (Greffe, 2003). Ces données montrent les difficultés d'évaluer l'apport de la culture au territoire tant les modalités de l'évaluation peuvent constituer un instrument de gouvernance. Le musée ne se limite pas à un patrimoine hérité du passé. C'est un système social où les visiteurs interrogent les savoirs en lien avec le territoire.

---

[87] Projet de loi de finances 2016, rubrique culture.
[88] Rapport de l'inspection des finances et de l'inspection des affaires culturelles, déc. 2013.
[89] Journal, Lensinfo métropole des Lensois n° 32, juillet/août 2014, p. 7.

II- Philosophie du musée du Louvre-Lens

Le Louvre-Lens (150 millions d'euros, 60 % Région Nord- Pas-de-Calais, 20 % Europe, 6 % département, 6 % Communauté d'agglomération de Lens-Liévin et ville de Lens, 5 % mécénat, 4% Etat)[90] est né d'un partenariat entre le musée Louvre-Paris et la région. Il est venu s'installer dans une région ou plus de 40 musées de France existaient déjà, s'adressant à la fois à un public local et à un public touristique. Le Louvre Paris apporte des œuvres issues des collections nationales, la région Nord Pas de Calais avec l'appui du département Pas-de-Calais, la ville de Lens ainsi que la communauté d'agglomération de Lens-Liévin (qui a mis à disposition les terrains) se sont chargées de trouver des financements. Le projet a été intégré dans un plan d'urbanisme global au sein de l'association Euralens conçu sur le modèle de la société Euralille pour rénover les cités minières avec la volonté d'intégrer les deux terrils recouverts de végétation qui composaient le paysage.

Le Louvre-Lens est un établissement public de coopération culturelle à caractère administratif fondé par le conseil régional du Nord-Pas de Calais, le département du Pas-de-Calais, la communauté d'agglomération de Lens-Liévin, la ville de Lens et le musée du Louvre. Il s'agit d'un établissement autonome lié au Louvre par une convention scientifique et culturelle. Ce nouveau musée « passe notamment par l'organisation d'expositions du Louvre « hors les murs » … « C'est le prolongement du musée que de s'ouvrir à tous » (Conférence de presse du Directeur du Louvre, 20 janvier 2010, AFP). Il ne s'agit pas d'un musée comme un autre : il est construit dans le Pas de Calais, territoire marqué par l'héritage minier. Il s'agit d'une reconnaissance qui doit changer le regard dans un parcours décloisonné. « En termes de changement de territoire, très marqué par son passé minier, beaucoup de visiteurs ont découvert le musée pour la première fois » (Entretien directeur Louvre-Lens, 2013, AFP).

L'originalité repose sur le choix d'une présentation du patrimoine exposé. « Simplicité, transparence et fluidité dans un écrin sobre pour un parcours original » Saana, architecte japonais. La galerie du temps expose des œuvres du Louvre mais présentées de façon nouvelle. Au lieu qu'il y ait des salles individuelles, on va avoir un grand fleuve d'œuvres que l'on va remplir d'un monument architectural dans lequel les œuvres vont se multiplier » (directeur Louvre-Lens, 4 décembre 2013). Les œuvres exposées ont été sélectionnées par les conservateurs des huit départements du Louvre.

[90] Plateforme Euralens, Partager les connaissances pour accompagner la transformation du territoire autour du Louvre-Lens, www.missionbassinminier.org.

Exposition au sein de la galerie du temps :

La grande Galerie accueille des expositions de 200 œuvres sélectionnées par les départements du Louvre-Paris conçues pour cinq années La rotation de ce patrimoine constitue la collection permanente du musée Louvre-Lens. Certaines oeuvres partiront pour être remplacées par d'autres. Toutes les œuvres sont exposées dans un seul espace, selon une logique chronologique qui permet au visiteur de rencontrer l'histoire de l'art, de l'invention de l'écriture de la Mésopotamie du 4e millénaire avant notre ère jusqu'à la révolution industrielle au milieu du 19e siècle où débute l'exploitation charbonnière à Lens. Ainsi, dans la galerie du temps, on se déplace dans le temps et dans l'espace. On part de la Mésopotamie avec le prince Gudéa, puis on évolue vers les origines de la Méditerranée avec les idoles des Cyclades. Les objets du département sont des œuvres spectaculaires qui donnent des jalons de notre civilisation. On poursuit avec la Civilisation de l'Oxus en Asie centrale. Puis l'Orient ancien au temps de Babylone, ville intellectuelle sur tout l'occident, l'Egypte des grands temples. Puis, l'art des cités présentant un Koros de Paros. L'empire assyrien en Anatolie centrale. L'empire perse. La Grèce préclassique de l'époque d'Alexandre le Grand émerge avec l'époque hellénistique qui théâtralise la double nature du sujet. Le Moyen Âge expose des œuvres byzantines jusqu'aux origines de l'art chrétien. La civilisation de l'Islam qui s'étend de l'Italie à Byzance donne un autre regard sur l'époque gothique qui marque le développement du christianisme. On voit apparaître l'islam au 7e siècle dans son dialogue avec l'Europe dont l'apogée de l'Orient islamique établit des rencontres entre les civilisations de l'Orient et de l'Occident. Les temps modernes de l'humanisme de la renaissance marquent les arts et les lettres. Le monde n'est plus dieu mais l'homme. L'Europe baroque et le classicisme français au temps des lumières où l'émotion se loge dans Raphaël, Goya et Ingres C'est une histoire où les œuvres dialoguent entre elles. Les correspondances se tissent. Le musée appartient à l'histoire de l'humanité (guide Louvre-Lens, 2014, p. 33).

Par ce projet, le musée parisien encourage la démocratisation culturelle. Le public de ce « Louvre autrement » devient au fil du temps de plus en plus important avec la Galerie du temps qui est un parcours chronologique L'idée est d'aller vers de nouveaux publics tout en utilisant le musée comme un moyen de créer un nouveau dynamisme économique. « Un lieu qui ouvre un autre regard sur les collections du Louvre : ouvert, transparent et proche des visiteurs » (entretien directeur du musée Louvre-Lens, Le Monde du 4 avril 2013). Le musée se déploie sur vingt hectares de pelouse, il assure la transition avec un parc paysager autour de trois espaces d'exposition : la grande galerie, le pavillon de verre et la galerie des expositions temporaires. La grande galerie « Voyage à travers l'histoire de l'humanité jusqu'en

1950 » au cœur de la Galerie du temps (3000 m2) a un sol en béton ciré autour de lamelles qui apportent une lumière naturelle grâce à un verre feuilleté dépoli et des panneaux de bois recouverts qui évitent les ombres et les reflets. Dès son ouverture, Le directeur du musée du Louvre attend un public européen et international.

D'où le choix de Lens qui s'est imposé. « Il y aurait pour moi deux échecs. Le premier serait que la population du Nord-Pas-de-Calais ne s'approprie pas le musée. Le second que les visiteurs du Louvre n'aient pas envie de venir » (émission Radio France Inter, 3 décembre 2012, enregistrée). Ce qui différencie le Louvre-Lens est qu'il est issu d'un partenariat entre le Louvre et la région. Le Louvre-Paris apporte des collections nationales dont il assure la conservation et la région se charge de trouver les financements pour faire revivre un site industriel. La recherche menée nous conduit à adopter une approche méthodologique selon un cadre opératoire de construction des connaissances sur l'objet de recherche.

III- Méthodologie et cadre opératoire

L'objectif de la recherche est de comprendre en quoi le musée Louvre-Lens peut contribuer à la renaissance du territoire.

Les concepts d'attractivité, d'identité et de notoriété culturelles du patrimoine semblent constituer un cadre d'analyse pertinent pour comprendre comment le patrimoine culturel peut être un outil de développement territorial. « Un des grands apports a été la volonté d'être un musée (qui) ne se cache pas de ses visiteurs, un musée totalement ouvert à ses visiteurs » (entretien directeur du musée du Louvre-Lens, 12 avril 2013).

Une première phase, a permis de caractériser le contexte muséal du Louvre-Lens. Par la suite, plusieurs conférences de presse, articles de revues scientifiques, retours d'expériences des directeurs de musées de Louvre-Paris et de Louvre-Lens, nous ont permis de relever des déclarations susceptibles de nous éclairer sur leurs pratiques de gouvernance « On ne peut plus comprendre le Louvre en visitant seulement le Louvre-Paris (…). Il y a un jeu de miroir entre Paris et Lens et il ne s'agit pas de faire un mini Louvre ou de répliquer ; le principe est de se dire c'est un bâtiment qui présente les collections pour les habitants du bassin minier qui découvriront les chefs d'œuvres, mais aussi pour les visiteurs du Louvre à qui on donnera à voir autrement les œuvres. Ce principe de transversalité permet de voir ce qui était dispersé au Louvre-Paris et se retrouve au Louvre-Lens » (Conférence de presse, Directeur du Louvre, 20 janvier 2012, AFP). Une véritable reconstitution des faits a progressivement émergé afin de comprendre comment les visiteurs du Louvre-Lens se comportent dans la ville de Lens.

L'observation non structurée permet au chercheur de devenir lui-même acteur de sa propre visite. Le contexte est enraciné dans notre expérience muséale qui s'inspire de notre propre implication culturelle. Les observations sont analysées en même temps que se dégagent les catégories des données recueillies. Le dessein de recherche est clair : comprendre les comportements des visiteurs au musée selon des observations participantes complétées par des entretiens des habitants afin de comprendre l'impact culturel de la ville de Lens.

Une enquête par questionnaire auprès d'une trentaine de visiteurs présents au Louvre-Lens réalisée au mois de juillet-septembre 2013 a été menée autour de quatre thématiques : la connaissance du musée par les visiteurs, l'attente de la galerie du temps, la fréquentation dans la ville de Lens après la visite et leurs pratiques touristiques. D'une durée de 30 à 60 minutes, les visiteurs nous ont aidée à devenir un participant actif de notre propre investigation (Denis, Langley, Rouleau, 2014, p. 885). C'est une démarche qui permet d'observer et de décrire le territoire en partant du musée (Leedy, Ormrod, 2005). Elle se caractérise par une grande liberté d'interprétation car elle prend en considération l'expérience du chercheur tout en observant plusieurs groupes d'acteurs (visiteurs et habitants). Recourir à cette méthode évite les critiques méthodologiques classiques de la non représentativité du terrain afin de comprendre comment le musée se transforme tout en analysant les missions traditionnelles des musées, qui étendent leur action culturelle bien au-delà du territoire (Deloche, 2001). Afin d'approfondir, nous nous sommes déplacés dans le centre-ville de Lens afin de comprendre si les promeneurs sont des habitants du territoire proche, ou bien des touristes consommateurs de culture. « Le Louvre-Lens est une belle histoire, une légende, un hommage à cette industrie sur cet ancien puit de Lens » (visiteur). Les visiteurs sont venus car le musée du Louvre a une renommée mondiale. La communication à Paris « fait vivre le musée construit sur un site industriel » (visiteur). La visite de la Galerie du temps est une autre manière de découvrir les œuvres qui offre des clés de compréhension de l'histoire de l'humanité. La vocation du musée interroge ses missions sociales.

Un cadre opératoire a été constitué en interaction avec les différents contextes sociaux du musée du Louvre-Lens et de la ville de Lens, ou de la culture (Etat, région, département), qui renvoient aux activités du chercheur. Progressivement, le chercheur se met en situation de décentrer son propos pour comprendre le contexte. Le Louvre-Lens est un moyen d'attirer des investissements économiques et de redresser l'image et la dynamique de cette région. Nous avons retenu trois contextes au sein du Louvre-Paris, de la ville de Lens et de la région.

Tableau 1 - Grille d'analyse opérationnelle

Contexte IAP	Musée du Louvre-Lens	Ville de Lens	Politiques publiques de la culture
Attractivité **Capacité du territoire d'accueillir les activités**	- Politique des publics. - Rayonnement du musée (intérêt des collections). - Architecture attractive - Publications presse sur le Louvre-Lens.	- Action territoriale au service du musée. - Mutualisation des moyens au service du public en tenant compte des enjeux sociétaux.	- Qualité du service public culturel « Louvre-Lens est le projet le plus marquant du territoire ainsi que son inscription au patrimoine mondial de l'Unesco » (habitant de Lens).
Identité **Spécificité du territoire**	- Musée acteur de la politique capable de fédérer dans un même lieu différents équipements culturels.	- Caractéristiques des ressources touristiques.	- Innovation, et création dans la construction de l'offre culturelle.
Notoriété **Reconnaissance**	- Le musée est associé au développement culturel du territoire - L'implantation du musée renforce le développement du territoire. - Le musée peut servir de point d'appui à la construction de la politique culturelle.	- Coopération, collaboration avec différents acteurs sociaux, économiques culturels.	- Le musée de la ville se trouve inséré dans de nouveaux enjeux sociaux (les relations) - Volonté d'ancrer son développement autour de l'identité des terrils.

L'objectif est de construire des indicateurs issus de faits observés. L'émergence d'une politique culturelle, l'apprentissage de modes d'actions participent du changement de la politique urbaine. Une réflexion est menée pour comprendre en quoi le musée peut être un levier de renaissance territoriale ? En quoi le musée Louvre-Lens peut-il venir au secours du territoire ? Nous avons décelé plusieurs transformations pour la ville de

Lens. C'est l'occasion d'analyser les résultats autour de la renaissance territoriale.

IV- Analyse et discussion

La politique culturelle change le territoire dans ses évolutions possibles. Il s'agit de combiner plusieurs variables locales en relation avec les habitants de la ville. Mais aussi d'analyser les comportements des visiteurs au musée tout en observant les changements de l'espace relationnel qu'entretient le musée avec la ville. Quels sont les enseignements pour les instruments de l'action publique ? L'intérêt de la notion est d'appréhender l'attractivité territoriale, l'identité et la spécificité du territoire, ainsi que sa notoriété.

1) Attractivité territoriale

Certaines villes du Nord de la France ont mené une politique de dynamisation de leur territoire par la culture. La nomination de Lille comme capitale européenne de la culture en 2004, la transformation des friches industrielles en lieux de création et d'exposition, ont permis le développement de la ville. A Roubaix, frappée par l'exode de sa population, le musée d'Art et d'Industrie installé dans l'ancienne piscine art déco, attire 200 000 visiteurs annuels, ce qui revitalise la métropole. La renaissance culturelle de la ville s'appuie sur son passé social et industriel de productions de textiles. Le musée de la Dentelle à Calais abrite des machines industrielles, le Familistère de Guise en Picardie témoigne de la vie dans un phalanstère industriel. Le Louvre-Lens a suscité un immense espoir, celui d'une véritable renaissance.

La culture représente un levier fort pour le développement local. La dynamique du patrimoine illustre la diversité de la ville qui contribue au renforcement de son image. Le musée est un service public au service des populations qui vivent sur le territoire tout en favorisant de nouvelles activités économiques auprès des visiteurs. Depuis 2010, l'Etat est un partenaire financier important, mais aussi un appui de la conception architecturale. La conception scientifique de la présentation des œuvres de la galerie du temps inscrit le patrimoine dans une réflexion sur l'enjeu du musée pour dynamiser le territoire en faisant appel aux plus grands noms de l'architecture internationale (Sanna, Ghery, Coop Himmelb, Stanton Williams Herzog & Meuron, Nouvel). « J'ai toujours considéré un grand musée comme un quartier, une destination nouvelle dans la ville, un trait marquant de son caractère » (Nouvel, 2013).

Lorsqu'ils sortent du musée, les visiteurs, quittent la ville parce qu'ils considèrent qu'elle n'est pas attractive. « Rester pour voir quoi, les terrils, les habitations populaires ? » (visiteur). Lors de l'observation du centre-ville, l'implantation du Louvre-Lens demeure mitigée sur le développement économique de la ville de Lens pour l'instant. Les visiteurs viennent pour la journée, ne visitent pas vraiment la ville. Tout reste à faire pour retenir le touriste dans la municipalité (Werquin, 2008).

La région a l'ambition de passer de l'industrie à la culture. Lens n'est pas un grand port du pays basque comme Bilbao. Le président des commerçants de Lens a passé des contrats avec les voyagistes belges et les agences pour attirer des touristes. « La culture est mobilisateur pour la ville, faire venir des touristes et développer une économie pour le territoire » (Président des commerçants de Lens, Un palais sans musée, entretien Arte, 15 octobre 2013). Le Louvre-Lens c'est le même pari » (entretien Président du Conseil Général du Nord pas de Calais, Un palais sans musée, Arte 15 octobre 2013). Le Louvre-Lens participe désormais au dynamisme à l'égard du public. L'implantation muséale n'est pas toujours à la hauteur des politiques publiques menées pour encourager l'attractivité du territoire.

2) Identité et spécificité du territoire

La question de l'identité se pose : « On a perdu 12 000 emplois industriels dans la région, 100 000 en 10 ans » (ouvrier des Forges). Des musées à la place des usines, des cars de touristes à la place du transport de marchandises, ici personne ne croit à cette promesse de développement. Il y avait de la dentelle à Calais, on a créé un musée de la dentelle. On avait des mines, on a fermé la mine. On a ouvert le musée des Mines, On liquide la pêche, on a ouvert le musée de la Pêche. La faïencerie, on a ouvert un musée de la Faïence, on a un beau musée du textile, on va embaucher des gens pour faire des figurants, les déguisant en mineurs, et leur faire distribuer des souvenirs aux touristes. Tout cela n'est pas très sérieux, un peu d'industrie cela ne peut pas faire de mal » (ouvrier des forges). Le Louvre-Lens est le 48e musée de la région. C'est le plus prestigieux, qui possède un pouvoir d'attraction national et international.

L'ambition était de s'appuyer sur l'identité de l'image mondiale du Louvre pour mener une politique d'attractivité du territoire. Evoquer le passage du musée à l'image que renvoie le nom, « c'est glisser subrepticement du patrimoine tangible au patrimoine intangible, de la valorisation des choses à la production de services et à la symbolique des savoirs et des arts » (Benhamou & Cornu, 2010).

3) Notoriété

La culture est l'occasion de valoriser l'image de la ville comme a pu le démontrer le musée Toulouse Lautrec à Albi ou le musée Joseph Denais à Beaufort[91]. Dans la ville, l'aménagement du tourisme participe à la notoriété du territoire. Si on revient sur la ville de Bilbao qui est devenue une cité culturelle, rejoignant grâce à cette opération, le cercle des grandes capitales, on s'aperçoit que lors de l'inauguration du Guggenheim, un sondage auprès des collectivités locales avait montré que la majorité d'entre elles avait conscience que leurs musées participaient à la mise en valeur de la notoriété de leur ville.

Dans la rue piétonne, les commerçants regardent passer les visiteurs : « Au-delà des emplois sauvés, il y a des emplois créés, le commerce local qui a des difficultés passagères, on se rend compte que le commerce du centre avec des passages malgré le potentiel de revenus de la population locale recouvre un second souffle avec les visiteurs du Louvre » (entretien Maire de Lens Un palais sans musée, Arte 15 octobre 2013). L'articulation s'effectue dans le respect du caractère historique du territoire. « Cela a tout changé et rien n'a changé. Ce qui a bouleversé l'équation d'avenir du bassin minier des 1500 000 habitants, cela ressemble à l'effet Bilbao, ville industrielle rouillée, et Guggenheim, qui ont mis en mouvement une dynamique d'avenir, une volonté de transformation qui a rencontré le succès. »

La politique publique montre que le développement touristique par les activités culturelles peut induire une logique patrimoniale qui contredit la spécificité industrielle du territoire. Assurer une transition entre mémoire industrielle et projet culturel s'accompagne de projets d'aménagement respectueux des habitants qui sont à l'origine de l'identité de la ville. Louvre-Lens est capable de construire des relations à l'égard des touristes nationaux ou internationaux pour développer la fréquentation, mais les retombées ne sont pas toujours prévisibles, d'où la définition de critères, d'indicateurs pour mesurer l'impact sociétal et culturel (Greffe, 2003).

Conclusion

Le patrimoine peut être à l'origine d'une prise de conscience de l'héritage identitaire d'une ville, l'occasion d'une dynamique culturelle dans une région marquée par des paysages industriels. Le musée résulte d'une reconquête menée par les acteurs de la politique publique dans une région

[91] Colloque les musées de France, acteurs et leviers de développement dans la recomposition des territoires, 2 novembre 2004, ministère de la culture et de la communication, Paris, 2006.

qui fait le caractère de la ville. Le territoire de Lens est aussi associé aux caractéristiques de plusieurs actions politiques (Tunnel, TGV et Tourisme). Le projet de construction d'un immeuble de bureau en lames verticales blanches pour accentuer les jeux d'ombres et de lumière différents au fil de la journée et des saisons doit être la pierre angulaire du Quartier de la gare[92]. « Entre patrimonialisation de l'héritage industriel et volonté de faire table rase du passé, il s'agit d'améliorer l'image de marque du territoire » (entretien maire de Lens, 2013, AFP).

Si la désindustrialisation encourage les projets visant la redynamisation, elle suscite des mouvements démographiques. L'attrait pour une région peut créer des tensions immobilières contribuant à restructurer le territoire. A Lens, le chantier bouleverse l'image de la ville. Une importante concertation avec les familles de locataires du groupe Maisons et Cités pour les reloger a été menée. L'opposition de certains habitants s'est pourtant faite entendre lors des négociations. Ainsi, une agence d'architectes urbanistes travaille sur un projet de transformation de 26 maisons de corons en un hôtel luxueux qui créera une trentaine d'emplois. Si l'esthétique des habitations devrait être conservée en partie, ce projet va modifier le quartier où vivent les habitants originaires de Lens. Cette dimension est importante dans la mesure où la ville de Lens souhaite intégrer prochainement un ensemble urbain autour de la création d'un parc au milieu des mines permettant aux gens de se projeter dans le futur. « Des paysages américains, des choses qui émergent, le projet relie par des circulations les anciennes mines, qui marque la mutation de ce territoire » (entretien, responsable du projet d'aménagement, Euralens, 2013).

Le passage de l'industrie à la culture réside dans la mise en œuvre des infrastructures. « C'est ce que j'ai fait au Louvre Lens avant de prendre la présidence du Louvre qui influence ce que j'ai fait à Paris. Le Louvre-Lens est devenu un modèle. Il essaie de mettre l'œuvre d'art à la portée du public avec une forte exigence : diffuser les connaissances. Louvre Lens est un musée national et la vocation historique est de faire circuler les œuvres par des prêts, des circulations d'exposition, des aides à l'acquisition d'œuvres » (le président du Louvre prend le Louvre-Lens comme exemple pour l'avenir du musée parisien, le Monde du 4 avril 2013, AFP). Le territoire a une spécificité industrielle. Dans la ville, une forge fabrique des pièces industrielles. « La culture et le tourisme ne remplaceront jamais l'industrie. Les services et les loisirs ne créent pas de vraie valeur, elle ne se crée que dans le monde industriel, après on la transforme, on l'adapte mais cela ne crée pas de la valeur » (salariés de la forge industrielle). On constate

[92] Lensinfo métropole, journal des Lensois n° 32, juillet/août 2014, p. 5.

désormais plusieurs tendances : les dispositifs dans lesquels les visiteurs découvrent les œuvres du musée. L'exposition des œuvres doit être en adéquation avec les attentes des visiteurs. L'an dernier (15 juin-13 juillet 2015), les supporteurs du Club de foot du Pas-de-Calais ont été invités à témoigner et à déposer au musée du Louvre-Lens un objet fétiche dans le cadre de l'Euro 2016. « On filme le supporter en lui demandant pourquoi avoir choisi cet objet et on l'interroge sur son parcours » (entretien conservateur en chef Louvre-Lens, Le Monde 5 juin 2015, p. 16). Cette démarche ethnographique est éloignée du musée. En privilégiant les habitants, il s'agit d'attirer des supporters au musée du Louvre-Lens. « L'art, c'est des émotions, le foot aussi » (entretien Elsa Delecrois, cofondatrice des Galiboys, club des jeunes supporters lensois). L'organisation muséale se transforme, ce qui suppose une mutation des activités d'exposition du patrimoine.

Le musée peut être le révélateur d'un changement qui prend en considération l'histoire du territoire ou l'analyseur de la transformation du territoire. Il s'agit d'un héritage patrimonial dans un contexte où il est nécessaire d'interpréter la réalité sociale en train de se construire. Le musée Louvre-Lens n'est pas un musée comme les autres ; on peut se demander si les habitants considèrent le musée comme patrimoine de la ville : « l'œuvre ne fait pas le musée » (Le Monde du 17 janvier 2015, p. 2), parce que les habitants « ne veulent pas être face à des chefs d'œuvre, mais comprendre une trajectoire humaine » (rencontre juillet 2014 directeur général et professeur à l'Université Libre de Bruxelles).

Cette recherche révèle que le musée est lié aux représentations des acteurs du territoire. Le musée interroge l'histoire de la ville en train de se reconstruire dans tous les domaines. Il mobilise le territoire afin d'attirer de nouveaux acteurs économiques qui participeront à l'amélioration des conditions de vie de tous les habitants de la région. Le musée du Louvre-Lens offre-t-il une renaissance territoriale de son passé social et industriel ? Lens ne peut renaître sans ses habitants. Il s'agira d'identifier les nouvelles activités déployées de cette politique urbaine au regard du rayonnement culturel de cette région. « Avec ce musée, nous voulons dire que l'hiver est terminé » (Président de la Région Nord-Pas-de-Calais, cérémonies d'ouverture, 4 décembre 2012). On ne prétend pas que « le printemps s'installe et que Lens est sortie de sa situation de crise » (Président de la Région Nord-Pas-de-Calais, 4 décembre 2012). La transformation est difficile parce qu'il est difficile de mesurer les retombées économiques à partir de l'investissement réalisé. Le musée Guggenheim de Bilbao demeure un exemple de comparaison territoriale. A la fin des années 1990, le musée Guggenheim à Bilbao (Espagne) transforma la manière de penser le musée. Son architecture (Franck Gehry dont une exposition s'est terminée à

Beaubourg fin 2015), en fait un succès international pour la ville basque en pleine crise économique. Dès l'ouverture, 1,3 million de visiteurs bouleversèrent le destin de Bilbao et de sa région. Quinze ans après, on estime à 350 millions d'euros les activités économiques induites par la création du musée, dont 44 millions de rentrées fiscales pour les institutions basques.

Si le patrimoine contribue à la construction de valeurs fondamentales, l'héritage culturel participe à l'identité de la ville de Lens. Dans bien des situations, ce sont les habitants qui décident de ce qui fait patrimoine, de transmettre ou non l'héritage qu'il faut conserver. La loi sur la création, l'architecture et le patrimoine constituera un dialogue de la politique culturelle entre l'Etat, la région et la ville. Autant dire que faire du patrimoine culturel une composante de l'aménagement industriel du territoire constitue un élément essentiel des politiques publiques.

Bibliographie

Association Générale des Conservateurs des Collections Publiques de France, 2010, Le livre blanc des musées de France, Etat des lieux et propositions, Revue Musées et collections publiques de France n° 260, vol.3, 125 p.

Arte, 2013, *Un palais sans musée*, Louvre-Lens, 22 mai 2015.

Baujard, C., 2013, *Du musée conservateur au musée virtuel*, Hermès Lavoisier.

Baujard, C., 2012 Service public culturel et valeurs publiques : vers quel modèle managérial ? » *Valeurs publiques, Management par les performances versus management par les valeurs ?* Colloque international AIRMAP, Paris, 5-6 décembre.

Benhamou, F., Cornu, M., 2010, *Le patrimoine culturel au risque de l'immatériel,* L'Harmattan.

Bodolec, Baujard, Sperando, 2015, Proximité géographique et perfomance territoriale des clusters, Colloque Arihme, Marseille oct.

Bosseboeuf, C., 2013, « Les musées territoriaux : un enjeu destructuration et de développement des territoires ? » *50e conférence de l'ASRDLF*

Chiffres clés Ministère de la culture, 2014, statistiques de la culture, Documentation française.

Dectot, X., Martinez, J. L., Pomarède, 2014 Louvre-Lens, l'album, la galerie du temps, Editions d'Art, Louvre-Lens.

Denis, J-L., Langley, A., Rouleau, L., 2014, « Organisations pluralistes », *Encyclopédie de la stratégie* (coord) Tannery, Denis Hafsi, Martinet, Vuibert, 883-894.

Deloche, B., 2001, *Le musée virtuel, une éthique des nouvelles images*, PUF.

Ehlinger & *al.*, 2007, Quelle gouvernance pour les réseaux territorialisés d'organisations ?, *Revue Française de Gestion*, 170, 55-171.
Euralens, 2010, « Sept propositions pour un développement économique durable autour du Louvre Lens », groupe de travail Euralens, assemblée générale.
Goodman, N., 1984 « The End of The Museum ? » L. Aagaard-Mogensen (ed.) *The Ida of the Museum,* Philosophical, Artistic and Political Questions.
Gottesdiener, A., Davallon, J., (sous la dir.), 2013, *La muséologie : 20 ans de recherches*, Culture & Musées, numéro hors série, Actes Sud.
Greffe, X., 2003, *La valorisation économique du patrimoine : mesure et outils, développement culturel*, Documentation Française, Questions de culture.
Halpern, C., Lascoumes, P., Le Galès, P., 2014, *L'instrumentation de l'action publique, controverses, résistance, effets*, Presses de science po.
Labourdette, M-C., 2015, *Les musées de France,* PUF,
Leedy, P. D., Ormrod, J. E., 2005, *Pratical research : Planning and design*, Upper Saddle River, NJ : Prentice Hall.
Lusso, B., 2009, « *Les musées, un outil efficace de régénération urbaine ? Les exemples de Mons (Belgique), Essen (Allemagne) et Manchester (Royaume-Uni)* » Cybergeo : document 436 mis en ligne, http://cybergoe;revues.org
Macdonald (Eds), 1997, *The Politics of Display, Museums, Science, Culture*, Leicester, p. 4.
Nouvel, J. 2013, préface catalogue, naissance d'un musée, Louvre Abu Dhabi, Flammarion.
Ocim, lettre 37, territoires en mutations : quels musées pour quels publics ? Musée du Louvre-Lens 31 mai 2013.
Réunion des musées Nationaux, 2001, *L'avenir des musées,* actes du colloque organisé au Musée du Louvre en mars 2000, Paris, Ad. RMN.
Tobelem J.-M., 2012, *Le nouvel âge des musées. Les institutions culturelles au défi de la gestion*, Armand Colin.
Werquin, T., 2008, « L'impact des équipements et évènements culturels sur le développement économique local : entre fantasme et réalité », *Arts et Territoires : vers une nouvelle économie culturelle ?* Actes du colloque du 6 et 7 mai 2008, http://chaire_fernand_dumond.ucs.inrs.ca

L'évolution du cadre législatif régissant le développement spatial du tourisme grec et ses effets sur l'organisation de l'espace national

Hélène Karka

Cette proposition procède à une présentation critique des politiques et du cadre législatif qui ont régi le développement spatial du tourisme grec sous ses formes variées. Etant donné que le développement du tourisme grec a eu lieu en l'absence d'une politique sectorielle ferme et explicite et que son déploiement spatial n'a pas suivi des orientations et des règles de planification, répondant au contraire à des régulations générales, appliquées dans tout le territoire grec, l'analyse effectuée par la suite repose sur les politiques et législations qui ont été jugées comme celles qui revêtaient une importance élevée pour l'évolution du secteur. Il est clair qu'une pléthore de démarches gouvernementales a influencé, directement ou indirectement, l'évolution du tourisme et, par conséquent, l'organisation du territoire grec. Etant donné les limites de la présente analyse, les instruments étudiés, choisis en raison de leur influence significative sur le tourisme, sont les lois sur les incitations financières, des mesures législatives et institutionnelles ayant des effets critiques sur l'organisation spatiale du secteur, les schémas spatiaux et des régulations traitant des problèmes spéciaux du tourisme mais ayant des effets beaucoup plus amples.

Bien que la période étudiée dans la présente contribution débute au milieu des années 1980, il y a deux faits qui rendent nécessaire une brève présentation de la formation de l'espace touristique grec et des instruments qui y ont contribué. Le premier fait tient à la constatation que P. Tsartas (1998, p. 14) formule comme suit : « certains types de demande, prédominants dans les premières étapes de la croissance du tourisme en Grèce, demeurent dynamiques au cours des étapes suivantes et il y a des régions dans le pays où les traits caractéristiques des stades précédents demeurent vivaces. L'infrastructure touristique suit alors les tendances centrales de la période courante, tout en préservant des styles des périodes précédentes. De la sorte, nombreuses "nouvelles" régions touristiques ont acquis des caractéristiques similaires à celles des régions traditionnelles dont le développement s'est amorcé il y a quarante à cinquante ans ». La deuxième raison de cet examen est étroitement liée aux constatations précédentes et réside dans le fait que les politiques adoptées dans les décennies suivantes, ainsi que les instruments qui les matérialisaient, avaient comme principal objectif de faire face à des conditions déjà établies dans le secteur touristique, sans arriver à renverser les tendances observées.

La genèse de l'espace touristique grec a eu lieu dans les années 1950 et 1960, mais le développement du tourisme de masse a eu lieu pendant la période qui s'étend de 1965 à 1985. Elle peut être divisée en deux parties : la période 1968-1974 constitua l'époque d'implantation de l'hôtellerie, tandis que les années 1975-1985 furent l'ère de la poussée immobilière, voire des hébergements homologués et des résidences secondaires. Le choix de développement d'un modèle de tourisme estival (Tsartas, 2000, p. 190) ayant comme but l'agrément a amené à la poursuite de localisation des hébergements touristiques le long du littoral et dans les îles. Les zones urbanisées, de même que celles qui étaient déjà développées du point de vue touristique, étaient les premières à profiter de l'intérêt des investisseurs du secteur hôtelier. La structuration de l'espace touristique qui s'est étoffée pendant ces deux décennies a eu comme principales caractéristiques les distorsions fonctionnelles et les inégalités spatiales du fait que la planification économique et spatiale ainsi que les préoccupations environnementales étaient pratiquement absentes. Les problèmes provoqués par la répartition très inégale des lits hôteliers aux niveaux national, régional et local entraînèrent des tentatives de contrôle de leur distribution spatiale au début des années 1980 (Karka, 1995, p. 95). Ces tentatives intervenues pour corriger les dommages de la surcharge, une fois ceux-ci commis, n'ont pas pris la forme de planification intégrée, restant toujours des régulations fragmentaires et n'ont pas réussi à réorienter les investissements touristiques.

I- La période 1985-1992 : nécessité d'une remise en valeur de l'espace touristique

La période 1985-1992 fut marquée par la prise de conscience des problèmes nés de l'expansion touristique effrénée des années précédentes, voire des phénomènes de saturation dans certaines zones et une baisse générale du niveau des services offerts. La question de viabilité des entreprises touristiques commence à préoccuper les milieux concernés. A la fin des années 1980, le prolongement de la période touristique pendant toute l'année et l'amélioration de la qualité des services deviennent le point central des stratégies touristiques. Les équipements de loisirs aptes à répondre aux objectifs ci-dessus sont financés en priorité. En même temps, les subventions destinées aux autres formes d'hébergement d'accueil ont été radicalement diminuées. L'accent a été mis sur la modernisation des unités déjà en activité. Les régions subissant les plus fortes pressions firent l'objet de préoccupations spéciales. La poursuite du développement de formes de tourisme "nouvelles" et "spéciales" commence aussi à s'afficher parmi les objectifs de la politique touristique. D'ailleurs, après 1981, le gouvernement s'était engagé à mener une politique régionale visant "au développement équilibré et uniforme de plusieurs régions du pays" (Karka, 1995, p. 126), grâce à la réalisation d'investissements qui stimuleront les secteurs de production dévalorisés mais méritant d'être développés".

Pour faire face aux problèmes spatiaux, une réforme législative et institutionnelle a été amorcée. Les principales mesures prises étaient les suivantes :

1) le remplacement de nombreuses lois existantes sur l'environnement par une loi fondamentale. La loi 1650/1986 (J.O. 160A) introduisit la nécessité d'une étude d'impact sur l'environnement pour les unités hôtelières (et non seulement), ainsi que la possibilité de définition de zones pour le développement d'activités dans des aires propices à ces fins. Les zones pouvaient être d'affectation exclusive ou principale. Cette possibilité n'a été utilisée qu'une seule fois à la suite de la loi 2545/1997 sur les zones industrielles et opérationnelles ;

2) la désignation de "Zones de Contrôle de Développement Touristique" (Décision interministérielle 2647/538866/EID135, J.O. 797/B/1986) dans les régions qui connaissaient une trop forte concentration d'hébergements d'accueil et de demande touristique, ainsi que dans des zones qui rencontraient en même temps les problèmes suivants : a) des taux de fréquentation plutôt faibles et b) certains éléments de l'environnement naturel et humain appelant une protection spéciale. Les zones en question comprenaient des sections proclamées "saturées", dans lesquelles tout nouvel hébergement touristique était interdit, ainsi que des aires caractérisées "zones de contrôle", où seule l'implantation d'unités de catégories supérieures (LUX et A) était autorisée (Karka, 1995, p. 95). Les limitations à la réalisation de nouveaux lits permettent de conclure que la décision visait apparemment à protéger les entreprises hôtelières de la concurrence. Toutefois, elle prévoyait la possibilité d'établir des hébergements homologués dans les zones de contrôle, à condition que celles-ci appartiennent à la catégorie supérieure (Chatzinikolaou, 2008, p. 75-76).

Ces greffes de planification n'ont pas réussi à réorienter les investissements touristiques. Parmi les différents facteurs jugés responsables de cette situation, on peut noter certaines démarches gouvernementales qui concernaient les investissements d'envergure et visaient à leur accorder des conditions d'implantation et d'opération plus favorables que pour les autres types d'hôtels. L'autorisation d'implantation dans les zones saturées était un parmi les différents privilèges adressés aux investisseurs des unités hôtelières d'envergure. (Chatzinikolaou, 2008, p. 67). En 1991, le décret présidentiel du 30.7.1991 (J.O. 474D) permettra aux unités hôtelières fondées dans des terrains de plus de 5 ha qui se localisaient dans certaines régions touristiques d'ériger leurs édifices jusqu'à la ligne de la côte. La possibilité était aussi offerte aux investissements d'envergure (Chatzinikolaou, 2008, p. 66-67). Ces mesures n'ayant pas trouvé appui dans les services de l'Organisme Hellénique du Tourisme ont été abrogées dans la même année, pour réapparaître en 1995. Leur application a été très restreinte suivant E. Chatzinikolaou (p. 68-69). Le renforcement des complexes de grande taille et l'intérêt de la modernisation des unités déjà en opération devient explicite dans la loi 1892/1990 (J.O. 101A) sur les incitations financières. Pour le reste, les principes d'attribution de fonds ne différaient pas des précédents.

L'intention permanente de la politique touristique de mise à niveau du tourisme grec par l'attraction de touristes "sélectifs" et "de haut niveau" conduit à des initiatives réglementaires qui introduisent de nouveaux instruments pour l'attraction de touristes à hauts revenus : la fondation d'un nombre de casinos dans certaines régions du pays et la possibilité de définir et opérer des Zones de Développement Touristique Intégrées (POTA en grec) (Tsartas, 1998, p. 100). La loi 2545/1997 (J.O. 254A) qui offrit cette possibilité a été appliquée une seule fois jusqu'à l'heure actuelle. Le projet réalisé fut considéré de grande valeur pour la promotion du tourisme grec, mais il rencontra une série de difficultés pendant la longue procédure de fondation, difficultés qui aboutirent à l'annulation de son autorisation par le Conseil d' Etat. La régularisation du projet a eu lieu seulement récemment.

II- La période 1993-2009 : l'ère de la politique de concurrence libre

La décennie 1990 est marquée par une baisse du rytmme d'augmentation des arrivées touristiques. C'est une indication que le pays ne peut pas tirer profit efficacement des opportunités offertes par le développement du tourisme international (Ministère de l'Aménagement, 2007, p. 12). La principale cause en est la difficulté, voire l'impossibilité, de s'adapter aux nouveaux défis et d'affronter la concurrence de pays où les coûts sont inférieurs (op. cit., p. 80). De 1990 à 2000, l'offre et la demande touristiques augmentent mais au début du 21e siècle une stagnation est notée. Après 2000, le produit touristique grec s'enrichit par des infrastructures complémentaires : salles de congrès, spa, etc. sont réalisés dans les unités hôtelières en activité, ce qui conduit au renforcement des avantages offerts dans les zones déjà développées et par les entreprises en opération. Ces améliorations n'ont pas eu des effets positifs et la période avant les Jeux Olympiques de 2004 est marquée par une réduction de la fréquentation touristique, notée d'emblée dans certaines destinations traditionnelles de tourisme de masse (op. cit., p. 84-89).

Les principales caractéristiques de l'évolution du tourisme grec pendant la période 2000-2009 sont résumées dans une étude de l'Association des Entreprises Touristiques Helléniques (SETE en grec), intitulée "Tourisme 2020" (p. 20) : Le pays enregistre des décalages dans la liste mondiale des pays touristiques. Quatre régions enregistrent une sur-fréquentation. La forte saisonnalité ne diminue pas durant les vingt dernières années. Les lits hôteliers de 1, 2 et 3 étoiles représentent 62 % de l'offre nationale (p. 67). La

SETE trouve que le tourisme grec fonctionne sous un régime de suroffre de lits. D'après leurs calculs, en 2009, l'offre dépassa la demande de 67 millions de nuitées. Cela signifie que la surcapacité s'élevait à 400 000 lits, soit 30 % du potentiel national. En 2000, les chiffres respectifs étaient 27 millions de nuitées, soit 15 % (Association des Entreprises Touristiques Helléniques, 2010, p. 66). Malgré l'argumentation de la SETE sur la suroffre des lits hôteliers et la surcharge de certaines zones, les actions gouvernementales prouvent une tendance à continuer sur la même voie. Les pressions exercées par des particuliers pour la fondation de nouvelles unités, même dans les zones de contrôle, ont mené à la modification de ce régime à l'occasion des Jeux Olympiques. Les restrictions à la réalisation d'unités hôtelières prévues dans les zones de contrôle existent encore, ce qui signifie que seulement des unités hôtelières de catégorie AA et A, des campings de catégorie A et des logements indépendants peuvent être fondés dans ces zones (Chatzinikolaou, 2008, p. 75-76).

L'attitude positive des gouvernements envers la realisation de nouveaux lits est aussi témoignée par la loi sur les incitations financières. L'étude de la distribution de fonds attribués sous le régime de la loi 3299/2004 (J. O. 261A) prouve un important changement des choix gouvernementaux en ce qui concerne les priorités d'encouragement des investissements hôteliers par rapport à la loi préexistante. La poursuite de renforcement de la mise en place de nouveaux lits devient manifeste (Ministère de l'Environnement, 2012, p. 55-57).

III- La période après 2009 : l'ère de la planification spatiale

La rupture avec les politiques touristiques traditionnelles a été effectuée par le biais du Schéma Spécial pour l'Organisation Spatiale et le Développement Durable du Tourisme, mis en vigueur en 2009 (J. O. 1138B). Le Schéma était appelé à avancer la dimension spatiale d'une politique sectorielle qui n'était pas formulée, au moins explicitement, pour proposer des mesures réparatrices des problèmes existants et à faire face à des nouveaux défis pour le développement du secteur. Alors, sa mission était beaucoup plus compliquée que celle normalement prévue pour le schéma d'organisation spatiale d'une activité, d'autant plus qu'il se trouvait confronté à deux difficultés majeures : avoir à répondre à des aspirations très diversifiées et même contradictoires de la part des cycles des intéressés au secteur, tout en tenant compte que les moyens d'application de ses dispositions n'étaient pas mis en place depuis plusieurs années.

Le Schéma proposa un système de zones, définies suivant la forme et l'intensité de la fréquentation touristique, ainsi que des caractéristiques de l'environnement naturel et des formes de tourisme qui puissent y être développées. Il fixa les termes et conditions pour la mise en place des unités hôtelières dans chacune de ces zones, il indiqua des formes touristiques spéciales et leurs infrastructures, il engendra des dispositions relatives au développement du tourisme dans des zones sous régime spécifique (forêts, terres agricoles de haute productivité etc) et proposa un programme d'actions. Le Schéma intégra aussi une partie (articles 9 et 10) consacrée au développement des complexes touristiques équipés de résidences secondaires. Il est à noter que le cadre législatif concernant ces derniers n'était pas encore mis en place, bien que l'intérêt des investisseurs y était très vif. Le Laboratoire de l'Aménagement du Territoire et de Développement de l'Habitat à l'Université Technique Nationale avait dénombré 45 projets ayant comme objet la mise en place d'ensembles de résidences secondaires localisés dans les zones les plus recherchées par les touristes et surtout dans les îles (Avgerinou, 2011, p. 84-85).

Les aspects positifs du Schéma étaient incontestables, en tant que première tentative de planification pour le secteur. Les défauts repérés étaient malheureusement beaucoup plus nombreux (Avgerinou, 2011). Le fait d'introduire des termes et régulations d'ordre de l'urbanisme et de la réglementation pour les constructions, afin de contrôler l'implantation des unités hôtelières, dépassait de beaucoup la mission et le contenu d'un schéma[93] à l'échelle nationale. Mais le grand intérêt des politiques promues par le Schéma tenait aux dispositions concernant les types de tourisme poursuivis ainsi qu'à celles qui affectaient, bien qu'implicitement, le développement spatial d'autres activités. La première politique tenait à la suppression de la possibilité de mettre en place des installations touristiques en milieu extra-urbain : en fait 90 % du territoire national était exclu pour toute tentative de réalisation d'unités touristiques conventionnelles. Il est à noter que le droit de bâtir pratiquement sur tout le territoire grec est un droit sacré en Grèce qu'aucun gouvernement n'a osé supprimer dans sa totalité. Par contre, la mise en place de nouveaux lits, même dans des entreprises nouvelles, était possible dans les zones les plus développées, voire leurs parties saturées.

---

[93] En règle générale, les Schémas d'Aménagement fixent des orientations et les Plans d'Utilisation des Sols déterminent l'affectation des sols et les termes et conditions d'implantation des activités. Ces principes ainsi que la nécessité de compatibilité des POS avec les dispositions de valeur supérieure sont identiques aux pratiques et à la jurisprudence en France (Ministère de l'Environnement, 1996) qui, d'ailleurs, ont servi de modèle au système de planification spatiale de la Grèce. Le Schéma Spécial pour le Tourisme a toutefois compris des dispositions entrant dans le domaine des POS, probablement en raison du manque de ces derniers dans le territoire grec. Le Conseil d'Etat, qui a été appelé à y porter son jugement, n'a pas délivré de verdict, en raison de la modification du Schéma.

La deuxième politique controversée du Schéma consistait en l'introduction de complexes touristiques à grande échelle, où les résidences secondaires étaient partie intégrante. La réalisation de ce genre d'investissement était exemptée des restrictions prévues par le Schéma pour l'implantation d'autres types d'hébergements hôteliers. De la sorte, ces complexes touristiques pouvaient être fondés, même dans les zones surdéveloppées. Enfin, ils tiraient les mêmes profits fiscaux et financiers et leur fondation était régie par des réglementations beaucoup plus favorables que les installations privatives de même type, à l'exception de cas où les résidences secondaires hôtelières seraient vendues séparément ou louées pour de longues périodes. Une omission notable du Schéma était relative à la non-prévision de zones touristiques d'envergure, organisées par un agent. La possibilité de désignation de zones touristiques était prévue par la législation existante mais, curieusement, le Schéma s'abstenait d'en déterminer les conditions permettant leur définition.

Par les choix déjà cités, le Schéma allait à l'encontre de ses objectifs fondamentaux, dont l'orientation du tourisme vers de nouvelles zones et la protection de l'environnement en tant que ressource fondamentale pour son développement. Les choix de concentration des hébergements futurs à l'intérieur des localités ou dans les zones déjà développées où les valeurs foncières étaient très élevées, parallèlement à leur exclusion de l'espace extra-urbain, consistait en l'interdiction implicite de la mise en place de nouveaux lits hôteliers. Il en découle un alignement des politiques adoptées par le Schéma avec les constatations de la SETE quant au surplus des lits touristiques et à la nécessité de soutenir de façon plus décisive les entreprises déjà en opération. Il semble aussi possible que la récession économique qui était de plus en plus ressentie, justifiant la volonté de limiter la fondation de nouvelles unités. Cette volonté était si vive que même les projets en voie d'octroi des permis nécessaires étaient annulés, au cas où ils ne se conformaient pas aux dispositions du Schéma.

Les critiques contre la forme des complexes hôteliers accompagnés de résidences secondaires sont apparues rapidement et provenaient d'une multitude d'associations pour l'environnement, de chambres professionnelles (celle de l'hôtellerie y comprise) et de NGOs. Leurs arguments portaient par excellence sur la dispersion des infrastructures touristiques dans l'espace, sur le renforcement du tourisme de masse et sur sa concentration dans les zones surchargées, ce qui allait à l'encontre de toute tentative de promotion d'un développement de tourisme durable. Malgré les différents défauts repérés dans les stratégies adoptées par le Schéma, un avantage non négligeable était lié aux retombées favorables pour le développement d'autres activités économiques. Les restrictions infligées aux unités hôtelières en milieu extra-urbain étaient aptes à devenir un facteur d'annulation des aspirations de spéculation foncière, liée au tourisme, ce qui permettait la localisation d'activités concurrentielles ou nuisibles dans les zones côtières, sans contestations ou complications judiciaires.

La loi 3908/2011 (J.O. 8A) sur le renforcement des investissements privés, en vigueur pendant la période d'application du Schéma, accordait la priorité, une fois de plus, aux entreprises déjà en opération, au détriment de celles en voie de réalisation. L'intérêt était placé à la diversification du produit touristique par la promotion de formes de tourisme spéciales et à la poursuite d'avancement de l'identité multidimensionnelle des zones touristiques par la réalisation d'actions complémentaires. Ces politiques permettaient de développer de nouvelles destinations touristiques et l'avancement de nouveaux pôles touristiques.

Une série de lois d'application du Schéma, qui ont suivi sa mise en vigueur, ont apporté des révisions importantes aussi bien à la philosophie de ce dernier qu'à certaines de ses dispositions fondamentales, destinées à la protection de l'environnement et au changement climatique. Ces lois ont débuté par l'abrogation des restrictions infligées aux projets qui étaient en voie d'obtention des autorisations nécessaires pendant la période d'approbation du Schéma, mais, progressivement, elles ont introduit de nouveaux modes de développement touristique, voire d'aménagement du territoire. La loi 4002/2011 (J.O. 180A) sur les régulations pour le développement et l'assainissement financiers qui entreprit les révisions précédentes, fournit aussi le cadre législatif pour les complexes hôteliers assortis de résidences secondaires. La crise économique et le besoin de financement de la dette ont porté l'intérêt vers des investissements d'importance stratégique au niveau national, avancées par des compagnies internationales, et vers la mise en valeur des propriétés immobilières étatiques. La loi 3894/2010 (J.O. 204A) sur l'accélération et l'assainissement financiers traite la question des Plans Spéciaux pour le Développement Spatial d'Investissements Stratégiques, élaborés et approuvés afin de promouvoir des projets d'envergure dans tous les secteurs économiques. Une grande partie de ces investissements comportaient des complexes touristiques d'envergure internationale. Ce type de projet était aussi envisagé pour la mise en valeur des propriétés étatiques, gérées par la loi 3986/2011. La philosophie et les règles des deux lois suivent la même voie, mais la plus récente des deux est beaucoup plus hardie, adoptant un vocabulaire nouveau et une attitude envers les limitations imposées par la planification spatiale qui prouve une certaine volonté d'abolition de celles-ci.

La loi 3986/2011 (J.O. 152A) sur les mesures urgentes d'application du Plan de Stratégie Financière 2012-2015 (Mémorandum n° 2) fonda la Caisse de Mise en Valeur des Propriétés Immobilières Etatiques (TAIPED en grec) dont la mission fut la vente de ces dernières. Une partie de la loi est consacrée à la "maturité urbanistique" des domaines publics et à la procédure qui leur rendra "une identité d'investissement durable en vue d'une mise en valeur future, ce qui constitue un motif ferme d'intérêt public". L'instrument utilisé à ces fins sont les Plans Spéciaux pour le Développement des Domaines Etatiques, approuvés par des décrets présidentiels. Ces plans sont en quelque sorte des Plans d'Occupation des Sols. Toutefois, on prévoit que les orientations de l'aménagement du territoire sont simplement prises en compte et sont co-estimés parallèlement aux besoins financiers pendant la définition de la vocation des territoires. Les règles de l'aménagement du territoire ne sont plus impératives dans le cas en question et les Plans ont le droit de modifier les Schémas Directeurs, les Plans d'Urbanisme et même les Zones de Contrôle de l'Habitat définies pour la protection de zones sensibles de l'urbanisation diffuse. Cette possibilité est prévue au cas où la modification est jugée indispensable pour le développement intégré et la mise en valeur effective du domaine étatique. Les constatations faites à la suite de ces démarches législatives peuvent se résumer comme suit : a) Les instruments de planification spatiale engendrent un rôle consultatif dans les cas de réalisation de projets entrant dans le cadre des Investissements Stratégiques ou des Domaines Publics, gérés par TAIPED ; b) de la sorte, des projets du secteur privé ont la possibilité (voire le droit) de modifier les orientations et dispositions de la planification spatiale qui, suivant la Constitution, est d'utilité publique ; c) l'écart entre les règles concernant la localisation des entreprises touristiques conventionnelles et le régime à la disposition des projets touristiques pharaoniques est immense.

La loi 4179/2013 (J.O. 175A) sur la simplification des procédures pour le renforcement des investissements touristiques vient combler la lacune du Schéma Spécial concernant les zones touristiques organisées et gérées par un agent. Elle met à jour les dispositions de différentes lois qui géraient les divers types de ces zones et indique les termes et conditions pour leur développement. Un fait à noter est la concession de droits d'exploitation du liseré côtier aux complexes hôteliers localisés dans ces zones ou constituant des complexes hôteliers intégrés accompagnés de résidences secondaires. D'ailleurs, on a de nouveau diminué la limite en retrait des plages que les structures d'hébergement devaient respecter.

La présentation ci-dessus mène à la déduction qu'après autant de révisions et de modifications, le Schéma Spécial pour le Tourisme était lettre morte. Sa réforme[94], achevée en 2013 (J. O. 3155B), a permis d'alléger les

94 Le Conseil d'Etat a annulé le Schéma Spécial réformé en octobre 2015 (Décision 3632/2015) jugeant que la procédure de sa mise en vigueur n'était pas conforme à la loi.

restrictions à la réalisation de nouvelles unités en milieu extra-urbain mais favorisa substantiellement les entreprises d'envergure. L'interdiction de fondation d'unités hôtelières ordinaires a été remplacée par le terme d'augmentation de la surface nécessaire des parcelles à finalité touristique. Toutefois, il est clairement déclaré que le choix se porte vers les zones touristiques urbanisées et les complexes hôteliers intégrés par rapport aux hôtels ordinaires. Ce principe est appliqué même dans les petites îles de la Mer Egée. En plus, le Schéma révisé donne droit à la mise en valeur touristique de très petites îles inhabitées, annulant ainsi un régime de protection qui n'avait jamais été touché auparavant. Mais le problème le plus grave repéré dans le Schéma est l'importance qu'il accorde au tourisme par rapport aux autres secteurs économiques. La carte qui illustre et complète le Schéma est très éloquente sur ce point : tout le littoral grec est affecté en tant que zone touristique, développée ou propice à être développée. Les autres activités ne sont pas désirées dans les parties littorales de ces zones, au moins dans le cas de localisations individuelles.

Conclusion

Malgré les différentes orientations affichées par les politiques consacrées au tourisme, l'évolution du secteur se poursuivit sur la même voie durant les cinquante dernières années, exception faite pour les six dernières. Le tourisme gagne en importance en tant que secteur économique, tout en compromettant le développement d'autres activités. Cet effet est dû principalement aux profits tirés directement de lui par les populations locales. L'élaboration de l'espace touristique grec est d'emblée le résultat d'opérations individuelles, dans lesquelles le rôle des propriétaires fonciers est central. L'élévation du tourisme au rang de panacée économique, l'absence d'une vraie politique touristique s'appuyant sur une recherche en marketing professionnelle, l'ignorance des questions relatives à la qualité de l'environnement et de son importance pour le développement du tourisme peuvent en fait expliquer les erreurs commises par les investisseurs et en même temps par les décideurs pendant les premières périodes de l'essor touristique dans le pays. Ce qui est grave, c'est que les mêmes fautes continuent à être commises jusqu'à des dates beaucoup plus récentes. La fièvre spéculative, la recherche de profits financiers à court terme et l'absence de planification appliquée, en tant que partie intégrante de l'urbanisme et de l'aménagement du territoire, contribuent conjointement à la concentration des investissements dans certaines zones dont la surcharge constitue une source d'ennuis, en raison de la dégradation du niveau des services touristiques offerts et de l'environnement.

Actuellement la réalisation de nouveaux hôtels est régie par le Schéma Spécial de 2009 qui est aussi en train d'être examiné par le Conseil d' Etat.

Les différentes politiques adoptées, de par leurs orientations variées et même opposées, se sont avérées inefficaces à l'application pratique, tant du point de vue de la structuration du secteur que de l'organisation de l'espace. Indépendamment des objectifs affichés, les trois questions attirant l'intérêt des décideurs tout le long de la période étudiée sont : a) la protection des entreprises en opération de la concurrence éventuelle de nouvelles unités hôtelières, b) l'attraction d'investissements d'envergure par des incitations plus favorables que pour le reste de l'hôtellerie, dont la localisation dans des zones saturées et la concession pour l'exploitation du liseré côtier, et c) la relation concurrentielle ou complémentaire entre hôtels et résidences secondaires.

La rupture avec les politiques traditionnelles a été marquée par l'intervention de la planification spatiale dans l'organisation sectorielle et spatiale du tourisme. Son rôle fut décisif dans l'ébranlement des équilibres parmi les différents acteurs du secteur et le déplacement de l'intérêt étatique vers des investissements d'envergure internationale. Par ses orientations stratégiques et par des régulations d'urbanisme, elle prêta aussi des moyens d'annulation de principes fondamentaux de la discipline et compromit son application. En fait, les instruments législatifs matérialisant les stratégies touristiques ont tendance à éliminer les derniers obstacles dressés par la planification spatiale et la protection de l'environnement, utilisant comme argument la crise financière du pays et le besoin de financement de la dette nationale.

Bibliographie

Association des Entreprises Touristiques Helléniques (2010) "Tourisme 2020", Athènes.

Avgerinou –Kolonia, S.- Melissas, D. (edit.) (2011). "Conjoncture économique et planification spatiale du tourisme" Université Technique Nationale, Athènes, Editions Propombos.

Chatzinikolaou, B. (2008). "Le cadre législatif régissant les enterprises touristiques" Athènes, Editions Propombos.

Karka, H. (1995). "Exploitation minière et développement touristique sur le littoral de la Grèce" (Chalcidique - Milos)". Thése pour le doctorat (Nouveau régime), UER de Géographie, Université Paris 1-Panthéon-Sorbonne.

Ministère de l'Aménagement du Territoire, de l'Environnement et des Travaux Publics (2007) "Etude sur le Schéma Spécial pour le Tourisme" Phase A, 4e version, Février, Athènes.

Ministère de l'Environnement, de l'Energie et du Changement Climatique (2012). "Rapport d'évaluation de l'application du Schéma Spécial pour le Tourisme".
Ministère de l'Environnement (1996) "Environnement et Urbanisme – Jurisprudence" Paris, Association Francaise de Droit de l'Urbanisme-Dalloz.
Tsartas, P. (1998). "La Grèce: Du tourisme de masse au tourisme alternatif" Paris, Editions L'Harmattan.
Tsartas, P. (éd.) (2000) "Développement du tourisme – Approches multi-disciplinaires" Athènes, Editions Exantas.

Résumés des articles
(en français et en anglais)

Les territoires comme instruments d'action publique. Quelle organisation pour les grandes régions en France et en Europe ?, Jean-Claude Némery et Fabrice Thuriot

Résumé
La force des régions n'est pas tant liée à leur taille et à leur population qu'à leurs budgets et leurs pouvoirs réels, faibles en France malgré les réformes territoriales. Tous les pays ne sont pas organisés régionalement en Europe selon leur taille, histoire, culture et politique, mais on observe presque partout une tendance à la recentralisation par la baisse des financements d'Etat et un contrôle accru également, sous couvert de l'Union européenne.

Abstract
The force of the regions is not so much related to their size and population than to their budget and real power, low in France despite the territorial reforms. All countries are not organized regionally in Europe by size, history, culture and politics, but almost everywhere we observe a trend towards re-centralization by reduced state funding and increased control also, under cover of the Union European.

Gouvernance municipale et dispositifs territoriaux : regard analytique sur le pilotage de l'action publique, Pascal Lavoie et Catherine Trudelle

Résumé
Le rééchelonnement des territoires est une stratégie politique en pleine expansion. Cette tendance n'est pas sans conséquence sur la cohérence des systèmes de gouvernance municipale, notamment parce qu'elle multiplie les organisations territoriales ayant parfois des visées différentes. À partir des écrits scientifiques issus de la politique municipale, ce chapitre propose un modèle théorique qui permet d'analyser le pilotage de l'action publique territoriale par l'entremise des dispositifs territoriaux. Montréal sert d'exemple pour illustrer nos propos.

Abstract
State rescaling is a booming political strategy. This tendency impacts the consistency among urban governance systems; for instance, because it causes a multiplication of territorial organizations whose objectives may differ from one another. Based on scientific literature regarding urban politics, this chapter proposes a theoretical model to analyze the guidance of

territorial public action through territorial mechanisms. For this purpose, Montreal will be used to illustrate our findings.

Une typologie pour l'analyse des représentations du développement durable des instruments de mise en œuvre à l'échelle territoriale,
Olivier Riffon

Résumé
Le développement durable (DD), parce qu'il touche plusieurs types d'acteurs et d'organisations, fait l'objet de nombreuses interprétations. De même, les instruments utilisés pour sa mise en œuvre varient selon le contexte et les besoins. Devant l'absence de règles d'application à l'échelle locale, les municipalités mobilisent des instruments qui s'inscrivent dans des représentations différentes du DD. Pour guider les municipalités qui s'engagent dans ces démarches, nous proposons une typologie des représentations du DD qui vise à caractériser les instruments de mise en œuvre locale du DD.

Abstract
Sustainable development (SD), adopted by several types of actors and organizations, is the object of many social representations. The instruments used for its implementation also vary according to the context and the needs. In the absence of implementing rules at local scale, municipal administrations mobilize instruments which fall under different SD representations. In order to guide the municipalities which initiate a SD process, we introduce a typology of the SD representations which aims at characterizing the instruments for local SD implementation.

L'expertise est-elle soluble dans la modélisation intégrée ?,
Hadrien Commenges, Lorenza Tomasoni, Christian Seigneur, Olivier Bonin, Fabien Leurent, Céline Bonhomme, José-Frédéric Deroubaix

Résumé
Les territoires urbains font l'objet d'injonctions à la rationalisation et à l'optimisation des équipements et des services. Ce contexte est propice à l'usage des techniques de modélisation numérique pour la mise en place d'instruments d'action publique. Le rôle des dispositifs d'évaluation dans l'instrumentation de l'action publique est une question de recherche bien balisée. En revanche, très peu d'études se focalisent sur le rôle spécifique de la modélisation. Les instruments d'action publique (IAP) ont longtemps existé (et existent encore) indépendamment des dispositifs de modélisation, ce qui pose plusieurs questions : pourquoi utiliser ou non un modèle pour mettre en place un IAP ? S'agit-il vraiment d'un choix, si oui à qui revient-il de le faire ? Si un modèle est utilisé, quel rôle joue-t-il dans la mise en place

de l'IAP ? Ce travail répond à ces questions à partir de deux études de cas, dans le domaine de la qualité de l'eau et de la qualité de l'air.

Abstract
Urban territories are the subject of numerous discourses on rationalization and optimization of services and amenities. In this context there is a growing use of numerical modeling techniques oriented toward design, selection and/or calibration of policy instruments. The question of the relations between tools of appraisal and policy-making has been widely studied. However, few studies specifically focused on the role of modeling in policy-making processes. Policy instruments have long existed and still exist aside from modeling techniques: why would a model be used to implement a policy instrument? Is it really a choice and if so, who is responsible for it? If a model is used, what role does it play in the implementation of the policy instrument? This work addresses these questions with two case-studies in the fields of air quality and water quality.

Décentralisation et gouvernance territoriale au Mali : analyse de la participation des légitimités traditionnelles à la gouvernance de l'espace public local, Mamadou Koumaré

Résumé
A travers une approche diachronique, ce texte se propose d'étudier comment les légitimités traditionnelles, une composante essentielle de la société civile, participent à la production et la coordination de l'action publique locale au Mali dans le contexte de la décentralisation. Ainsi, nous cherchons à contribuer non seulement à assoir la pratique de la gouvernance locale au Mali au sein des collectivités territoriales en voie de construction par la prise en compte de l'environnement socioculturel, mais également à participer au débat sur le passage de la politique publique à l'action publique.

Abstract
Through a diachronic approach, this text suggests studying how the traditional legitimacies, an essential component of the civil society, participate in the production and the coordination of the local public action in Mali in the context of decentralization. So, we try to contribute not only to establish the practice of local governance in Mali in local authorities with a measure of autonomy under construction by the consideration of the sociocultural background, but also to participate in the debate on the passage from public policy to public action.

Les préfets en Turquie : acteurs entre recul et renforcement du pouvoir central au plan local ?, Zulfiye Yilmaz

Résumé

Représentants de l'Etat, du gouvernement et de chaque ministre au plan local, les préfets actuels en Turquie sont dotés des missions plus étendues si on regarde leur rôle concernant le développement local et les politiques de sécurité de l'Etat au plan local. Ils se trouvent au milieu d'une tension entre l'administration déconcentrée et décentralisée de la Turquie règlementée par la Constitution de 1982 dans ses articles 123 et 127. La tendance à réformer la structure décentralisée de l'administration manque toutefois de cohérence avec les rapports de suivi sur la Turquie du Congrès des pouvoirs locaux et régionaux de la Charte européenne de l'autonomie locale qui soulignent la nécessité de recul du rôle des préfets au plan local.

Abstract

The governors in Turkey, as the representatives of the state, the government and every minister at local level, fulfill an important mission concerning local development issues and the state's security policies due to their extended competencies and powers given by the central authorities. Turkish constitution, however, stipulates the guarantees regarding the decentralized administration and limits the intervention of the center to the local public issues. This privileged statue of governors represents one of the main discussion topics regarding the tension between central and decentralized structures. Besides, the tendency to reform administrative organization of Turkey lacks consistency with monitoring reports of Congress of local and regional authorities of the European Charter of local self-government underlying the urgent need of an effective reform which will help to restrain this powerful statute of Turkish governors.

LEADER entre laboratoire de l'action publique locale et grand récit. Naissance d'un laboratoire de développement rural pour répondre à l'évolution des territoires ruraux, Catherine Laidin

Résumé

Notre analyse comparative des deux territoires ruraux (Ouest Cornouaille et Pays de Vannes, Bretagne) engagés dans le programme LEADER montre que, loin du récit le décrivant comme un laboratoire de développement rural, LEADER représente plutôt un programme additionnel pour des structures territoriales déjà existantes. En participant au polycentrisme de l'action publique locale, LEADER renforce le leadership politique et la présence d'une ingénierie territoriale. Finalement, l'institutionnalisation et la bureaucratisation du programme conduisent à une gestion territoriale de procédures plutôt qu'à une nouvelle gouvernance territoriale.

Abstract
The comparative analysis of two local rural areas in Brittany (West Cornouaille and Vannes and its environs) participating in the implementation of the LEADER program shows that LEADER is more of an additional program for existing local structures than it is a rural development laboratory. Inserted into the local political network, LEADER reinforces political leadership and the presence of technical assistance. Finally, the institutionalization and the bureaucratization of the program lead to a local management of procedures rather than a new, area-based local governance.

Instrumentation et gestion intégrée des zones côtières : une lecture de la conflictualité par l'étude du cas des Îles-de-la-Madeleine (Québec),
Anne Fauré

Résumé
Notre article vise à présenter l'intérêt de porter un regard sur le rôle et la place de la conflictualité dans les instruments de gestion intégrée des zones côtières (GIZC) dans le cas des Îles-de-la-Madeleine (Québec). Il s'agit d'instruments processuels permettant, par la participation du public, la concertation et la prise en compte de l'échelon local, de mettre en œuvre une politique de développement durable sur les littoraux et les mers. Il est intéressant d'explorer le rôle et la place de la conflictualité dans ces instruments afin de décrypter les rapports gouvernants/gouvernés qui sont à l'œuvre à travers les instruments. C'est d'ailleurs à partir d'un cadrage par l'instrumentation (Lascoumes et Le Galès, 2004) de l'action publique que nous avons construit une grille de lecture de la conflictualité en proposant une adaptation du modèle « exit, voice, loyalty » de Hirschman (1970). Notre travail montre qu'il est pertinent de s'attarder sur la conflictualité pour mieux comprendre la dimension politique des instruments de concertation. Ainsi, la GIZC peut devenir un enjeu du développement durable des territoires côtiers en favorisant ou non des usages agonistiques de la participation.

Abstract
Our paper aims to present the interest of taking a closer look at the role and place of conflictuality in Integrated Coastal Zones Management (ICZM) instruments in the case of the Magdalen Islands. They are processual instruments which, through public participation, consultation and consideration of local government, try to implement a policy of sustainable development on coastlines and seas. It is interesting to explore the role and place of conflictuality therein in order to decrypt the relationships between rulers and ruled that are at work through the instruments. Moreover, framing instrumentation (Lascoumes & Le Galès, 2004) of public action enabled us

to build a model of conflictuality by adapting the "exit, voice, loyalty" model of Hirschman (1970). Our work shows that it is relevant to focus on conflictuality to better understand the political dimension of public consultation instruments. Thus, ICZM can become an issue for the sustainable development of coastal areas by promoting, or not, agonistic participation.

Acteurs publics et stations de moyenne montagne : regards croisés sur la mise en œuvre de politiques de diversification,
Coralie Achin et Emmanuelle George-Marcelpoil

Résumé
Alors que les stations de ski ont été originellement structurées autour de la pratique du ski alpin, les années 1990 sont venues questionner la pérennité de stations en proie à d'importantes difficultés. Devant leur rôle pour l'aménagement du territoire, les acteurs publics se mobilisent et mettent en place des politiques d'accompagnement dédiées. Au fil des évolutions législatives, leur forme évolue jusqu'à consacrer aujourd'hui les notions de projet et de territoire. Sous couvert de cette homogénéité, la diversité de ces dispositifs s'affirme dans les territoires concernés, conduisant à un important métissage des stratégies locales d'appropriation, tels que l'illustrent les exemples des stations de la Bresse, du Dévoluy et du Sancy.

Abstract
Ski resorts have been originally created to develop alpine skiing. Since the 1990's, significant difficulties have put the future of these resorts in question. Due to their role in regional planning, several public policies have been adopted. Over the course of legislative changes, these policies have evolved to include the concepts of project and territory. More than this supposed homogeneity, the devices are in fact characterized by their diversity. In consequence, the diversity of implementation strategies can be seen in the examples of La Bresse, The Devoluy and The Sancy ski resorts.

L'approche territoriale au service de l'action locale et régionale en matière de persévérance et de réussite scolaires au Québec,
Jean-Guillaume Simard, Isabelle Morin, Michel Perron,
Michaël Gaudreault et Suzanne Veillette

Résumé
De plus en plus d'études identifient le quartier de résidence des jeunes comme un facteur de persévérance et de réussite scolaires. Toutefois, la notion de quartier est souvent réduite aux caractéristiques socioéconomiques des familles. La diversité des sphères de vie des jeunes appelle pourtant une lecture davantage multidimensionnelle et globale du milieu de vie, ce que

sous-tend la notion de territoire. Le présent chapitre met en lumière l'intérêt du recours à un cadre d'analyse territoriale afin de poser un regard renouvelé sur la dynamique complexe de la persévérance et de la réussite scolaires. Il illustre ensuite l'influence d'une des dimensions du territoire, l'action locale et régionale, sur les parcours scolaires des jeunes.

Abstract
An increasing number of studies identify youth's neighbourhoods as a factor in student retention and educational success. However, the notion of neighbourhood is often reduced to the families' socioeconomic characteristics. Yet, the diversity of youth's spheres of life demands a more comprehensive, multidimensional understanding of the living environment, which underlies the notion of territory. This chapter highlights the relevance of using a territorial analysis framework to take a renewed look at the complex dynamics of school perseverance and success. Next, it illustrates the influence of one dimension of territory, the local and regional action, on youth's academic paths.

Aider les gazelles à se multiplier et se développer,
Pierre-André Julien et Louis Jacques Filion

Résumé
Les PME à forte croissance jouent un rôle majeur dans la création d'emplois. C'est pourquoi de nombreux gouvernements cherchent à les multiplier. Nous savons cependant que leur performance n'est pas constante et que leurs besoins diffèrent selon le type d'entreprises. Les critères pour les identifier et les soutenir sont : 1. Que leur direction veuille croître; 2. Que cette direction ait les capabilités pour gérer une organisation complexe; 3. Que leur écosystème fournisse des ressources complémentaires. Ceci demande de cibler les firmes qui satisfont au moins aux deux premiers critères en les aidant par la suite à développer une meilleure maîtrise de l'incertitude par l'obtention, la transformation et l'utilisation de l'information.

Abstract
High-growth SMEs are major contributors to job creation, and many governments are seeking ways to increase their numbers. However, we know that the performance of these firms is not constant, and that their needs differ according to their type. The criteria for identifying and supporting them are: (1) That management wants growth; (2) That management has the skills to manage a complex organization; and (3) That additional resources are available in the firm's ecosystem. Support involves targeting firms that satisfy at least the first two criteria and then helping them to develop more control over uncertainty by acquiring, processing and using information.

Renaissance culturelle d'un territoire industriel : Musée Louvre-Lens,
Corinne Baujard

Résumé
Les chantiers muséographiques se multiplient en France et à l'étranger. Alors que les territoires en font des emblèmes de renaissance industrielle, peu de travaux académiques interrogent l'identité culturelle du patrimoine. Quel rôle joue le musée Louvre-Lens dans la renaissance de la ville de Lens? Une méthode exploratoire permet d'examiner les effets des activités du patrimoine sur le territoire industriel.

Abstract
The museum sites are increasing in France and abroad. The territories are emblems of industrial revival. Few academic studies have questioned the identity of the cultural heritage. What role owns Louvre Lens in the renaissance of the city? An exploratory method envisages heritage activities on the industrial territory.

L'évolution du cadre législatif régissant le développement spatial du tourisme grec et ses effets sur l'organisation de l'espace national,
Hélène Karka

Résumé
La proposition procède à une présentation critique des politiques et du cadre législatif qui a régi le développement spatial du tourisme grec sous ses formes variées. L'intervention de la planification spatiale dans l'organisation du secteur est relativement récente. Le Schéma Spécial pour le Tourisme entré en vigueur en 2009 et réformé en 2013 a introduit une modification totale des orientations de l'action publique, un ébranlement des équilibres parmi les différents acteurs du secteur et de nouveaux problèmes pour le secteur, ce qui compromit son application.

Abstract
The paper deals with policies and planning tools that governed the spatial development of Greek tourism in its various forms, with the aim to investigating the objectives and potential impacts of the promoted regulations. The intervention of spatial planning in the organization of the sector is relatively recent. The Special Scheme for Tourism, which came into force in 2009 and was reformed in 2013, introduced a complete change of direction of the public action, affected the balances among the various actors in the sector and created new problems, which undermined its application.

Présentation des auteurs

Coralie Achin est ingénieur d'études dans l'unité de recherche Développement des Territoires Montagnards du centre Irstea-Grenoble et spécialiste des processus de diversification touristique des stations de moyenne montagne, via notamment une thèse soutenue en aménagement du territoire portant sur l'évolution de la gouvernance dans les stations de moyenne montagne en lien notamment avec le changement climatique,

Corinne Baujard (doctorat à l'Université Paris-Dauphine), maître de conférences, habilitée à diriger les recherches, qualifiée aux fonctions de professeur (section 70), est directrice du Département Gestion/AES (1300 étudiants - 8 licences, 5 masters) et responsable pédagogique des Masters Gouvernance et Encadrement des Organisations en formation initiale et en formation d'apprentissage. Ses travaux scientifiques portent sur le développement du patrimoine dans les territoires urbains et les environnements numériques.

Céline Bonhomme est chercheur au Laboratoire Eau Environnement et Systèmes Urbains (LEESU). Elle s'est spécialisée dans la modélisation de la qualité des eaux en environnement urbain, ses recherches actuelles portent sur le transport et à la transformation des polluants lors du ruissellement sur les surfaces urbaines.

Olivier Bonin est directeur adjoint du Laboratoire Ville Mobilité Transport (LVMT). Ses travaux portent sur la modélisation urbaine, notamment la morphogenèse, ainsi que la conception et l'évaluation de scénarios de développement urbain durable. Il mène également des recherches sur la mobilité et sur la cartographie.

Hadrien Commenges est maître de conférences à l'Université Paris 1 Panthéon-Sorbonne, rattaché à l'UMR 8504 Géographie-cités et associé au Laboratoire Eau Environnement et Systèmes Urbains (LEESU). Il a été chargé de recherche dans le cadre du Labex Futurs Urbains sur la question de l'usage de la modélisation urbaine.

José-Frédéric Deroubaix est chercheur au Laboratoire Eau Environnement et Systèmes Urbains (LEESU). Ses recherches portent sur les interactions entre la production de connaissances et la production d'expertises, principalement dans le domaine de l'assainissement et de la qualité de l'eau.

Anne Fauré est étudiante au doctorat à l'École nationale d'administration publique (ENAP, Montréal), sous la direction d'Isabelle Fortier (ENAP) et

Claude Rioux (UQAR, Université du Québec à Rimouski). Ses principaux intérêts de recherche concernent la participation du public, la gouvernance participative et l'action collective dans le domaine de l'environnement et de la gestion du milieu maritime.

Louis Jacques Filion, MA, MBA, Ph.D., est professeur honoraire, Département d'entrepreneuriat et innovation, HEC MONTRÉAL. Il a contribué une centaine de publications dont une vingtaine de livres. Ses recherches portent essentiellement sur les systèmes d'activités des entrepreneurs ainsi que sur les processus apprenants et visionnaires.

Michaël Gaudreault, B. Sc. en mathématiques et informatique, est enseignant-chercheur au département de mathématiques et de statistiques du Cégep de Jonquière. Il est également associé à ÉCOBES – Recherche et transfert où il est impliqué dans différents projets en éducation et en santé.

Emmanuelle George-Marcelpoil dirige l'unité de recherche Développement des Territoires Montagnards du centre Irstea-Grenoble. L'économie touristique de montagne et celle des stations de sports d'hiver sont au cœur de ses préoccupations, notamment au travers de l'analyse des processus de gouvernance en stations. Ses recherches s'inscrivent dans une volonté d'aide à la décision auprès d'acteurs territoriaux, notamment porteurs de politiques publiques.

Pierre-André Julien est professeur émérite à l'Institut de recherche sur les PME de l'Université du Québec à Trois-Rivières (UQTR). Il a publié 24 ouvrages et 108 articles sur l'économie des PME et l'entrepreneuriat. Il a été le premier expert-conseil dans ce domaine à l'OCDE de 1989 à 2010. Il est co-fondateur de la Revue internationale PME (RIPME) et de l'Association internationale francophone de recherche en entrepreneuriat et en PME (AIREPME).

Hélène Karka, architecte ingénieur, docteurr en géographie, fonctionnaire d`Etat au Ministère de l`Environnement et de l`Aménagement du Territoire, chercheur à l'Université Technique Nationale d'Athènes et professeur invité à l'Université de Thessalie est l'auteur de 36 articles et communications.

Mamadou Koumaré, docteur en sciences politiques et sociales, est enseignant-chercheur à l'Institut Universitaire de Développement Territorial (IUDT) à Bamako, au Mali, où il enseigne la gouvernance territoriale, l'analyse des stratégies de développement territorial, la planification du développement…

Catherine Laidin, après une carrière d'une vingtaine d'années comme agronome spécialisée dans le développement rural, est aujourd'hui ingénieure à AGROCAMPUS OUEST, Rennes (UMR Espaces et Sociétés 6590). Elle y enseigne l'action publique des territoires ruraux, le développement local et l'ingénierie territoriale. Elle est en doctorat sur le programme LEADER au Centre de recherches sur l'action politique en Europe, IEP Rennes (UMR 6051) et au Centre d'Économie et de Sociologie appliquées à l'Agriculture et aux Espaces Ruraux, Agrosup Dijon (UMR 1041).

Pascal Lavoie est doctorant en études urbaines à l'Université du Québec à Montréal (UQAM). Il détient un baccalauréat en urbanisme de l'UQAM et une maîtrise en analyse et développement des organisations de l'École nationale d'administration publique.

Fabien Leurent est directeur adjoint du Laboratoire Ville Mobilité Transport (LVMT). Ses domaines de recherche concernent la recherche opérationnelle et l'analyse systémique, principalement dans le champ des transports urbains et du logement.

Isabelle Morin, M.A. en géographie, est professionnelle de recherche à la Chaire UQAC–Cégep de Jonquière sur les conditions de vie, la santé et les aspirations des jeunes (VISAJ). Elle s'intéresse plus spécifiquement à la socio-géographie de l'éducation.

Jean-Claude Némery, professeur émérite de droit public, ancien directeur du Centre de Recherche sur la Décentralisation Territoriale (CRDT EA 3312 - GIS GRALE CNRS), Faculté de Droit et de Science Politique de l'Université de Reims Champagne-Ardenne, France, Président du Conseil scientifique du GIS GRALE CNRS (Groupement de recherches sur l'administration locale en Europe).

Michel Perron, Ph. D. en géographie de la santé, est professeur associé au Département des sciences humaines et sociales de l'Université du Québec à Chicoutimi et titulaire de la Chaire UQAC–Cégep de Jonquière sur les conditions de vie, la santé et les aspirations des jeunes (VISAJ).

Olivier Riffon

Professionnel de recherche à la Chaire en éco-conseil de l'Université du Québec à Chicoutimi (UQAC), chargé de cours, conférencier et consultant en développement durable. Éco-conseiller et détenteur d'une maîtrise en sciences appliquées, il est candidat au doctorat en développement régional à l'UQAC.

Christian Seigneur est directeur du Centre d'Enseignement et de Recherche en Environnement Atmosphérique (CEREA). Il a dirigé le département qualité de l'air de l'entreprise Atmospheric & Environmental Research Inc. (San Francisco Bay Area). Ses recherches portent sur la modélisation multi-échelle de la pollution de l'air.

Jean-Guillaume Simard, Ph. D. en développement régional, est professeur associé au Département des sciences humaines et sociales de l'Université du Québec à Chicoutimi et enseignant-chercheur à ÉCOBES – Recherche et transfert du Cégep de Jonquière.

Fabrice Thuriot, docteur en droit public HDR, ingénieur de recherche au Centre de Recherche sur la Décentralisation Territoriale (CRDT EA 3312 - GIS GRALE CNRS), Faculté de Droit et de Science Politique de l'Université de Reims Champagne-Ardenne, chercheur associé à l'Institut National de la Recherche Scientifique (INRS) et au Centre de Recherche sur le Développement Territorial (CRDT) du Québec.

Lorenza Tomasoni est chef de projets mobilité urbaine durable en Méditerranée à CODATU. Ingénieur et docteur en urbanisme de l'Ecole d'Ingénieur de Gênes (Italie), elle a été chargée de recherche entre 2012 et 2014 au Laboratoire Ville Mobilité Transport (LVMT) et au Labex Futurs Urbains sur les questions de modélisation urbaine et d'intégration urbanisme-transport.

Catherine Trudelle est professeure au Département de géographie de l'Université du Québec à Montréal et détentrice de la Chaire de recherche du Canada sur les conflits socioterritoriaux et la gouvernance locale.

Suzanne Veillette, Ph. D. en administration et politique scolaires, est professeure associée au Département des sciences humaines et sociales de l'Université du Québec à Chicoutimi et chercheuse retraitée d'ÉCOBES – Recherche et transfert du Cégep de Jonquière qu'elle a fondé en 1982.

Zulfiye Yilmaz, doctorante en droit public à l'université Galatasaray, travaille en tant qu'assistante de recherche au département de droit constitutionnel de l'université Bilgi d'Istanbul. Elle prépare une thèse de droit sur le droit à l'autonomie locale et sa justiciabilité en Turquie dans une perspective comparative avec la France, à la lumière de la jurisprudence du Conseil constitutionnel consacrée à la libre administration en tant que droit fondamental.

Table des matières

Questions juridiques aux éditions L'Harmattan

Dernières parutions

LES ENJEUX PATRIMONIAUX DE LA SÉPARATION
Questions récurrentes
Sous la direction de et textes réunis par Antonini-Cochin Laetitia
Confondus pendant la vie commune, les intérêts patrimoniaux des conjoints doivent être démêlés et liquidés lors de la séparation. Ces questions d'ordre liquidatif relèvent souvent de la compétence du juge aux affaires familiales. La séparation révèle souvent d'importantes disparités de situation et des préjudices qu'il convient de compenser et de réparer. Se posent alors plusieurs questions telles que l'évaluation de la prestation compensatoire, de l'allocation de dommages et intérêts ou encore de l'attribution du logement de la famille.
(Coll. Droit privé et sciences criminelles, 14.00 euros, 114 p.)
ISBN : 978-2-343-09830-2, ISBN EBOOK : 978-2-14-001613-4

LES SOCIÉTÉS PUBLIQUES LOCALES
Entre volonté publique, esprit d'entreprise et concurrence
Sous la direction de Meunier Patrick, Vanneaux Marie-Anne, Viviano Michel, Delavenne Thibault
Les sociétés publiques locales sont des sociétés anonymes, instruments de politiques publiques dédiées à leurs collectivités territoriales actionnaires. Elles sont donc soumises au droit public et au droit commun et se retrouvent au coeur des questions liées aux justifications et aux formes de l'interventionnisme économique des personnes publiques. Ce type de sociétés invite ainsi à une réflexion plus globale sur les évolutions actuelles du droit européen et du droit public économique français. Cet ouvrage présente différentes études sur ces sociétés publiques locales et leur utilisation par les acteurs locaux.
(Coll. Logiques Juridiques, 37.00 euros, 360 p.)
ISBN : 978-2-343-09771-8, ISBN EBOOK : 978-2-14-001496-3

L'EFFECTIVITÉ DU DROIT ÉCONOMIQUE DANS L'ESPACE OHADA
Sous la direction de David Hiez et Séverine Menétrey
En interrogeant l'effectivité du droit économique dans l'espace OHADA, voici une réflexion sur ce droit au-delà de l'analyse positiviste des textes en vigueur. Il s'agit de donner corps au droit, particulièrement au droit africain, dont l'abstraction et l'ineffectivité endémique le privent de son aptitude à réguler efficacement la société, fonction que tous s'accordent pourtant à lui attribuer. Ces contributions démontrent que les juristes doivent s'éloigner du dogmatisme juridique pour éprouver le droit vivant.
(39.00 euros, 412 p.)
ISBN : 978-2-343-09528-8, ISBN EBOOK : 978-2-14-001587-8

LA VALORISATION ÉCONOMIQUE DES BIENS CULTURELS LOCAUX EN FRANCE ET EN ITALIE
Sous la direction de Bettio Nathalie, Collot Pierre-Alain, Perlo Nicoletta, Voizard Karl-Henri
Voici une réflexion comparatiste sur un domaine en pleine mutation. S'agit-il de conférer une valeur culturelle à des biens et de la renforcer lorsqu'elle est déjà présente ou bien le but est-il de dégager une valeur marchande à partir de biens dont l'identité culturelle est réputée ? Si ces deux formes de valorisation peuvent se conjuguer, elles sont susceptibles aussi d'entrer en conflit. Ces

actes de colloque dressent le bilan des outils de mise en valeur des biens culturels locaux, tout en révélant les enjeux et défis qui leur sont attachés.
(Coll. Droit du Patrimoine culturel et naturel, 24.50 euros, 242 p.)
ISBN : 978-2-343-09750-3, ISBN EBOOK : 978-2-14-001523-6

GÉNOCIDE ET CRIMES DE MASSE (1933-1946)
Tatarinoff Anna
La Seconde Guerre mondiale est une période cruciale de l'histoire. Si de nombreux domaines ont été abordés au sujet de la Seconde Guerre mondiale, ceux concernant la population civile restent imprécis. Sous le couvert du tabou, la question de l'étendue et de la force de la participation des civils au Régime nazi est traitée de façon superficielle. C'est pourquoi il importe d'étudier et comprendre comment s'est déroulée cette participation populaire.
(Coll. Bibliothèques de droit, 15.50 euros, 144 p.)
ISBN : 978-2-343-07702-4, ISBN EBOOK : 978-2-14-001411-6

LES RÉPONSES DU DROIT AUX CRISES SANITAIRES
Anticiper / Réagir
Sous la direction de François Rousseau et Karine Foucher
Nos sociétés contemporaines sont exposées depuis une trentaine d'années à des risques sanitaires d'une ampleur nouvelle, révélateurs de leur propre vulnérabilité et marqués par un fort impact médiatique. Face à cette situation, le droit évolue au coup par coup, sans que l'on sache très bien si les changements opérés constituent des ajustements à la marge ou masquent une mutation plus profonde du système juridique. Cet ouvrage propose une réflexion transversale sur la réponse du droit aux crises sanitaires.
(31.00 euros, 306 p.)
ISBN : 978-2-343-09543-1, ISBN EBOOK : 978-2-14-001396-6

LA DÉFRAGMENTATION DU DROIT INTERNATIONAL DE LA CULTURE
Vers une cohérence des normes internationales
Harelimana Jean-Baptiste - Préface de Federico Mayor, Postface d'Albert Tévoédjrè
La gouvernance internationale est un paysage naturellement fragmenté, composé de traités et d'institutions autonomes, sans hiérarchie existante entre les sources de droit et les traités. Cette fragmentation découle de la souveraineté des États. L'objectif de cet ouvrage est, par une approche intersystémique insistant sur l'incomplétude des systèmes, d'examiner à quelles conditions les rapports, tantôt apaisés, tantôt conflictuels entre les organisations internationales, peuvent œuvrer pour un développement durable par une gouvernance internationale moins éclatée et plus cohérente.
(55.00 euros, 772 p.)
ISBN : 978-2-343-09374-1, ISBN EBOOK : 978-2-14-001387-4

CONCILIATION ET MÉDIATION DEVANT LA JURIDICTION ADMINISTRATIVE
Actes du colloque du Conseil d'État du 17 juin 2015
Sous la direction de Jacques Biancarelli et Béatrice Blohorn-Brenneur
Voici près de 25 ans que le Conseil d'État, confronté à une judiciarisation croissante de la société, réfléchit aux modes alternatifs de règlement des différends afin de les pacifier et de rendre les justiciables davantage confiants en la justice administrative. Après avoir rappelé le contexte juridique et les enjeux d'une telle impulsion, un bilan comparatif des pratiques du juge administratif et du juge judiciaire a permis de mesurer combien il est nécessaire et urgent de compléter la boîte à outils dont dispose le premier. Voici une réflexion, les références et les outils nécessaires à la juridiction administrative.
(Coédition GEMME, 24.00 euros, 246 p.)
ISBN : 978-2-343-07270-8, ISBN EBOOK : 978-2-336-39774-0

L'ERREUR JUDICIAIRE
Apprendre à douter pour lutter contre les erreurs judiciaires
Sous la direction de Xavier Pin
L'erreur judiciaire hante autant qu'elle jalonne l'histoire de notre justice pénale. Nous avons tous en mémoire de retentissants procès ayant vu des individus accusés ou condamnés, avant d'être

disculpés, graciés ou réhabilités. Le législateur y est sensible au point de réformer régulièrement la procédure pénale pour tenter d'éviter, de corriger ou de réparer, autant que possible, de telles erreurs. Une loi du 20 juin 2014 réforme les procédures de révision et de réexamen des condamnations pénales définitives : elle est l'occasion d'essayer de comprendre ces fiascos judiciaires.
(Coll. Droit privé et sciences criminelles, 15.00 euros, 126 p.)
ISBN : 978-2-343-07284-5, ISBN EBOOK : 978-2-336-39807-5

LE DROIT CONSTITUTIONNEL DE LA Ve RÉPUBLIQUE
(Treizième édition)
Lascombe Michel, Toulemonde Gilles
Cet ouvrage s'adresse aux étudiants en droit, aux élèves des instituts d'études politiques et aux candidats aux concours administratifs. Il couvre l'essentiel du programme de droit constitutionnel, c'est-à-dire aussi bien les constitutions françaises depuis 1789 que l'actuel texte constitutionnel. Cette nouvelle édition tient compte des derniers développements induits par les changements politiques, des dernières réformes des règlements des assemblées et de la jurisprudence la plus récente.
(Coll. Logiques Juridiques, 42.00 euros, 506 p.)
ISBN : 978-2-343-07916-5, ISBN EBOOK : 978-2-336-39877-8

LA PROXIMITÉ EN DROIT INTERNATIONAL PRIVÉ
DE LA FAMILLE
Bouyahia Sabrine Maya - Préface de Lotfi Chedly et Marie Goré
Parmi les méthodes proposées pour trancher les litiges présentant un élément d'extranéité, figure celle reposant sur le principe de proximité. L'étude porte sur deux systèmes de droit international privé de la famille différents (droit français et droit tunisien) pour mettre en exergue d'une part l'adaptation de cette méthode aux spécificités de chaque ordre étatique et d'autre part son adéquation avec tous les différents systèmes de droit.
(Coll. Logiques Juridiques, 54.00 euros, 618 p.)
ISBN : 978-2-343-05464-3, ISBN EBOOK : 978-2-336-39866-2

QUARTIER-FEMMES ÉCROU 10970
Boh-Petit Dominique
Cellule 24 : une femme dit toute sa souffrance d'être enfermée. Elle a tué. Son histoire est à la rubrique des faits divers. La Cour d'assises la jugera. Bien des années plus tard, elle est libérée. La vie doit reprendre. Ce récit est parfaitement conforme à la réalité. Tout a existé et existe encore.
(Coll. La justice au quotidien, 15.00 euros, 130 p.)
ISBN : 978-2-343-07436-8, ISBN EBOOK : 978-2-336-39812-9

GABELOUS ET CONTREBANDIERS
Histoire des fermiers généraux de Dijon (1760-1780)
Evrard Sébastien - Préface de Marc Fradet
En exhumant un registre du personnel de la direction des fermes de Dijon, l'auteur retrace, entre 1760 et 1780, la vie méconnue de centaines d'agents au service du doit et de l'impôt. Ces derniers servaient un système protecteur (la retraite fait son apparition dès 1768), parfois très rémunérateur, mais qui s'avère aussi, sous certains aspects, une machine à broyer les hommes : le régime des sanctions que met en place la Ferme est d'une efficacité redoutable. En définitive, la Ferme présente un aspect mitigé.
(Coll. Mémoires des Douanes, 28.50 euros, 278 p.)
ISBN : 978-2-343-06683-7, ISBN EBOOK : 978-2-336-39845-7

DICTIONNAIRE OHADA
(3e édition)
Bitsamana Hilarion Alain
Ce dictionnaire spécial du droit des affaires OHADA propose une définition claire et précise, avec tous les compléments nécessaires, des principaux termes utilisés tous les jours se rapportant

à l'OHADA. Un ouvrage de référence permettant de décoder l'OHADA, accessible à toute personne s'intéressant au monde des affaires en Afrique comme à l'étranger.
(39.00 euros, 398 p.)
ISBN : 978-2-343-07656-0, ISBN EBOOK : 978-2-336-39786-3

LA DÉJUDICIARISATION ET LES PROCÉDURES NON CONTENTIEUSES EN AFRIQUE
Amboulou Hygin Didace
La déjudiciarisation comprend l'ensemble des mécanismes de gestion des différends en rationalisant les moyens matériels et humains de la justice, afin de pallier les déficiences du système judiciaire et de limiter les surcharges des juridictions. Les institutions de nombreux pays sont analysées et les déjudiciarisations en droit public et en droit privé sont abordées.
(Coll. Études africaines, 17.50 euros, 156 p.)
ISBN : 978-2-343-06928-9, ISBN EBOOK : 978-2-336-39805-1

COMMENT RENFORCER L'INDÉPENDANCE DE LA MAGISTRATURE AU SÉNÉGAL ?
Ngom Babacar
Préface de Amadou Mahtar Mbow
L'ouvrage présente dans une première partie les garanties légales d'indépendance de la justice, notamment la règle de la séparation des pouvoirs, le principe de la soumission des juges à l'autorité de la loi et celui de l'inamovibilité du magistrat du siège. Après une analyse critique de ces dispositions, l'auteur formule des propositions de renforcement de l'indépendance de la magistrature.
(13.50 euros, 124 p.)
ISBN : 978-2-343-05158-1, ISBN EBOOK : 978-2-336-39837-2

LE DROIT PÉNAL DES AFFAIRES AU CAMEROUN
Djila Kouayi Kemajou Rose
Préface de Victor-Emmanuel Bokalli
Dans le domaine des affaires, la liberté d'entreprendre et d'investir comporte de nombreux risques, au rang desquels le risque pénal. La délinquance en col blanc n'étant plus réservée aux grandes sociétés commerciales, les moyens de lutte et de sécurisation des investisseurs nécessitent un droit pénal des affaires dont l'objectif est la recherche d'une éthique dans ce domaine.
(Coll. Études africaines, 35.50 euros, 350 p.)
ISBN : 978-2-343-07840-3, ISBN EBOOK : 978-2-336-39777-1

50 ANS DE MARIAGE
Réflexions d'un notaire sur l'évolution du couple ces cinquante dernières années
Dauptain Pierre
De la pilule contraceptive jusqu'au mariage pour tous, l'auteur nous propose une réflexion sur les lois qui ont accompagné l'évolution du couple au cours des cinquante dernières années. Il analyse cette évolution pour aborder les problématiques juridiques et morales qui font tant débat de nos jours. Il s'appuie sur des travaux de juristes ou de sociologues, des articles de presse, mais aussi sur les chansons et les films qui ont marqué ces années et qui témoignent de façon si éclairante des changements de mentalités.
(Éditions Pepper, 16.50 euros, 148 p.)
ISBN : 978-2-343-07677-5, ISBN EBOOK : 978-2-336-39690-3

L'HARMATTAN ITALIA
Via Degli Artisti 15; 10124 Torino
harmattan.italia@gmail.com

L'HARMATTAN HONGRIE
Könyvesbolt ; Kossuth L. u. 14-16
1053 Budapest

L'HARMATTAN KINSHASA
185, avenue Nyangwe
Commune de Lingwala
Kinshasa, R.D. Congo
(00243) 998697603 ou (00243) 999229662

L'HARMATTAN CONGO
67, av. E. P. Lumumba
Bât. – Congo Pharmacie (Bib. Nat.)
BP2874 Brazzaville
harmattan.congo@yahoo.fr

L'HARMATTAN GUINÉE
Almamya Rue KA 028, en face
du restaurant Le Cèdre
OKB agency BP 3470 Conakry
(00224) 657 20 85 08 / 664 28 91 96
harmattanguinee@yahoo.fr

L'HARMATTAN MALI
Rue 73, Porte 536, Niamakoro,
Cité Unicef, Bamako
Tél. 00 (223) 20205724 / +(223) 76378082
poudiougopaul@yahoo.fr
pp.harmattan@gmail.com

L'HARMATTAN CAMEROUN
BP 11486
Face à la SNI, immeuble Don Bosco
Yaoundé
(00237) 99 76 61 66
harmattancam@yahoo.fr

L'HARMATTAN CÔTE D'IVOIRE
Résidence Karl / cité des arts
Abidjan-Cocody 03 BP 1588 Abidjan 03
(00225) 05 77 87 31
etien_nda@yahoo.fr

L'HARMATTAN BURKINA
Penou Achille Some
Ouagadougou
(+226) 70 26 88 27

L'HARMATTAN SÉNÉGAL
10 VDN en face Mermoz, après le pont de Fann
BP 45034 Dakar Fann
33 825 98 58 / 33 860 9858
senharmattan@gmail.com / senlibraire@gmail.com
www.harmattansenegal.com

L'HARMATTAN BÉNIN
ISOR-BENIN
01 BP 359 COTONOU-RP
Quartier Gbèdjromèdé,
Rue Agbélenco, Lot 1247 I
Tél : 00 229 21 32 53 79
christian_dablaka123@yahoo.fr

Achevé d'imprimer par Corlet Numérique - 14110 Condé-sur-Noireau
N° d'Imprimeur : 132743 - Dépôt légal : octobre 2016 - *Imprimé en France*

www.ingramcontent.com/pod-product-compliance
Lightning Source LLC
LaVergne TN
LVHW011020061026
849535LV00006B/1983
9782343103938